"十二五"国家重点图书

特殊钢丛书

中国钢铁工业发展战略与市场研究（1990~2015）

董志洪 著

北京
冶金工业出版社
2018

内 容 简 介

本书收集整理了作者在1990~2015年期间，为政府、为行业撰写的政策建议、研究报告、市场分析、新技术新工艺新产品开发推介报告和专题研究等共24篇。这些研究报告内容丰富、数据详实可靠，其中关于钢铁行业发展战略研究的论文8篇，关于钢铁市场调研论文5篇，关于新技术新产品研究论文5篇，关于自主创新转变增长方式研究论文5篇，关于行业发展和市场的专题研究1篇。

本书可供从事钢铁行业规划、设计、研究、生产的管理人员、工程技术人员和从事钢材贸易的商业人士参考。

图书在版编目(CIP)数据

中国钢铁工业发展战略与市场研究：1990-2015/
董志洪著．—北京：冶金工业出版社，2018.6
(特殊钢丛书)
ISBN 978-7-5024-7820-9

Ⅰ.①中…　Ⅱ.①董…　Ⅲ.①钢铁工业—经济发展战略—研究—中国—1990-2015　②钢铁市场—研究—中国—1990-2015　Ⅳ.①F426.31

中国版本图书馆CIP数据核字(2018)第136239号

出 版 人　谭学余
地　　址　北京市东城区嵩祝院北巷39号　邮编　100009　电话　(010)64027926
网　　址　www.cnmip.com.cn　电子信箱　yjcbs@cnmip.com.cn
责任编辑　李培禄　美术编辑　彭子赫　版式设计　孙跃红
责任校对　石　静　责任印制　李玉山
ISBN 978-7-5024-7820-9
冶金工业出版社出版发行；各地新华书店经销；三河市双峰印刷装订有限公司印刷
2018年6月第1版，2018年6月第1次印刷
169mm×239mm；17.75印张；346千字；273页
80.00元

冶金工业出版社　投稿电话　(010)64027932　投稿信箱　tougao@cnmip.com.cn
冶金工业出版社营销中心　电话　(010)64044283　传真　(010)64027893
冶金书店　地址　北京市东四西大街46号(100010)　电话　(010)65289081(兼传真)
冶金工业出版社天猫旗舰店　yjgycbs.tmall.com

《特殊钢丛书》序言

特殊钢是众多工业领域必不可少的关键材料，是钢铁材料中的高技术含量产品，在国民经济中占有极其重要的地位。特殊钢材占钢材总量比重、特殊钢产品结构、特殊钢质量水平和特殊钢应用等指标是反映一个国家钢铁工业发展水平的重要标志。近年来，在我国社会和经济快速健康发展的带动下，我国特殊钢工业生产和产品市场发展迅速，特殊钢生产装备和工艺技术不断提高，特殊钢产量和产品质量持续提高，基本满足了国内市场的需求。

目前，中国经济已进入重工业加速发展的工业化中期阶段，我国特殊钢工业既面临空前的发展机遇，又受到严峻的挑战。在机遇方面，随着固定资产投资和汽车、能源、化工、装备制造和武器装备等主导产业的高速增长，全社会对特殊钢产品的需求将在相当长时间内保持在较高水平上。在挑战方面，随着工业结构的提升、产品高级化，特殊钢工业面临着用户对产品品种、质量、交货时间、技术服务等更高要求的挑战，同时还在资源、能源、交通运输短缺等方面需应对日趋激烈的国内外竞争的挑战。为了迎接这些挑战，抓住难得发展机遇，特殊钢企业应注重提高企业核心竞争力以及在资源、环境方面的可持续发展。它们主要表现在特殊钢产品的质量提高、成本降低、资源节约型新产品研发等方面。伴随着市场需求增长、化学冶金学和物理金属学发展、冶金生产工艺优化与技术进步，特殊钢工业也必将日新月异。

从20世纪70年代世界第一次石油危机以来，工业化国家的特殊钢生产、产品开发和工艺技术持续进步，已基本满足世界市场需求、资源节约和环境保护等要求。近年来，在国家的大力支持下，我国科研院所、高校和企业的研发人员承担了多项国家科技项目工作，在特殊钢的基础理论、工艺技术、产品应用等方面也取得了显著成绩，特别是近20年来各特钢企业的装备更新和技术改造促进了特殊钢行业进步。为了反映特殊钢技术方面的进展，中国金属学会特殊钢分会、先进钢铁材料技术国家工程研究中心和冶金工业出版社共同发起，并由先进钢铁材料技术国家工程研究中心和中国金属学会特殊钢分会负责组织编写了新的《特殊钢丛书》，它是已有的由中国金属学会特殊钢分会组织编写《特殊钢丛书》的继续。由国内学识渊博的学者和生产经验丰富的专家组成编辑委员会，指导丛书的选题、编写和出版工作。丛书编委会将组织特殊钢领域的学者和专家撰写人们关注的特殊钢各领域的技术进展情况。我们相信本套丛书能够在推动特殊钢的研究、生产和应用等方面发挥积极作用。本套丛书的出版可以为钢铁材料生产和使用部门的技术人员提供特殊钢生产和使用的技术基础，也可为相关大专院校师生提供教学参考。本套丛书将分卷撰写，陆续出版。丛书中可能会存在一些疏漏和不足之处，欢迎广大读者批评指正。

《特殊钢丛书》编委会主编
中国工程院院长　徐匡迪
2008年夏

前　言

我国钢铁工业经过几代人的努力，从小到大，从弱到强，发展到今天已成为世界钢铁生产和消费大国。我国钢铁工业近70年发展，取得了举世瞩目的成就，进入了一个新的时期，迈进了世界钢铁先进国家行列。

今后的钢铁工业发展主要依靠科技进步，提高钢铁企业的竞争力。只有大胆采用先进技术，紧紧抓住科技进步和产品创新，才能不断提高钢铁企业的国际竞争力。历史的经验告诉我们：高新技术靠钱是买不来的，特别是关系到企业生存的核心技术更是买不来的。当今世界，谁拥有高新技术，谁就在国际市场竞争中掌握主动权，谁就会占有最大的市场份额。谁拥有资源、能源，谁就拥有市场定价的主动权。以大型化电炉、炉外精炼、近终形连铸和智能控制技术为代表的新型短流程钢铁冶金，将以其节能环保、高效优质的优势逐步替代现有长流程工艺，这是21世纪钢铁冶金发展的趋势，也是面临资源、能源和环境压力下钢铁企业的必然选择。为满足我国国民经济各行业对高质量钢材的需要，使高铁、家电、轿车、石油、建筑、造船、航天等行业走向世界闯出中国品牌，钢铁行业要加快技术改造，使整个钢铁工业的工艺技术和实物质量水平有新的飞跃。这是当代钢铁行业的历史责任。

作为曾经参与过我国钢铁工业发展的一名技术人员，我为自己能在过去几十年里，在火红的年代里拼搏奋斗的经历，能为祖国钢铁事业的飞速发展鞠躬尽力，感到骄傲和自豪。本书整理了我在钢铁行业近50年工作期间，为政府、为行业撰写的政策建议、研究报告、市场分析、新技术新工艺新产品开发推介报告和专题研究等共24篇，希望这些研究建议和报告对从事钢铁规划、设计和研究人员能有所启迪，让人们也可从中了解我国钢铁工业快速发展时期清晰的历史脉络。

本书在编写过程中得到中国钢铁工业协会、中国金属学会特殊钢分会、中国铁路总公司等有关部门领导和同事的大力支持。在此，特别向董瀚教授、刘剑辉秘书长、白秉哲教授、董宇博士等学者对本书编写工作给予的帮助表示感谢。

由于本人水平有限，书中错误和不当之处恳请批评指正。

董志洪

2018年4月7日于北京

目　录

第一篇

钢铁发展战略研究

加入 WTO 与中国钢铁工业对策建议*

新中国的钢铁工业经过钢铁工业几代人的努力，从小到大，从弱到强，发展到今天已成为世界钢铁大国。我国的国民经济在改革开放政策的指引下，短短的十年发生了巨大变化，人民生活已步入小康，国家国力大大增强。我国加入世界贸易组织（简称 WTO），标志着我国改革开放进入了新阶段，将进一步促进我国经济快速发展，有利于我国综合国力的提高。入市给我国钢铁行业发展，带来了新机遇和新挑战。

一、我国钢铁行业现状

我国钢铁工业经过多年建设，已形成包括矿山、烧结、焦化、炼铁、炼钢、轧钢及相关的铁合金、耐火材料、碳素制品和地质勘探、工程设计、建筑施工、科学研究等部门的完整工业体系。到 2000 年年底，全国年销售收入在 500 万元以上的冶金企业有 4376 家，从业人员约 261 万人。其中：钢铁企业 2506 家，总资产 8252 亿元，从业人员约 127 万人；独立矿山 537 家，铁合金企业 515 家，碳素制品企业 157 家，耐火材料企业 661 家。

主要产品的年生产能力分别为：钢 1.34 亿吨、生铁 1.2 亿吨、成品钢材 1.38 亿吨。2000 年钢产量 1.27 亿吨、生铁 1.31 亿吨、钢材 1.31 亿吨，工业总产值 3688 亿元。

我国钢铁工业发展 50 多年来，取得了举世瞩目的伟大成就：

（1）产量高速增长，已成为世界第一产钢大国，彻底告别了钢材供不应求的时代。

（2）钢铁企业的技术装备水平得到较大提高。目前，我国钢铁工业达到世界先进水平的装备提高 30%左右，达到国内先进水平的装备已提高到 50%多。我国钢铁企业装备水平虽然总体上落后于世界先进水平，但 20 世纪 90 年代以来新建的大型高炉、大型转炉和电炉、炉外精炼、连铸、热连轧、冷连轧、涂镀层生产线、冷轧硅钢生产线、高速线材轧机、连续小型棒材轧机等，一大批企业的部分装备基本上达到了国际先进水平。

（3）工艺技术结构、产品结构进一步优化，产品质量显著改善，市场占有

---

* 本文写于 1998 年，是给国家发展改革委关于钢铁行业入市工作汇报的部分摘录。

率进一步提高。全行业连铸比已达到91.78%，已高于世界平均水平（83%）。到目前为止，我国能生产1000多个钢种、4万多个品种规格的钢材。国民经济各行业所需的钢材品种大多可以国内生产。目前，钢铁生产的板管比已达到42.37%。过去长期短缺的冷轧硅钢、镀锡板、石油钢管等国内已能满足供应，自给率分别达到80%、100%和90%。

（4）我国钢铁工业的设备制造能力、工程设计能力大大提高。如宝钢的三期工程建设，引进设备一期为88%，二期为39%，三期仅为20%。这标志着我国已具有规划、设计、建设和管理800万~1000万吨级特大型现代钢铁企业的能力。

二、我国钢铁行业在世界钢铁同行中的地位与差距

通过钢铁工业近十年的发展，我国的钢铁工业实现了由钢铁穷国变为钢铁大国的梦想，这不仅提高了中国在国际钢铁行业的地位，也提高了我国钢铁行业的国际竞争力。但总体看，我国钢铁行业的技术装备、产品结构、实物质量和组织结构同发达国家钢铁工业相比，还有一定的差距。今后，我们还要解决一系列的发展战略问题，经过5~10年的努力，才有可能由钢铁大国变成钢铁强国。成为钢铁强国是21世纪我国国民经济发展的需要，也是钢铁行业全体同仁为之奋斗的目标。

（1）企业的组织结构不合理，缺乏具有国际竞争力的企业集团。近年来，部分地区的钢铁企业通过兼并联合促进了产业集中和结构优化。但总体上讲，产业集中度低的问题远没有解决。世界年产钢500万吨以上的钢铁企业有32家，其中：日本5家，其钢产量占日本钢产量的75%；美国6家，占美国钢产量的50%；韩国1家，占韩国钢产量的65%；俄罗斯3家，占俄罗斯钢产量的50%；欧盟15国共6家，占欧盟钢产量的74%。而我国宝钢、鞍钢、首钢和武钢2000年的总钢产量为4119.5万吨，只占全国钢产量的33.39%。我国钢产量世界第一，最大的钢铁企业宝钢在世界钢铁企业的排行榜仅排第七。我国钢铁企业的规模小、专业化生产水平低、产业分散是造成钢铁行业重复建设、产品档次低、效率不高的根本原因之一。

（2）产品结构不合理，实物质量不高，缺乏具有自主知识产权的技术和有竞争力的产品。我国钢材生产的板带比与我国市场实际消费还有较大差距。2000年我国钢材消费的板带比为40%，而钢材生产的板带比只有34%，造成近年来板带材的大量进口，2000年我国进口板带材1410万吨，占进口钢材总量的88%。在进口的板带材中数量大的品种是厚度小于1mm的冷轧板、厚度小于3mm的热轧板、不锈板、镀锌板和冷轧硅钢等品种。用于家电、轿车、高速铁路、造船、造桥、压力容器的高性能钢材实物质量还有待提高和开发具有自主知识产权、利用本国资源的新钢种、新品种。主要问题：一是钢质纯净度较低，性能均匀性、稳定性较差，几何尺寸精度和表面质量还不能完全满足相关行业的要求；二是生

产标准落后，我国的钢铁产品标准中80%以上急需修订，我国按国际先进标准组织生产的钢材近年在36%左右，能达到国际同类产品先进实物质量标准的钢材数量相对较少。

（3）总体技术装备水平低于发达国家。主要表现是：落后工艺技术和装备还占有相当比重。按生产能力统计，有竞争能力的装备约占50%，其余是需要改造和淘汰的。如炼铁高炉中约有4500万吨的生产能力是落后的，约占总能力的35%，其中约有3000万吨生产能力是$100m^3$以下的小高炉，属于限期淘汰的。炼钢设备中，转炉约有1200万吨是属于落后的生产能力，占目前转炉能力的12%；电炉约有1000万吨属于落后生产能力，占电炉能力的34%，属于限期淘汰的。在轧钢设备中，具有国际先进技术水平的设备不到50%，国际上早已淘汰的叠轧薄板轧机、横列式轧机、复二重轧机等仍在使用。我国冶金设备的技术水平不仅反映在设备的规模上，而且反映在工艺装备的连续化、自动化程度上。国际上发达国家的冶金装备大多数已基本实现大型化、连续化和自动化。而我国冶金工艺设备规模小、分散经营和人工操作的状况还占有相当比重。

（4）我国冶金行业所面临的资源和能源情况对冶金工业持续发展不容乐观。在我国已探明的铁矿储量中97.5%为贫矿，平均铁含量为32.7%。近十年来，国内铁矿产量不能满足钢铁生产的需要，进口量逐年增加。2000年我国进口铁矿已超过7000万吨，今年预计进口达到8600万吨，有逐年增加的趋势。根据现在探明情况计算，我国具有经济性可开采的铁矿仅能维持40年左右。随着我国钢铁产量的不断增加，今后进口矿石的比重还会不断加大。如何在保证钢铁工业对铁矿石需求的条件下，降低钢铁原料成本，是提高我国钢铁企业竞争力的重要措施，也是保证钢铁工业继续健康发展的重大战略问题。另外，我国钢铁工业能耗高、环境污染严重的状况还未能得到根本改善。我国吨钢能耗比世界先进水平高出20%~30%，在钢铁生产的能耗中，炼铁以前的能耗要占到钢铁生产总能耗的45%~50%，是钢铁生产的能耗大户，这与我国的炼焦、烧结、炼铁工艺设备和原料条件是密切相关的。随着全球资源的日益减少，围绕资源和能源的竞争正在加剧，降低能源消耗和提高资源的有效利用率是钢铁企业提高国际竞争力的战略措施和紧迫任务。

三、加入WTO我国政府在钢铁方面的主要承诺

（1）取消非关税保护。入世后第一年内取消进口数量限制。由现在的一般贸易进口钢材实行限额登记制度，改为自动登记制度。5年内取消进口钢材专营权，由现在经批准才能经营进口钢材，改为凡是有进口权的公司都可经营进口钢材。

（2）实施进口关税减让。

四、钢铁行业在加入 WTO 后所面临的机遇和挑战

政治多级化、经济全球化、信息网络化，是当今时代的显著特征，是时代的潮流。加入 WTO 后，我们可以充分利用入市所带来的机遇，进一步扩大出口和利用外资，加快钢铁产业结构调整和技术进步的速度，提高我国钢铁企业的国际竞争力。加入 WTO，总体上有利于我国国民经济的发展。但对于钢铁行业而言，由于钢铁行业尚未完成结构调整和现代化改造，竞争能力还不够强，入市对钢铁工业是挑战大于机遇。入市后钢铁工业面临的主要挑战是：

（1）价格的挑战。目前，我国国内的钢材价格大部分高于国际市场的价格。根据这次入市我国政府的承诺，钢铁产品进口税的降低要一步到位，没有过渡期，这将对我国钢铁企业和钢铁市场造成很大的压力和冲击，这种压力和冲击对相当多的钢铁企业可能是灾难性的，将会造成企业的亏损或破产。如普通冷轧薄板卷（厚度 0.5~1mm），现在的关税是 17%，2002 年我国政府承诺降低到 3%，其降低幅度达 14%，相当于使进口冷轧板卷的价格下降了约 30 美元/吨，约合人民币 250 元。这就意味着我国钢铁企业要与国外进口的冷轧薄板卷竞争，在价格上至少要降低 250 元以上。这不能不说对企业是相当大的压力和严峻考验。

（2）质量的挑战。钢铁企业在入市后，进一步面对国际钢铁企业高性能、高附加值钢材品种的挑战。在这方面，我国钢材品种的性能和质量与国际发达国家还有一定差距，如不锈钢、管线钢、轿车板、家电板、油井管、桥梁板、容器板、模具钢等，为满足国内各行业的需要，我们还不得不大量从国外进口。从 1994 年以来，我国每年进口的钢材都在 1000 万吨以上，大约有 700 万吨是因上述原因进口的。

（3）技术的挑战。这主要表现在钢铁工业的技术创新上还不如日本、德国、韩国等国。在我们使用的专利技术中，真正具有我国自主知识产权的还很少，包括炼铁的融熔还原技术、铁水预处理技术、钢水精炼技术、高精度轧制技术、钢材精整加工技术和在线钢材检测技术等。重大冶金技术装备国产化率低，国内钢铁生产所需的一些重要的大型设备仍主要靠进口。

（4）人才的挑战。入市后，我国钢铁行业技术人才流失的现象会进一步加剧。特别是在国际大公司高工资、良好工作环境和先进经营理念的多重诱惑下，在具体人才猎头公司的运作下，我国钢铁企业中高级人才的流失会更多，使我国钢铁企业领导层和技术开发层的人才更加短缺。

随着我国入市，将会促进我国市场的进一步开放，促进我国企业管理素质的提高，有利于钢铁行业与国际接轨。钢铁企业通过与国际钢铁企业的交流与竞争，可以加快我国钢铁企业结构调整和技术进步，有利于钢铁企业的国际化经营，有利于钢铁企业建立现代企业制度。入市给钢铁行业带来了新机遇，主要反

映在如下几方面：

（1）入市后我国钢铁行业可以充分利用国内、国际两种资源、两个市场，积极参与国际分工，发展国际合作，提高经营水平。

（2）可以引入国际投资者，改善股权结构，打开新的融资渠道，规范企业的法人治理结构。

（3）钢铁企业在国际市场竞争中，会加快调整企业的组织结构和产品结构，提高生产集中度，形成规模化经营、专业化生产新模式，有利于资产优化配置和企业效率与效益的提高。

五、面对入市钢铁行业应采取的措施

加入 WTO 是适应经济全球化的需要，也是中国进一步扩大改革开放、加快经济发展的需要。为充分利用入市给我们带来的机遇，钢铁行业要认真做好如下几方面的工作：

（1）认真学习 WTO 的规则和有关文件，抓紧培养精通 WTO 规则、熟悉国际贸易和市场的自己的专家队伍。

WTO 是国际法人，是一个永久性的国际组织。它所涉及的领域，不仅包括世界贸易，还包括服务、知识产权、投资、电子商务、环保和劳工等。WTO 有一套完整的组织机构和严格的办事原则，它是协调世界各国发展规范化的市场经济的基石。我们只有在认真学习好有关规则和文件的基础上，才能充分利用 WTO 给我们带来的机遇，加快钢铁工业发展。为了搞好学习，中国钢铁工业协会准备邀请国内外有关参加 WTO 谈判的官员、专家对企业高层领导进行系统学习培训，同时组织企业的有关部门领导赴国外进行 WTO 的管理和市场学习考察，力争在较短的时间里培养出一批我国钢铁工业自己的精通国际经济和法律的人才队伍。

（2）下大力气加快钢铁企业的战略性改组，培育和组建一批具有自主知识产权、国际竞争能力的企业集团，提高行业集中度和整体竞争能力。

我国钢铁企业的集中度低，严重制约着我国钢铁工业的技术进步和产品质量的提高，也是难与国际钢铁集团竞争的重要原因。为此，我们要根据国际市场经济的要求，按照规模化经营、专业化生产、现代化管理的模式，通过对现有企业组织结构的改组、改制、改造、兼并、联合和重组，组建一批具有国际竞争能力的钢铁企业集团，这也是我国实现钢铁强国目标的重要举措。

（3）大力加强和改善营销工作，对应 WTO 的挑战。

首先是转变观念，把立足点由强调保护转到以质量为基础、以低成本为关键、以满足客户要求建立双赢关系的营销网络为手段、提高市场竞争力上来。

对于传统产业而言，提高核心竞争力就是不断提高满足客户要求的能力，包括满足客户对产品质量的要求、对价格适应性的要求、对销售服务和帮助用户提高其产品竞争力的要求等。

要尽快建立以客户为中心的质量管理和质量保证体系，推行ISO9000标准2000版；要应用计算机网络技术实现质量管理数字化。

在确保质量水平有竞争力的前提下，大力推进技术进步和科学管理，进一步大幅度降低成本。

建立满足客户要求双赢关系的稳定的市场营销体系。各企业要搞好自己的市场定位，改进服务方式，建立客户需要的配送中心、加工中心、跟踪服务中心、电子商务中心等现代物流体系和自己的客户网络，以双赢的原则处理交易问题。

(4) 抓紧“十五”期间的技术改造，加大淘汰落后设备工艺力度，加快先进技术的开发与研制，提高钢铁工业装备技术水平，形成拥有自主知识产权的核心技术，提高行业的国际竞争力。

为适应国民经济各部门的发展需要和未来我国将成为世界产品制造厂的战略目标与市场定位，钢铁行业必须从规模小、分散经营方式向专业化、规模化的集约化经营方式转变。钢铁行业将集中人力、物力和资金，加快产能的建设。主要措施有：

1）抓紧宝钢集团上钢一厂100万吨和太钢50万吨不锈钢热轧板工程，力争在2005年前后实现不锈钢热轧板的基本自给。

2）加快武钢、鞍钢、唐钢、包钢、昆钢等一批企业热轧宽带钢轧机建设，力争使我国的热轧宽带钢生产能力从目前的2351万吨提高到2005年的4000万吨。

3）加快鞍钢、武钢、唐钢、珠江、邯钢、马钢等冷轧薄板生产线建设，力争使我国的冷轧薄板生产能力从目前的810万吨提高到2005年的2000万吨。

4）在综合条件较好的武钢、鞍钢、唐钢、邯钢等应再建设10条镀锌生产线。

5）应考虑在宝钢建设一台5m宽厚板轧机，以提高我国中厚板质量和竞争力。

(5) 建立钢材进出口监测预警系统，成立行业反倾销机构。

为了维护我国钢材市场的稳定和钢铁企业的利益，防止国外钢材对我国市场的冲击，钢铁行业要建立钢材进出口监测预警系统和对策研究中心，做好对国际钢铁市场分析研究工作，指导企业开拓国际市场。近期要重点监测钢材进口动态，对给我国钢铁企业造成损害的外国厂商，我们要充分利用WTO规则做好反倾销工作。

降低成本是我国钢铁企业入市后面对国际市场竞争的必然选择*

随着我国加入WTO时间的临近，我国钢铁企业正在加快结构调整和技术进步步伐。这几年来，尽管我国企业在技术、装备和管理等方面取得很大进步，但由于我们的基础差、底子薄，我国钢铁企业的整体素质与发达国家相比还有差距。特别是在一些高技术、高附加值的钢材品种上，我们与发达国家在实物质量上的差距在5~10年之多，这种差距不是一蹴而就的。尤其是随着我国入关，国内钢铁市场竞争也将会更加激烈，面对国门开放、群雄争霸的局面，我们钢铁企业怎样才能在经济全球化和IT产业飞速发展的国内外市场大潮冲击的环境下，做到阵脚不乱、企业不垮、稳步发展壮大，这是每一个企业必须思考和面对的现实问题。本文以美国WSD所提供的数据为素材，就这一问题谈谈看法。

一、我国钢铁企业当前所处国际环境与市场态势

当前世界处于一种政治上多极化、经济上全球化的状况。我国经济由于持续增长，GDP已在世界排第七位，仅次于意大利。在亚洲仅次于日本，成为了亚洲第二经济大国。

（1）据分析，世界经济在2001年的发展速度将放慢。虽然世界经济在2000年有较快的增长，但受到美国为代表的经济影响，特别是以高技术产业为代表的纳斯达克指数连续下跌的影响和美国股市下跌的影响，预计明年世界经济的发展速度将放慢。

（2）钢铁工业是传统产业，传统产业是靠大量消费地球上有限资源而生存的。随着地球资源的日益减少，特别是以石油为代表的能源短缺，进一步加剧了围绕资源和能源的竞争，进一步促进了节约能源和资源的新技术与新工艺的开发。传统产业将围绕开发高新技术、高附加值产品和降低成本两大方面来提高其国际竞争能力。

（3）我国钢铁工业生存的条件并不乐观，主要表现在我们的原料条件差，铁矿的品位低，锰矿和铬矿资源也并不丰富。这些在一定程度上影响了我国钢铁工业的发展。

---

* 本文写于2000年，是写给国家冶金工业局领导的报告。

（4）我国国内的钢材市场价格已与国际市场接轨，有不少钢材品种的价格已高于国际市场价格。

2000 年世界市场钢材价格逐月变化情况见表 1。

表 1 2000 年世界市场钢材价格逐月变化情况 （美元/吨）

项目		1月	2月	3月	4月	5月	6月	7月	8月	1~8 月均价
线材	中国	265	263	260	275	313	308	296	296	284.3
	欧盟	215	215	215	225	225	225	215	215	218.8
	日本	280	280	280	280	290	290	290	290	285
	独联体	185	185	185	185	185	190	190	190	186.9
中厚板	中国	280	287	288	310	358	359	355	353	323.7
	欧盟	290	320	320	320	320	320	320	320	316.3
	日本	360	350	370	370	380	380	380		370
	独联体	178	225	225	230	215	212	198		212
螺纹钢	中国	274	273	273	280	329	323	309	315	297
	欧盟	220	178	230	230	230	230	230	230	222
	日本	230	220	240	240	240	240	250		237
	独联体	178	178	180	180	178	185	185	180	180.5
热卷板	中国	318	316	310	323	328	336	338	339	325.9
	欧盟	285	310	310	320	335	350	335	293	317.3
	日本	280	290	290	300	310	320	320	320	303.7
	独联体	205	245	245	245	245	255	230	180	231.3

从表 1 可以看出：

1）线材、中厚板、螺纹钢和热卷板几个品种，我国钢厂 2000 年 1~8 月的平均出厂价格分别为 284.3 美元/吨、323.7 美元/吨、297 美元/吨和 325.9 美元/吨，而与同期国际市场价格相比，我国的钢材价格均高于这些国家的价格水平。如线材：我国高于欧盟 65.5 美元/吨，高于独联体 97.4 美元/吨，与日本相当。再如中厚板：我国的价格高于欧盟 7.4 美元/吨，高于独联体 111.8 美元/吨，低于日本 53.7 美元/吨。螺纹钢：我国的价格高于欧盟 74.7 美元/吨，高于独联体 116.5 美元/吨，低于日本 59.9 美元/吨。热轧板卷：我国的价格高于欧盟 8.6 美元/吨，高于日本 13.6 美元/吨，高于独联体 94.6 美元/吨。

2）我国国内钢材的价格与进口钢材的比较。今年我国国产线材比 1999 年进口线材价格高 57.7 美元/吨。我国国产中板今年的价格比同期进口材低 43.7 美元/吨。我国国产螺纹钢价格比同期进口材高 26.8 美元/吨。我国国产热轧板卷价格比同期进口材高 55.4 美元/吨。

从以上分析可以看出，随着我国加入WTO，我国钢材的价格将会与国际市场进一步接轨，这标志着我国的钢材价格将会受到国际市场的影响和制约。根据国际市场情况，我国钢材价格在今后一段时间将处于一种在低价位上运行的态势。对此，我们必须有一个清醒的认识。在我国加入WTO后，我国与国际钢铁大国在价格上的遭遇战是不可避免。

二、我国与其他国家或地区钢材生产成本的差距及对策

为提高竞争力，近年来世界主要产钢国家或地区都在降低成本上下工夫，并已取得明显成效。它们的主要做法介绍如下。

（一）努力降低原料成本

（1）降低焦煤成本，见表2。

表2　降低焦煤成本

国家或地区	美国	日本	德国	英国	法国	加拿大	澳大利亚	韩国	中国台湾	巴西	墨西哥	独联体	中国	美国纽柯
1999年成本/美元·吨$^{-1}$	25	26	25	24	27	34	20	27	27	41	30	22	32	
1997年成本/美元·吨$^{-1}$	23	34	39	34	38	35	21	36	36	50	25	36	33	
减幅/美元·吨$^{-1}$	+2	8	14	10	11	1	1	9	12	9	+5	14	1	
降低率/%	+8.7	23	35.9	29.4	28.9	3.1	4.7	25	30.7	18	20	38.9	3	

从表2看出：1999年焦煤成本最低的是澳大利亚、独联体、英国等，我国位居第11位。比较1997~1999年世界主要产钢国或地区的焦煤成本降低率：独联体第一，达38.9%；其次是德国，达35.9%；第三是中国台湾，为30.7%；我国仅降低了3%，位居第九。

（2）降低铁矿石、烧结矿和球团成本，见表3。

表3　降低铁矿石、烧结矿和球团成本

国家或地区	美国	日本	德国	英国	法国	加拿大	澳大利亚	韩国	中国台湾	巴西	墨西哥	独联体	中国	美国纽柯
1999年成本/美元·吨$^{-1}$	57	50	60	50	54	60	40	53	56	34	35	55	68	
1997年成本/美元·吨$^{-1}$	61	60	69	66	67	61	57	62	65	50	49	71	77	
减幅/美元·吨$^{-1}$	4	10	9	16	13	1	17	9	9	16	14	16	9	
降低率/%	6.5	16.7	13	24.2	19.4	1.6	29.8	14.5	13.8	32	28.6	22.5	11.7	

从表3看出：1999年世界主要产钢国家或地区中，铁矿石等原料成本最低的是巴西、墨西哥和澳大利亚，我国的原料成本最高。从1997~1999年成本

降低率比较看：巴西的原料成本降低最好，其次是澳大利亚和墨西哥，我国排第八。

（3）降低废钢、DRI 等成本，见表 4。

表 4　降低废钢、DRI 等成本

国家或地区	美国	日本	德国	英国	法国	加拿大	澳大利亚	韩国	中国台湾	巴西	墨西哥	独联体	中国	美国纽柯
1999 年成本/美元·吨$^{-1}$	31	21	20	25	23	27	27	23	24	34	33	23	27	132
1997 年成本/美元·吨$^{-1}$	48	45	46	45	46	48	49	51	52	48	43	28	55	175
减幅/美元·吨$^{-1}$	17	24	26	20	23	21	22	28	28	14	10	5	28	43
降低率/%	35.4	52.2	56.5	44.4	50	43.7	44.9	54.9	53.8	29.1	23.2	17.8	50.9	24.6

1999 年废钢、DRI 等原料成本最低的是德国、日本、法国和韩国，我国位居第十一。从 1997~1999 年废钢等原料成本降低率看：降低最多的是德国，其次是韩国，第三是中国台湾，第四是日本，我国居第五。

（4）降低总原料成本，见表 5。

表 5　降低总原料成本

国家或地区	美国	日本	德国	英国	法国	加拿大	澳大利亚	韩国	中国台湾	巴西	墨西哥	独联体	中国	美国纽柯
1999 年成本/美元·吨$^{-1}$	114	96	105	99	104	121	88	103	107	109	97	100	127	132
1997 年成本/美元·吨$^{-1}$	141	139	154	145	151	144	126	149	156	148	117	135	164	175
减幅/美元·吨$^{-1}$	27	45	49	46	47	23	38	46	49	39	20	35	37	43
降低率/%	19.1	32.3	31.8	31.7	31.1	15.9	30.1	30.8	31.4	26.3	17.1	25.9	22.6	24.6

1999 年总原料成本最低的是澳大利亚，其次是日本、墨西哥和英国，中国最高。1997~1999 年总原料成本降低率降低最多的是日本、德国、中国台湾、英国、法国和韩国，我国位居第十。

（5）降低其他原料成本（包括耐火材料、铁合金和气体等），见表 6。

表 6　降低其他原料成本（包括耐火材料、铁合金和气体等）

国家或地区	美国	日本	德国	英国	法国	加拿大	澳大利亚	韩国	中国台湾	巴西	墨西哥	独联体	中国	美国纽柯
1999 年成本/美元·吨$^{-1}$	169	162	160	155	152	178	156	147	144	132	149	116	166	149
1997 年成本/美元·吨$^{-1}$	177	185	177	179	174	176	171	160	170	182	173	203	202	141
减幅/美元·吨$^{-1}$	8	23	17	24	22	+2	15	13	26	50	24	87	45	+8
降低率/%	4.5	16.9	9.6	13.4	12.6	+1.1	8.7	8.1	15.3	27.5	13.8	42.8	22.2	+5.6

从其他原料成本看：1999 年最低的是独联体，其次是巴西，第三是中国台湾，我国位居第十一。从 1997～1999 年的成本降低率比较看：降低幅度最大的是独联体，第二是巴西，第三是中国。而这几年加拿大和美国纽柯的其他原料成本不仅没有降低，反而增加了。

（二）大力降低人工成本

（1）降低每人每小时成本，见表 7。

表 7　降低每人每小时成本

国家或地区	美国	日本	德国	英国	法国	加拿大	澳大利亚	韩国	中国台湾	巴西	墨西哥	独联体	中国	美国纽柯
1999 年成本/美元·吨$^{-1}$	37.5	40	38	28	35	23	23	12	16	10	8	1	2	35.5
1997 年成本/美元·吨$^{-1}$	37	35	38	25.5	33	30.5	28.5	18	21.5	11.3	10	2.5	1.2	35
减幅/美元·吨$^{-1}$	+0.5	+5	0	+2.5	+2	7.5	5.5	6	5.5	1.3	2	1.5	+0.8	+0.5
降低率/%	+1.3	+14.3	0	+9.8	+6	25	19.6	33.3	25.6	11.5	20	60	+66	1.4

1999 年每人每小时成本最低的是独联体，其次是我国，第三是墨西哥，最高的是日本和德国。1997～1999 年的每人每小时成本降低率最大的是独联体，其次是韩国，第三是中国台湾，增加幅度最大的是中国、日本和英国。

（2）降低每吨钢耗费人时成本，见表 8。

表 8　降低每吨钢耗费人时成本

国家或地区	美国	日本	德国	英国	法国	加拿大	澳大利亚	韩国	中国台湾	巴西	墨西哥	独联体	中国	美国纽柯
1999 年成本/人时·吨$^{-1}$	4.24	4.05	3.99	4.26	4.26	4.87	5.1	5.03	6.3	6.61	7.82	19.36	25.51	1.41
1997 年成本/人时·吨$^{-1}$	4.2	4.1	4.4	4.5	4.2	4.5	4.8	5	5.8	6.3	8.7	26.6	59.4	1.4
减幅/人时·吨$^{-1}$	+0.04	0.05	0.51	0.24	+0.06	+0.37	+0.3	+0.03	+0.5	+0.31	0.88	7.24	33.89	+0.01
降低率/%	+0.9	1.2	11.6	5.3	+1.4	+8.2	+6.2	+0.6	+8.6	+4.9	10.1	27.2	57	+0.7

1999 年在每吨钢耗费人时上，最低的是采用短流程工艺的美国纽柯，在长流程工艺中最低的是德国、日本，我国位居末位。1997～1999 年在成本降低率上，我国第一，其次是独联体，第三是德国。

（3）降低总人工成本，见表 9。

表 9　降低总人工成本

国家或地区	美国	日本	德国	英国	法国	加拿大	澳大利亚	韩国	中国台湾	巴西	墨西哥	独联体	中国	美国纽柯
1999 年成本/美元·吨$^{-1}$	159	162	152	119	149	112	117	60	101	66	63	19	51	50

续表 9

国家或地区	美国	日本	德国	英国	法国	加拿大	澳大利亚	韩国	中国台湾	巴西	墨西哥	独联体	中国	美国纽柯
1997 年成本/美元·吨$^{-1}$	155	144	166	114	139	136	136	89	125	71	87	66	71	49
减幅/美元·吨$^{-1}$	+4	+18	14	+5	+10	24	19	29	24	5	24	47	20	+1
降低率/%	+2.6	+12.5	8.4	+4.4	+7.2	17.6	13.9	32.6	19.2	7	27.6	71.2	28.2	+2

1999 年总人工成本最低的是独联体，其次是美国的纽柯，第三是中国。1997~1999 年在成本降低率上降低最多的是独联体，第二是韩国，第三是中国，增加最多的是日本和法国。

（三）在降低总生产费用上取得突破

降低总生产费用，见表 10。

表 10　降低总生产费用

国家或地区	美国	日本	德国	英国	法国	加拿大	澳大利亚	韩国	中国台湾	巴西	墨西哥	独联体	中国	美国纽柯
1999 年费用/美元·吨$^{-1}$	442	420	417	373	405	411	361	310	352	307	309	236	345	330
1997 年费用/美元·吨$^{-1}$	472	467	497	438	464	456	433	399	450	401	377	404	437	365
减幅/美元·吨$^{-1}$	30	47	80	65	59	45	72	89	98	94	68	168	92	35
降低率/%	6.35	10	16.1	14.8	12.7	9.86	16.6	22.3	21.8	23.4	18	41.6	21.1	9.58

1999 年在总生产费用上最低的是独联体，其次是巴西、墨西哥和韩国，我国位居第八。1997~1999 年在总生产费用降低上进步最快的是独联体、巴西、韩国、中国台湾和中国。

（四）积极降低财务费用

（1）加快设备折旧，见表 11。

表 11　加快设备折旧

国家或地区	美国	日本	德国	英国	法国	加拿大	澳大利亚	韩国	中国台湾	巴西	墨西哥	独联体	中国	美国纽柯
1999 年折旧/美元·吨$^{-1}$	30	40	30	35	45	30	30	30	48	35	42	15	20	34
1997 年折旧/美元·吨$^{-1}$	28	55	50	26	51	26	44	65	52	60	32	15	22	23
减幅/美元·吨$^{-1}$	+2	15	20	+9	6	+4	14	35	4	25	+10	0	2	+11
降低率/%	+7.1	27.3	40	+34.6	11.8	+15.4	31.8	53.8	7.7	41.7	+31.2	0	9.1	+47.8

1999年在设备折旧上，最大的是中国台湾，其次是法国、墨西哥、日本等，我国的设备折旧是低的。从1997~1999年的设备折旧降低率看：增加幅度最大的是美国纽柯、英国、墨西哥、加拿大和美国，我国和其他国家的设备折旧是减少的。

（2）降低利息支出，见表12。

表12 降低利息支出

国家或地区	美国	日本	德国	英国	法国	加拿大	澳大利亚	韩国	中国台湾	巴西	墨西哥	独联体	中国	美国纽柯
1999年支出/美元·吨$^{-1}$	10	20	10	0	7	10	12	18	20	35	35	12	20	8
1997年支出/美元·吨$^{-1}$	10	27	10	5	17	11	5	12	12	24	25	12	13	0
减幅/美元·吨$^{-1}$	0	7	0	5	10	1	+7	+6	+8	+11	+10	0	+7	+8
降低率/%	0	25.9	0	100	58.8	9	+142	+50	+66.7	+45.8	+40.0	0	+53.8	

1999年在利息支出上最低的是英国，其次是法国、美国纽柯、德国、美国和独联体，我国钢铁企业的利息支出还是很高的，仅次于巴西、墨西哥。1997~1999年在降低利息支出上进步最大的是英国、法国和日本，美国、德国和独联体没有变化，其余的国家或地区均是增加了利息支出，增加幅度最大的是美国纽柯、中国台湾和中国。

（3）降低总财务费用，见表13。

表13 降低总财务费用

国家或地区	美国	日本	德国	英国	法国	加拿大	澳大利亚	韩国	中国台湾	巴西	墨西哥	独联体	中国	美国纽柯
1999年费用/美元·吨$^{-1}$	40	60	40	35	52	40	42	48	68	70	77	27	40	42
1997年费用/美元·吨$^{-1}$	38	82	60	34	68	37	49	77	64	84	57	27	35	23
减幅/美元·吨$^{-1}$	+2	22	20	+1	16	+3	7	29	+4	14	+20	0	+5	+19
降低率/%	+5.3	26.8	33.3	+2.9	23.5	+8.1	14.3	37.6	+6.3	16.7	+35.1	0	14.3	+82.6

1999年总财务费用最低的是独联体，其后依次是英国、中国、加拿大和美国。从1997~1999年在总财务费用降低上成绩最好的是韩国、德国、日本和法国。

（五）进一步降低税前成本

降低税前成本，见表14。

表 14　降低税前成本

国家或地区	美国	日本	德国	英国	法国	加拿大	澳大利亚	韩国	中国台湾	巴西	墨西哥	独联体	中国	美国纽柯
1999 年成本/美元·吨$^{-1}$	482	480	457	408	457	451	403	358	420	377	386	263	385	372
1997 年成本/美元·吨$^{-1}$	510	549	557	469	532	493	482	476	514	485	434	435	472	388
减幅/美元·吨$^{-1}$	28	69	100	61	75	42	79	118	94	108	48	172	87	16
降低率/%	5.49	12.6	17.9	13	14.1	8.5	16.4	24.8	18.3	22.2	11	39.5	18.4	4.1

1999 年税前成本最低的依次为：独联体、韩国、美国纽柯、巴西和中国。1997~1999 年在税前成本降低率上最好的也是上述几国。

（六）改进工艺和设备，降低工序成本

（1）降低炼焦成本，见表 15。

表 15　降低炼焦成本

国家或地区	美国	日本	德国	英国	法国	加拿大	澳大利亚	韩国	中国台湾	巴西	墨西哥	独联体	中国	美国纽柯
1999 年成本/美元·吨$^{-1}$	107	95	109	95	103	110	65	85	89	101	97	57	73	
1997 年成本/美元·吨$^{-1}$	125	126	139	116	135	123	86	118	127	128	74	83	81	
减幅/美元·吨$^{-1}$	18	31	30	21	32	13	21	33	38	27	+23	26	8	
降低率/%	14.4	24.6	21.6	18.1	23.7	10.6	24.4	27.9	29.9	21	+31	31.3	9.8	

1999 年炼焦成本最低的是独联体、澳大利亚、中国、韩国，最高的是加拿大和德国。1997~1999 年在炼焦成本降低率上进步最大的是独联体、中国台湾、韩国。

（2）降低炼铁成本，见表 16。

表 16　降低炼铁成本

国家或地区	美国	日本	德国	英国	法国	加拿大	澳大利亚	韩国	中国台湾	巴西	墨西哥	独联体	中国	美国纽柯
1999 年成本/美元·吨$^{-1}$	133	117	120	110	120	128	96	103	106	107	105	93	118	
1997 年成本/美元·吨$^{-1}$	159	150	170	152	162	151	129	139	154	141	116	135	139	
减幅/美元·吨$^{-1}$	26	37	50	42	42	23	33	36	48	34	11	42	21	
降低率/%	16.3	24.7	29.4	27.6	25.9	15.2	25.6	25.9	31.1	24.1	9.5	31.1	15.1	

1999 年炼铁成本最低的依次为：独联体、澳大利亚、韩国、墨西哥等。1997~1999 年在炼铁成本降低率上进步最大的是独联体、中国台湾、德国、英

国、韩国和法国。

（3）降低炼钢成本，见表 17。

表 17 降低炼钢成本

国家或地区	美国	日本	德国	英国	法国	加拿大	澳大利亚	韩国	中国台湾	巴西	墨西哥	独联体	中国	美国纽柯
1999 年成本/美元·吨$^{-1}$	187	165	165	151	159	182	141	148	154	146	151	121	158	190
1997 年成本/美元·吨$^{-1}$	223	205	228	208	220	213	191	194	213	199	169	173	197	239
减幅/美元·吨$^{-1}$	36	40	63	57	61	31	50	46	59	53	52	52	39	49
降低率/%	16.1	19.5	27.6	27.4	27.7	14.5	26.2	23.7	27.7	26.6	30.7	30	19.8	20.5

1999 年炼钢成本最低的依次为：独联体、澳大利亚、巴西、韩国、英国、墨西哥，最高的是美国纽柯和美国的长流程工艺。1997~1999 年在炼钢成本降低率上最好的是墨西哥、独联体、中国台湾、法国、德国等。

（4）降低板坯成本，见表 18。

表 18 降低板坯成本

国家或地区	美国	日本	德国	英国	法国	加拿大	澳大利亚	韩国	中国台湾	巴西	墨西哥	独联体	中国	美国纽柯
1999 年成本/美元·吨$^{-1}$	225	193	196	178	186	209	168	168	179	165	168	139	190	220
1997 年成本/美元·吨$^{-1}$	261	236	266	240	252	248	223	223	246	227	199	219	239	255
减幅/美元·吨$^{-1}$	36	43	70	62	66	39	55	55	67	62	31	80	49	35
降低率/%	13.8	18.2	26.5	25.8	26.2	15.7	24.7	24.7	27.2	27.3	15.6	36.5	20.5	13.7

1999 年板坯成本最低的依次为：独联体、巴西、墨西哥、韩国、澳大利亚等，最高的是美国，我国排第九位。1997~1999 年板坯成本降低率进步最大的是独联体、巴西、中国台湾、德国、法国。

（5）降低热轧带卷成本，见表 19。

表 19 降低热轧带卷成本

国家或地区	美国	日本	德国	英国	法国	加拿大	澳大利亚	韩国	中国台湾	巴西	墨西哥	独联体	中国	美国纽柯
1999 年成本/美元·吨$^{-1}$	306	269	274	248	264	287	237	217	238	215	217	175	245	270
1997 年成本/美元·吨$^{-1}$	337	300	344	307	322	324	295	274	307	286	263	280	300	299
减幅/美元·吨$^{-1}$	31	31	70	59	58	37	58	57	69	71	46	105	55	29
降低率/%	9.2	10.3	20.3	19.2	18	11.4	19.7	20.8	22.5	24.8	17.5	37.5	18.3	9.7

1999 年热轧板卷成本最低的依次为：独联体、巴西、墨西哥、韩国，最高

的是美国，我国位居第七位。1997~1999 年热轧板卷成本降低率最好的是独联体、巴西、中国台湾、韩国、德国等。

（6）降低冷轧卷成本，见表 20。

表 20　降低冷轧卷成本

国家或地区	美国	日本	德国	英国	法国	加拿大	澳大利亚	韩国	中国台湾	巴西	墨西哥	独联体	中国	美国纽柯
1999 年成本/美元·吨$^{-1}$	412	375	375	342	369	382	326	282	322	282	289	221	314	315
1997 年成本/美元·吨$^{-1}$	437	393	450	401	421	410	392	351	401	364	349	354	388	355
减幅/美元·吨$^{-1}$	25	18	75	59	52	37	66	69	79	82	60	133	74	40
降低率/%	5.7	4.6	16.7	14.7	12.4	9	16.8	19.6	19.7	22.5	17.2	37.6	19.1	11.3

1999 年冷轧卷成本最低的依次为：独联体、巴西、墨西哥和中国。1997~1999 年在成本降低率上进步最大的是独联体、巴西、中国台湾、韩国和中国。

（7）降低冷轧卷出厂价，见表 21。

表 21　降低冷轧卷出厂价

国家或地区	美国	日本	德国	英国	法国	加拿大	澳大利亚	韩国	中国台湾	巴西	墨西哥	独联体	中国	美国纽柯
1999 年出厂价/美元·吨$^{-1}$	442	420	417	373	405	411	361	310	352	307	309	236	345	330
1997 年出厂价/美元·吨$^{-1}$	472	467	497	438	464	456	433	399	450	401	377	404	437	373
减幅/美元·吨$^{-1}$	30	47	80	65	59	45	72	89	98	94	68	168	92	43
降低率/%	6.4	10	16.1	14.8	12.7	9.9	16.6	22.3	21.8	23.4	18	41.6	21.1	11.5

1999 年冷轧卷出厂价格最低的依次为：独联体、巴西、墨西哥、韩国，我国排第五位。1997~1999 年冷轧卷出厂价降低率最大的仍属独联体、巴西、韩国。

（七）狠抓工序间成本的降低

（1）钢水—板坯的成本，见表 22。

表 22　钢水—板坯的成本

国家或地区	美国	日本	德国	英国	法国	加拿大	澳大利亚	韩国	中国台湾	巴西	墨西哥	独联体	中国	美国纽柯
1999 年成本/美元·吨$^{-1}$	38	28	31	27	27	27	27	20	25	19	17	18	33	30
1997 年成本/美元·吨$^{-1}$	38	32	33	32	32	36	32	29	32	28	30	46	41	16
减幅/美元·吨$^{-1}$	0	4	2	5	5	9	5	9	7	9	13	28	8	+14
降低率/%	0	12.5	6	15.6	15.6	25	15.6	31	21.8	32.1	43.3	60.1	19.5	87.5

1999 年钢水—板坯成本最低的依次为：墨西哥、独联体、巴西，最高的是美国、中国。1997~1999 年在成本降低率上进步最快的是独联体、墨西哥、巴西等。

（2）板坯—热轧卷的成本，见表 23。

表 23　板坯—热轧卷的成本

国家或地区	美国	日本	德国	英国	法国	加拿大	澳大利亚	韩国	中国台湾	巴西	墨西哥	独联体	中国	美国纽柯
1999 年成本/美元·吨$^{-1}$	82	77	79	69	78	79	68	49	59	50	48	36	54	50
1997 年成本/美元·吨$^{-1}$	76	64	78	67	70	76	72	51	61	59	64	64	64	44
减幅/美元·吨$^{-1}$	+6	+13	+1	+2	+8	+3	4	2	2	9	16	28	10	+6
降低率/%	+7.9	+20	+1.3	+3	+11.4	+4	5.5	3.9	3.2	15.2	25	43.7	15.6	+29.3

1999 年板卷—热轧卷工序间成本最低的依次为：独联体、墨西哥、韩国、巴西，最高的是美国常规工艺。1997~1999 年间成本降低率最好的也是上述几国，但也有不少国家或地区的成本增加，如美国纽柯、日本、法国等

（3）热轧卷—冷轧卷的成本，见表 24。

表 24　热轧卷—冷轧卷的成本

国家或地区	美国	日本	德国	英国	法国	加拿大	澳大利亚	韩国	中国台湾	巴西	墨西哥	独联体	中国	美国纽柯
1999 年成本/美元·吨$^{-1}$	106	106	101	95	105	94	89	65	83	67	72	46	69	45
1997 年成本/美元·吨$^{-1}$	100	93	106	94	99	95	97	77	94	78	86	74	87	57
减幅/美元·吨$^{-1}$	+6	+13	5	+1	+6	+1	8	12	11	11	14	28	18	12
降低率/%	+6	+13.9	4.7	+1	+6	+1	8.2	15.6	11.7	14.1	16.2	37.8	20.7	21

1999 年热轧卷—冷轧卷间的工序成本最低的依次为：美国纽柯、独联体。1997~1999 年其成本降低率最好的是独联体、美国纽柯、中国等。

（4）税金，见表 25。

表 25　税金

国家或地区	美国	日本	德国	英国	法国	加拿大	澳大利亚	韩国	中国台湾	巴西	墨西哥	独联体	中国	美国纽柯
1999 年税金/美元·吨$^{-1}$	30	45	42	31	36	29	35	28	30	25	20	15	31	15
1997 年税金/美元·吨$^{-1}$	35	74	47	36	43	36	41	48	49	38	28	50	49	17
减幅/美元·吨$^{-1}$	5	29	5	5	7	7	6	20	19	13	8	35	18	2
降低率/%	14.3	39.2	10.1	13.9	16.2	19.4	14.6	41.7	38.8	34.2	28.6	70	36.7	11.8

1999年税金最低的国家或地区是独联体、美国纽柯、墨西哥和巴西，最高的是日本、德国。1997~1999年税金降低率进步最大的依次为：独联体、韩国、日本、中国台湾。

（八）几点分析意见

（1）关于汇率，见表26。

表26 汇率

国家或地区	美国	日本	德国	英国	法国	加拿大	澳大利亚	韩国	中国台湾	巴西	墨西哥	独联体	中国	美国纽柯
1999年汇率	1	1.18	1.79	0.61	6.01	1.5	1.57	1.209	32.91	1.76	9.69	24.3	8.28	1
1997年汇率	1	1.23	1.68	0.622	5.68	1.35	1.30	874	27.54	1.048	7.79	5644	8.29	1

从汇率上看：这几年，日元、英镑、人民币在升值，其余在贬值。贬值对一个国家或地区降低钢铁生产成本有利，而升值则有害，在比较生产成本时要考虑汇率的影响。

（2）关于钢水到冷轧材的收得率，见表27。

表27 钢水到冷轧材的收得率

国家或地区	美国	日本	德国	英国	法国	加拿大	澳大利亚	韩国	中国台湾	巴西	墨西哥	独联体	中国	美国纽柯
1999年收得率/%	85.03	88.1	86.8	86.8	85.61	84.38	85.17	87.33	85.61	84.81	84.81	82.44	75.81	85.47
1997年收得率/%	84.39	86.43	83.61	83.19	83.61	83.19	82.44	84.38	83.19	80.97	78	76.51	74.46	87.48
增幅/%	0.64	1.67	3.19	3.61	2	1.19	2.73	2.95	2.42	3.84	6.81	5.93	1.35	-2.01

由于钢水到冷轧材的收得率对钢铁生产成本有重大影响，各国纷纷将提高收得率作为降低成本的重要措施。从表27可以看出：这几年来，世界各国和地区都在提高收得率上下工夫，1999年从钢水到冷轧材的收得率最高的是日本、韩国、德国和英国。1997~1999年提高最多的是墨西哥、独联体、德国和英国。值得注意的是我国的收得率在世界上是最低的。

（3）从以上分析可以看出：世界主要产钢国家和地区近几年来在降低生产成本上取得实效、进步最快的是独联体、韩国、巴西、墨西哥和中国台湾等。我国进步的幅度还不够大。我国的炼焦成本排在第三，炼铁成本排在第九，炼钢成本排在第八，连铸成本排在第九，热轧卷成本排在第七，冷轧卷成本排在第五，总人工成本排在第二，总原料成本排在第十三，折旧排在第二；吨钢耗费人时我国最高，与发达国家差距很大，仅为德国的六分之一。从中不难看出：我国发展钢铁的先天条件不足，无资源优势，仅有人工成本的优势。在这样的条件下，面对入关我们要想提高竞争力唯一的办法是走降低成本之路。如果说到资源，日本、法国的钢铁生产资源比我国还要差，但这两个国家全是世界钢铁强国。这两个国家钢铁发展的道路可以给我们以启示：充分利用世界丰富的资源，确立适合本国发展道路的战略，是成败的关键。利用国内外两种资源，加强生产管理和技术进步，走设备大型化、产品专业化、生产连续化自动化道路，才能有效降低成本。

三、以降低成本为中心，搞好企业的管理和技术进步，全面做好面对入关后的国际市场竞争各项准备

加入 WTO 后，随着我国国门的开放，我国经济与世界经济将进一步融合，钢铁工业面临的竞争环境、方式和手段都将发生很大的变化，市场竞争将会加剧，原有的市场份额面临重新分配，使企业的生存环境恶化。我们一定要适应世界经济全球化和 WTO 规则的要求，做好各项准备工作，采取相应的战略措施。

（1）首先要转变经营观念，进行管理观念创新和制度创新。管理也是生产力。有效管理可以对生产力的三要素起到一种组织、纽带作用。有效管理，可以提高劳动生产率，可以化解生产关系中的矛盾，促进企业生产经营活动的高效率和高效益。面对加入 WTO，加强管理应抓好三个方面的工作：

1）要从传统的重视物的管理转到以人为本的管理。在我国加入 WTO 后，国外企业对我国人才的争夺，是对我国企业的最大威胁。缺乏人才将对企业发展产生严重危害，我国的企业对此要未雨绸缪，把制定人才政策和加强人力资源管理作为企业管理的核心，积极营造能留住人才、吸引人才的轻松环境和政策。

2）要从过去主要面向国内市场进行生产经营转到面向世界市场进行生产经营。要学会在全球范围内寻找合作伙伴和发展生产协作网络，要善于利用世界各国的资金、技术、资源等要素来发展自己，实现资源的最合理配置，把企业的生产经营活动从国内向全球拓展。

3）转变传统的生产管理模式，积极采用现代化信息技术。现代化信息技术打破了传统生产模式对企业发展的限制，缩短了企业与用户之间的距离，使企业可以利用世界的资金、技术和资源进行生产，可以通过国际互联网销售产品和进行售后服务。

要做好上述工作，必须加大钢铁企业改革、改组、改制的力度，通过兼并、合资、股份等手段，尽快提高我国钢铁企业的集中度。

（2）进一步提高钢铁工业的劳动生产率。尽快把我国钢铁工业的劳动生产率从目前的 54.6 吨/(人·年)，至少提高到 150 吨/(人·年) 的水平。为此，要进一步做好钢铁企业的主辅分离、减员增效工作。

（3）进一步抓好钢铁工业的节能降耗。钢铁工业是我国的耗能大户，而炼

铁以前各工序又是耗能重点。据统计我国炼铁系统的能耗占整个钢铁生产总能耗的70%，我国的炼铁能耗比国外要高30%，抓好以炼铁为中心的节能工作是重中之重。我国已总结出的炼铁操作方针“一精七高五低”（精料—高风温、高喷煤、高顶压、高煤气利用率、高利用系数、高自动化、高寿命—低渣量、低硅、低焦化、低能耗、低成本）是降低炼铁能耗的基本方针。同时积极研究日本在炼铁节能方面的经验，日本正在研究低燃化炼铁技术，其目标是“吨铁燃耗降到400kg以下，喷煤高于250kg，焦比低于150kg”，现在日本炼铁的燃耗是800kg标煤（其中焦炭420kg，煤粉120kg）。

（4）抓好提高成材率的工作。全面提高我国钢铁企业的原料与铁、钢、材的投入产出比，包括铁矿比、铁焦比、铁钢比、钢坯比、钢材比等指标。

（5）抓好降低财务成本工作。盘活存量资产，减少资金占用和利息支出。转变经营观念，抓好资本经营，及时根据市场和专业化分工的原则，对企业的组织结构、产品结构和工艺结构进行调整，通过调整、淘汰落后工艺设备、生产能力和闲置资产，提高企业的产业集中度和专业化生产程度，减少资金占用。

（6）加快钢铁企业的技术改造和技术进步步伐，提高钢铁企业的技术创新能力、生产连续化和自动化程度，使我国钢铁企业的国内市场占有率和实物质量有更大提高。通过“十五”集中力量、资金重点加强大中型企业的技术改造，使我国以冷轧薄板、涂层板、不锈板为代表的高附加值、高性能产品的竞争能力和自给率有一个根本的改变。

关于我国钢铁需求饱和期与最高峰值预测研究*

一、饱和期钢铁需求与人均国民生产总值的关系

当人均 GDP 达到 1100~2200 美元时，钢的消费量和产量进入饱和期。当人均 GDP 达到 3500~6000 美元时，钢的消费量和产量进入最高峰值。美国、日本、前苏联和德国情况见表 1。

表 1　美国等饱和期钢铁需求与人均 GDP 的关系

项　目	美国		日本		前苏联		德国	
	年份	数值	年份	数值	年份	数值	年份	数值
饱和期人均 GDP/美元	1953	2276	1967	1263	1960	1365	1959	1132
饱和期钢产量/亿吨		0. 872		0. 622		0. 653		0. 294
最高峰值人均 GDP/美元		6166		3752				6427
最高峰值消费量、产量/亿吨	1973	1. 495、1. 368	1973	0. 872、1. 193	1978	1. 535、1. 514	1973	0. 404、0. 532

二、一些国家或地区人均钢的消费量

一些国家或地区人均钢的消费量见表 2。

表 2　一些国家或地区人均钢的消费量　(kg/人)

国家或地区	1960 年	1970 年	1980 年	1990 年	2000 年	峰值
欧共体	272	398	390	377	423	
前苏联	282	439	566	538		
美国	480	612	508	407	697	711
南美	47	79		58	167	
非洲			34	27		
中东	58	112	119	86	138	
日本			629	801		802
亚洲	35	69	63	89	99	

* 本文写于 2001 年，是预测我国钢铁需求的研究报告。

续表 2

国家或地区	1960 年	1970 年	1980 年	1990 年	2000 年	峰值
世界	136	197	161	150	224	
中国	28	22	38	54	101	

三、一些国家钢的消费强度及人均钢材消费量

一些国家钢的消费强度及人均钢材消费量，见表 3 和表 4。

表 3　一些国家钢的消费强度

国家	1970 年			1973 年			1980 年			1990 年		
	GDP/亿美元	钢消费量/亿吨	钢消费强度/万吨·亿美元$^{-1}$	GDP/亿美元	钢消费量/亿吨	钢消费强度/万吨·亿美元$^{-1}$	GDP/亿美元	钢消费量/亿吨	钢消费强度/万吨·亿美元$^{-1}$	GDP/亿美元	钢消费量/亿吨	钢消费强度/万吨·亿美元$^{-1}$
美国	9854	1.27	1.29	13104	1.49	1.14	25870	1.1559	0.4468	54896	1.0173	0.1852
日本	2035	0.6988	3.43	4138	0.8718	2.10	10362	0.7344	0.7087	19321	0.99	0.3377
德国	1855	0.406	2.188	3437	0.404	1.17	8090	0.3378	0.4125	15015	0.355	0.2367
法国	1409	0.2323	1.649	2502	0.2526	1.0096	6522	0.2004	0.3073	11955	0.1807	0.1512
英国	1224	0.2452	2.0032	1785	0.1419	1.355	5231	0.1378	0.2635	9755	0.1669	0.1710

表 4　一些国家人均钢材消费量

项　目		英国	美国	日本	德国
饱和期	人均 GDP/美元	1365(1960 年)	2276(1953 年)	1263(1967 年)	1132(1959 年)
	人均钢产量/kg	296	482	600	568
	人均消费量/kg	261	495	508	524
最高峰值	人均 GDP/美元	2209(1970 年)	6166(1973 年)	3752(1973 年)	6427(1974 年)
	人均钢产量/kg	505	651	1081	878
	人均消费量/kg	442	711	802	565

四、我国钢材近年来消费强度与 GDP 增长率的关系

我国钢材近年来消费强度与 GDP 增长率的关系，见表 5。

表 5　我国钢材近年来消费强度与 GDP 增长率的关系

年份	国内生产总值 GDP/亿元	GDP 增长率/%	国内钢材表观消费量/万吨	国内钢材增长率/%	钢材消费强度/万吨·亿元$^{-1}$
1990	18548	3.8	5178	6.1	0.29

续表 5

年份	国内生产总值 GDP/亿元	GDP 增长率/%	国内钢材表观消费量/万吨	国内钢材增长率/%	钢材消费强度/万吨·亿元$^{-1}$
1991	21618	9.2	5641.3	9.4	0.261
1992	26638	14.2	7077.3	18.7	0.2656
1993	34634	13.5	10021	15.1	0.2893
1994	46759	12.6	10536.5	9.3	0.2253
1995	58478	10.5	9784.4	6.5	0.1673
1996	67885	9.6	10514.8	4.0	0.1548
1997	74463	8.8	10847.7	7.0	0.1456
1998	79396	7.8	11622.8	7.5	0.1463
1999	82054	7.1	13220.3	12.7	0.1611
2000	89403.5	8.2	14121	8.6	0.1579
2001	67227	7.6	12396	19.36	0.1843

五、今后 50 年我国经济发展总量预测概况

根据中国社会科学院数量与经济所接受国家科委和财政部下达的《我国未来经济发展各阶段特点分析与支柱产业选择》课题研究成果报告，今后我国 50 年的经济发展总量预测如下：

到 2000 年，我国绝大部分地区的居民生活水平将达到小康，但全体人民都达到小康水平需要到 2010 年，达到中等发达国家水平的目标将比原计划提前 20 年，在 2030 年实现；到 2050 年，我国将进入发达国家行列。这个发展过程大体分为三个阶段。

第一阶段：1996~2010 年，GDP 平均增长率达到 8.6%以上。到 2010 年，GDP 总量将达到 20 万亿元，人均达到 1.4 万元。人民生活水平全面达到小康，中、东部地区和西部城镇及部分农村进入富裕小康的生活。大中城市和部分沿海地区中小城市将普遍完成工业化或信息化社会的生活方式转变。工业化过程全面向农村推进。

第二阶段：2011~2030 年，GDP 将以年均 6%左右的中等速度增长。到 2030 年，GDP 总量将达到 62 万亿元，人均达到约 4 万元。这时，我国将全面完成工业化，大部分地区基本实现信息化，科学技术全面接近国际较先进水平，经济技术总体实力居世界前列，人民平均生活水平达到中等发达国家的水平。

第三阶段：2031~2050 年，GDP 年均增长在 4%~5%水平。到 2050 年 GDP 总量可能达到 153 万亿元左右，人均达到约 10 万元。那时，我国的科学技术水

平将全面达到国际先进水平，国民经济将全面实现信息化，人民生活水平达到发达国家的中上等水平。

根据上述对我国未来50年国民经济发展的预测，我国未来的经济结构也将发生重大变化，主要表现在如下方面：

（1）产业结构将发生本质变化。按1995年价格计算，2000年我国的一、二、三产业结构在国民经济中的比例将变为17：52：31；2030年将变为9：48：43；2050年将变为6：42：52。可以看出：我国的第一产业将会保持长期稳定低速增长。第二产业在国民经济中的比例继续上升，到2010年前后将达到最高峰，其增加值占GDP总量比例接近52%，2011年至2030年将缓慢回落到48%，这标志我国工业化全面完成，进入后工业化社会。到2050年第二产业的比例将逐步下降到42%。第三产业的增速将从2000年开始高于第二产业，特别是信息服务、金融业、房地产、电信业的发展会保持持续增长。

（2）传统重工业规模将在2030年达到高峰，此后新兴产业将逐步取代传统产业的支柱地位。我国已是钢铁、水泥、煤炭等传统重工业世界第一生产大国，产量分别占世界总量的14%、33%和28%。从现在到2030年前，由于人口仍然处于持续增长的状态，以及工业规模的继续扩大等对传统重工业产品的需求会继续增长。但是到2030年后，经济发展对传统工业的需求将停止增长，转为下降。而以高新技术为基础的新兴产业将会持续稳定地增长，并逐步取代传统工业的主导地位，成为支持国民经济持续增长的支柱产业。

六、我国今后50年对钢铁数量的需求预测

（1）从GDP的增长与钢材消费关系预测我国钢材需求量（见表6）。

表6　GDP增长与钢材消费关系

年份	GDP总量/亿元	GDP增长率/%	人均产值/元	钢材消费强度/万吨·亿元$^{-1}$	钢材消费量/万吨·年$^{-1}$	钢材产量增长率/%	折合钢产量/万吨·年$^{-1}$
2000	89403	8.2	7231	0.1579	14121	8.6	15761
2010	200000	7.6	14492	0.11053	22106	15.6	23650
2020	393430	7.0	26583	0.077371	30440	13.7	32570
2030	620000	6.0	40259	0.054159	33578	11.0	35930
2040	1110325	5.0	70721	0.03249	36074	10.7	38590
2050	1530000	4.0	98076	0.01949	29819	-8.2	31900

1990~2000年十年间我国钢材消费强度降低了48%，年平均下降4.8%。我们考虑到2000~2030年这三个十年将是我国经济快速增长时期，钢材消费强度的降低按30%/年考虑。2030~2050年我国国民经济的增速将会下降，钢材的消

费强度也会更大程度地降低，我们按年下降40%考虑。

（2）从人均钢材消费强度预测我国未来钢铁产量（见表7）。

表7　从人均钢材消费强度预测我国未来钢铁产量

项　目	2000年	2010年	2020年	2030年	2040年	2050年
人口/亿	12.59	13.8	14.8	15.4	15.7	15.6
钢产量/亿吨	1.2761	3.477	5.520	6.314	6.075	5.694
钢材产量/亿吨	1.4121	3.129	5.023	5.808	5.649	5409
人均钢材消费强度/t	0.112	0.252	0.373	0.410	0.387	0.365

（3）预测结论：

1）按照国民生产总值消费钢材预测，我国对钢材的饱和期在2030~2040年，最高峰值在钢材3.6亿吨，折合钢3.86亿吨。

2）按照人均消费钢材预测，我国对钢材的需求饱和期在2030~2040年，最高峰值在钢材5.8亿吨，折合钢6.3亿吨。

关于钢铁工业发展战略的思考*

21世纪初是世界经济发展的重大战略机遇期，如何抓住机遇加快发展，是每个钢铁企业应当认真思考的问题。

“十五”期间我国钢铁工业在旺盛的市场需求拉动下获得快速发展，钢铁工业的装备水平有了长足的进步，产品结构调整也取得实效，钢铁行业在世界钢铁的地位在大大提升。回顾过去的五年，我国钢铁行业的发展得益于国民经济的高增长和对钢材的旺盛需求，得益于投资的拉动。

“十五”期间我国钢铁工业的发展主要是靠投资拉动的，投资规模之大，是史无前例的。2001~2005年“十五”期间，钢铁工业总投资6865亿元，占全国固定资产投资的2.32%，是“一五”到“九五”48年钢铁总投资的1.3倍，其中引进国外设备210亿美元，约合人民币1722亿元左右，占钢铁总固定资产投资的25%左右。这些投资形成的新产能是2.65亿吨炼铁产能、2.64亿吨炼钢新产能和2.68亿吨轧钢新产能。通过“十五”的大规模引进设备，我国钢铁工业已有一批世界上最先进的炼铁、炼钢和轧钢装备。但是应该看到，我们并未完全达到我们的初衷——彻底解决我国国民经济各部门所需的钢材品种靠进口问题，我们还有相当数量的高附加值高性能的产品至今不能自给，还需进口。这告诉我们高新技术是靠钱买不来的，特别是关系到企业生存的核心技术更是买不来的，这些技术被发达国家视为传家宝，是绝对不会外传的。世界经济的发展已充分说明：当今社会谁拥有高新技术，谁就在国际市场竞争中掌握主动权，谁就会占有最大的市场份额。

今后几十年中国钢铁工业面临的是国内市场对钢铁的巨大需求和国内原料严重不足的困惑，在这种条件下，中国钢铁工业的出路是什么？唯一的答案是走新型工业化道路，决不能再走过去那种浪费资源、污染环境的粗放式经营之路。

加快钢铁行业的战略调整是当务之急。历史的经验可鉴，一个行业、一个企业的生存成败不仅取决于战术决策的正确与否，最根本的是取决于战略决策的正确与否，战术错误是可以弥补的，战略错误则是无法挽救的。在历史关键时刻的决策就更为重要。

---

* 本文写于2006年，是为行业和国家发改委撰写的市场预测和行业发展战略研究报告。

一、21世纪我国钢铁工业的发展战略目标

党的“十六大”提出了我国在2020年全面建设小康社会的宏伟目标。钢铁行业作为材料和基础工业，担负着为国民经济各部门提供高速发展所需钢铁材料的重任。根据我国的总体发展战略：在2020年要完成工业化进程，到2050年要进入世界中等发展国家的行列。根据这一发展目标，钢铁工业的发展战略是与国民经济同步发展，加快技术改造和结构调整，提高钢铁产品的国际竞争能力，我国的钢铁工业产品在充分满足国民经济各部门需要的同时，积极参与国际市场竞争，发挥我国钢铁工业的优势，走出国门，开展国际化经营。

根据我国在21世纪的总体发展战略，钢铁行业在21世纪要完成的历史任务是：

（1）保证国家在2020年实现工业化和2050年达到中等发达国家的战略目标，提供所需的钢铁材料，促进国民经济各部门可持续协调发展。

（2）实现钢铁行业的自我完善，完成钢铁工业的结构调整，完成从钢铁大国向钢铁强国的历史转变。

要实现这样的历史任务，钢铁工业还有很长的一段路要走，大约需要经历三个阶段：从目前到2010年前后，钢铁行业处于快速发展时期；从2010年到2020年前后，钢铁行业钢产量将要进入饱和期，此时钢的产量将达到历史最大峰值；从2020年到2030年以后，随着我国工业化和小城镇化的实现，钢材的消费强度和总量将会有所降低，但仍然会保持在较高水平上。

二、钢铁工业今后的出路在哪里——如何走好今后几十年的路

钢铁行业作为传统产业和基础产业，已不能继续过去那种以牺牲资源、环境为代价，以高投入扩张来换取行业的高速发展之路，必须尽快转变经济增长方式，走科技含量高、经济效益好、资源消耗低、环境污染少、人力资源优势得到充分发挥的新型工业化道路。

钢铁行业目前的突出问题是结构不合理，经营方式粗放，经济增长主要靠增加投入、扩大规模。

世界进入21世纪，经济全球化的进程在加快。经济全球化主要表现在三个方面：资本流动全球化、市场全球化、生产全球化。为适应当今世界经济全球化，积极推进钢铁产业链战略、加强钢铁工业战略调整是钢铁行业的重要任务。众所周知，钢铁产业链是由原料、燃料、生产系统和钢材的最终用户所组成的一个非常复杂、非常庞大的系统工程。在这个产业链上的每个链环都担负着对钢铁生产举足轻重的任务。哪一个环节出了问题，都将造成整个钢铁产业链的破坏解体。为此，世界各国都很注重钢铁产业链的建设。

钢铁产业链建设主要反映在三个方面：

（1）钢铁企业与原料、燃料生产企业的战略合作问题。如何通过加强合作，使钢铁企业得到廉价稳定长期的原燃料供应，这是钢铁行业发展的基础环节。

（2）钢铁企业内部各工序之间的协调配合问题也是至关重要的，采用最佳的工艺流程、先进的设备与管理，是使钢铁生产系统正常运行和降低成本的最有效的手段。

（3）发展钢铁企业与最终用户之间的战略合作是钢铁企业生存的基石，也是钢铁企业产品开发市场的依据。

如何加强这三方面的工作，是关系钢铁行业能否持续稳定地增长的关键所在。做好这三方面的工作，我们要站在全新的角度和高度来审视我们未来的发展。

从全球经济一体化的角度，审视钢铁工业的发展战略。经济全球化是推动世界经济发展的动力。经济全球化本质是全球经济市场化：使生产要素可以自由地在世界范围内转移，并由市场机制实现优化配置。由于技术进步，缩短了时间和空间给贸易造成的困难，世界正在成为一个统一的大市场。审视我国钢铁的发展，我们必须站在经济全球化的高度，充分考虑我国目前的国情——自然资源紧缺、生态资源脆弱的现实，规划我们在全球经济一体化形势下的钢铁发展战略。

三、兵马未动粮草先行——加强与原料行业的战略合作

人口多、土地少、人均自然资源匮乏是我国的国情。目前，我国的淡水资源为世界人均的1/4；人均耕地为1.43亩，不足世界的40%；人均森林面积为世界平均水平的1/5；45种主要矿产资源占有量不到世界人均储量的一半，石油、天然气、铁矿石、铜和铝等人均储量分别为世界人均水平的11%、4.5%、42%、18%、7.3%。资源条件决定了中国钢铁持续稳定的增长必须充分利用国内外两种资源，特别是随着我国大型铁矿山进入开采末期后，我国对国外铁矿资源的依赖程度会进一步提高。

我国钢铁工业所需的矿产资源对外依存度越来越大。我国的矿产资源总量大，但人均少，仅为世界平均水平的32%，特别是钢铁生产的主要矿产品铁矿、锰矿、铬矿等资源短缺。2000～2005年间，我国进口铁矿石达9.0525亿吨，用进口铁矿冶炼的生铁占我国生铁产量的比重在逐年提高，从2000年的34%，已提高到目前的53%左右。今后还要进一步提高。除了铁矿石进口外，我们炼钢所需的锰矿、铬矿和镍矿，对海外的依存度也在逐年增加。面对钢铁原料这样的需求形势，为保证我国钢铁工业长期稳定发展今后所需的原料问题，我们必须实施资源最优化战略：大力推进资源全球化、多元化战略，加大对国内和海外矿山的投资，通过对国内外重点铁矿、煤矿等资源企业的投资、参股和控股，组成国际

化的跨国大型钢矿或钢煤公司，发展与这些企业贸易合作，长期占有国际资源，以保证钢铁企业稳定的原燃料供应；通过与国内外海运公司、港口、铁路合作，组织联合海运，推进与港口、铁路的联合物流运输，保证钢铁行业的海上运输线的安全，降低原料运输成本。只有这样我们才能打破国际上少数公司垄断铁矿石资源市场和价格的局面，我们才能在国际钢铁原料市场的竞争中真正取得话语权，我国钢铁的产业安全才有保证。

四、打铁还要自身硬——加强钢铁行业的整合与自主创新能力

虽然我们钢铁工业已成为世界第一生产和消费大国，但与世界钢铁发展和用户需求还有许多不适应的方面：在钢铁工业发展过程中，钢铁生产向着质量型、效益型、低成本方向改进；而用户则朝着要求产品高品质、品种规格多样化和“零库存”方向发展。相比之下看到我国钢铁工业还存在如下突出问题亟待解决：

(1) 产业集中度低，企业规模小。2005 年我国钢产量超过 1000 万吨的企业从上年的 2 个增加到 8 个，钢产量占全国产量的 46.36%，产业集中度比上年有所提高；但与世界级钢铁企业相比，我国钢铁企业的规模还比较小，2005 年世界钢产量的前十名中，我国只有宝钢入选，为第六位，宝钢与世界第一的米塔尔产量差 2700 万吨。

(2) 产业结构不合理，普通产品供大于求，高附加值品种还不能完全满足下游行业的需要，仍需进口。2005 年，我国热轧普薄板自给率 87.08%，冷轧普薄板自给率 61.65%，冷轧不锈薄板自给率 67.6%，镀锌板自给率 63.48%，镀锡板自给率 77.92%，彩涂板自给率 84.93%，冷轧硅钢自给率 64.42%，这充分反映钢铁工业的产业结构需要调整，在高端产品方面我们与国民经济需要还有较大差距。

(3) 缺少自己的核心技术，主要表现在重大冶金装备和高技术附加值的钢材品种仍然依靠进口，制约着我国钢铁技术水平的提高和国际竞争力的提高。

为解决我国国民经济各部门所需板材问题，据不完全统计，到 2004 年我国已引进热连轧机 18 套，冷连轧机 10 套，不锈钢轧机 8 套，大无缝钢管轧机 5 套，万能轨梁轧机 3 套，H 型钢轧机 4 套，还引进了一批棒线材轧机。这些设备的引进改变了我国钢铁行业的装备水平，为提高产品档次发挥了重要作用。但是也应该看到，由于我们还没有掌握相关核心技术，不少产品我们还需靠进口，如高档汽车板、高档家电板、高牌号取向硅钢、特殊扣的石油化工用管、抗压溃石油套管、高牌号钢帘线用线材、高精度合金钢棒材、平行腿槽钢、大型造船用 T 型钢和 L 型钢等。特别是在如下技术和设备方面我国与世界还有较大差距：

(1) 宽带钢热连轧设备和技术方面。我国先后从日本、德国等国引进设备

和相关技术，包括板厚和板形控制技术，如工作辊弯辊（WRB、DCB）、支撑辊辊型调节（VC）和 CVC 轧机、HC 轧机等技术。鞍钢开发了 2150mm 宽带钢热轧生产线，产品精度达到国际先进水平，使我国在宽带钢热连轧技术方面向前推进了一大步。

（2）薄板坯连铸连轧设备和技术方面。这方面是我国近年来引进最多的，主要有德国 SMS 公司的 CSP 技术和隧道炉、德国 MDH 公司的感应加热、达涅利公司的 FTSR 技术。对薄板坯连铸连轧技术的掌握我国是世界上最好的，但仅有鞍钢在引进吸收的基础上，自主开发研制了 1700mm 中薄板坯连铸连轧生产线，形成了具有自主知识产权的 ASP 技术。在热带钢性能控制技术、宽度控制技术、热轧薄规格品种开发等方面与世界前沿还有一定的差距。

（3）中厚板轧机和技术方面。我国中厚板轧机装备发展水平滞后于薄板，厚板轧机主要有鞍钢的 4300mm、舞阳的 4200mm、上海浦东的 4200mm 轧机和宝钢刚投产的 5000mm 轧机，老式中板轧机多以 2800mm 为主，新建、在建的多以 3500mm、3800mm、4300mm、5000mm 的四辊单机架或双机架为主，这些轧机采用大轧制压力、高刚度、大功率设计，为实现 TMCP 工艺生产高质量高性能中厚板创造了条件。但我们的中厚板轧机后半部的热处理工艺仍然比较落后，不能满足高强度中厚板的需求。

（4）冷轧宽带钢设备和技术方面。过去数年我国的冷轧宽带钢发展迅速，冷连轧机有鞍钢的 1676mm 四机架、宝钢的 2030mm 五机架、武钢的 1700mm 五机架、宝钢的 1550mm 五机架、本钢的 1676mm 四机架和攀钢的 1220mm 四机架酸洗连轧等，仅有鞍钢的 1780mm 冷轧宽带生产线工艺装备技术是由国内自主集成与创新的。但总体看冷轧发展和建设滞后于热轧，这是造成我国大量进口冷轧板的主要原因。从已引进的冷轧机看有四辊、六辊、十二辊和二十辊等布置，并具有 CVC、HC、PC 等功能，但在带钢的退火技术、镀锌技术、镀锡技术、冷轧硅钢技术等方面，我们与世界还有不小的差距。

目前国内还不能满足国民经济各部门特别是汽车、电子、家电等部门对钢材组织、性能、尺寸精度和表面质量的需要。特别是如下产品方面：

（1）汽车板。主要是高强度、DDQ、EDDQ 超深冲钢板，特别是无间隙固溶 IF 钢板、高强度烘烤硬化 BH 钢和双相 DP 钢等，在板厚精度、镀层的耐腐蚀性、板形控制、表面质量、性能稳定性、复合减振钢板、裁剪拼焊板等方面与国外还有差距。日本 JFE 公司开发出高强度钢 SFGHITEN（超细晶粒高强度钢板），其钢种有 TS340、TS390、TS440MPA，可作为热轧薄板和镀锌板；还开发出析出硬化高强度热轧钢板 NANOHITEN、时效高强度烘烤硬化钢板 BHT。

（2）集装箱板。集装箱使用的主要是 1.6~6mm 的热轧薄板，钢种为耐大气腐蚀钢和不锈钢，对 1.6~2mm 的集装箱板我国产量较少。2005 年统计，小于

3mm 的热轧板产量仅占 23.72%，大于 3mm 的集装箱板只占热轧薄板总产量的 3.74%，无法满足集装箱行业的需要。

（3）电工板。我国取向电工板与日本比还低 5 个牌号，尤其是薄规格的低铁损高牌号还不能生产。冷轧无取向的高牌号电工钢生产质量不稳定。

（4）家电用板。高档冰箱侧板（厚度 0.5mm 以下、宽度 1300mm 以上）不能生产，主要由韩国、日本进口。冰箱用 PVC 覆膜板，国内可供规格有限，不少规格需进口。洗衣机侧板国内不能按双倍尺生产。电镀锌基板（0.5~1.6mm）国内产量较少，资源不足，需靠进口解决。阴罩带钢国内刚起步，无法批量生产，靠从日本、德国供应。镀锡板的基板，尤其是厚度在 0.5mm 以下的主要靠日本、法国、韩国供应。

（5）桥梁板。桥梁板对钢材性能要求高，必须同时具备高强度、高韧性、良好的可焊性、耐疲劳性、耐大气腐蚀性和良好的表面质量。我国的桥梁钢板性能可满足要求，但表面质量和热处理还不能满足高档桥梁板的使用要求，特别是热处理工艺还不完善。

（6）硬线和高强度棒材。近几年我国生产的硬线性能和质量有较大提高，但在高强度（3250MPa）和超高强度（3650MPa）的钢帘线、预应力钢丝和钢绞线、超高层电梯用钢丝绳、汽车悬挂弹簧、紧固件等用高碳硬棒线或合金棒线材，在钢质纯净度、脱碳层、尺寸精度和表面质量等方面与国外产品还有差距，目前仍需进口。

（7）石油专用钢管。目前，我国石油钢管生产能力和水平有了很大提高，可以生产 J55、N80、P110 等钢种直径 60mm 的油管到 339.7mm 的套管，C95、T95、Q125、V125 等也在研制，但还不能大批量生产。对超深井、抗挤压、抗硫化氢、高连接强度、高压高密封用管国内还不能生产，仍然需进口。而日本 JFE 公司研制出高强度高耐腐蚀油井管 UHP15CR，住友研制出 110KSI 级油井管。

（8）管线钢板。我国目前已掌握 X42~X70 以下管线钢板生产技术，并批量生产。但对 X80 以上的用于厚壁大口径钢管用板刚刚开始研制和试生产。而日本新日铁已研制成功高强度管线钢 X120。

（9）造船板。我国造船板生产的主要问题是宽度 4m 以上的供货数量太少，高强度造船板如 AH32~EH36 级、F 级的船板性能和质量还不稳定；抗 Z 向撕裂的造船钢板和耐零下 150℃低温的船用液化石油气钢板我们目前还不能生产，靠进口。

（10）高速铁路和重载铁路所需的钢轨、车轮、车轴和车辆用钢。我国鞍钢、攀钢、包钢和马钢铁路用钢生产线的技术改造即将完成，但应当承认我们还缺少生产高速铁路和重载铁路钢轨等钢材的技术经验及 KNOW-HOW，还需我们加快研究开发。

要解决上述这些问题，我们必须实施产业最优化战略，加快产业升级：

（1）按照装备大型化、生产专业化、经营集团化原则，搞好资源的优化配置和钢铁行业的整合，加快提高产业集中度。

（2）按照产业政策要求，积极做好钢铁行业中长期发展规划，加快淘汰落后产能，优化产业和产品结构。

（3）提高企业的自主创新能力，特别是要提高原始创新能力、集成创新能力和引进消化吸收再创新能力，调整产业结构，加快转变增长方式。

（4）要加大科技投入，积极培养自己的科技人才队伍，培养自己的世界一流的炼铁、炼钢、轧钢技术专家和懂技术会管理的企业家；同时引进国外客座教授、研究员，改善企业技术中心的人才结构，活跃科技创新机制，不拘一格用人才，提高企业科技创新能力。

（5）发展循环经济，提高资源、能源利用率，大力推进钢铁行业增长方式的转变。

（6）加快实施钢铁行业"走出去"战略，"走出去"是钢铁行业长期发展战略，钢铁行业只有走出去，才能进一步做大做强，才能进一步规避风险，提高国际竞争力。"走出去"战略包括到国外去投资建厂，到国外去收购企业，到国外去经营发展，也包括原料采购、产品输出、资本输出、装备输出、技术和人才输出等，只有这样我们才能集百家之长、补己之短，与世界各国保持在资源、技术上的优势互补，保持钢铁行业持续稳定发展。

同时还必须实施产品结构最优化战略，加快产品升级：

（1）加快钢铁标准升级，尽快淘汰落后标准和落后工艺设备与产品。推广应用国际先进钢材标准。

（2）加快对高性能、高附加值钢铁产品的开发研制，尽快形成具有自主知识产权的核心技术和产品。

（3）在对引进设备和技术消化吸收的基础上，加快开发具有自主知识产权的技术和成套设备。

在产业、产品升级中，首先要搞好钢铁企业的联合重组，钢铁企业联合重组的战略目标是面对经济全球化和国际市场竞争白热化的新形势，通过内联外扩、国内企业联合重组、收购国外强势企业，组建跨国的国际化企业集团，提高我国企业的国际化经营水平，创建世界一流企业，逐鹿国际市场。钢铁企业的联合重组要体现以下几个有利原则：

（1）有利于实现企业的规模经营，提高产业的集中度和抗风险能力。

（2）有利于实现企业的专业化生产经营，促进实现精品战略，促进企业国际竞争力的提高。

（3）有利于行业的技术进步，统筹安排规划，淘汰落后和防止重复建设。

（4）有利于市场规范化，防止产品雷同和价格大战。

（5）有利于实现企业效率与效益的同步增长。

应当看到，我国钢铁行业的联合重组已开始加快步伐，鞍钢和本钢的联合，首钢和唐钢的联合，武钢和鄂钢、柳钢的联合，宝钢和马钢、新疆八一的战略合作等已拉开序幕。我们希望能通过国内钢铁企业的联合重组和对国外钢铁企业的收购，加快我国钢铁工业的战略重组进度，力争在不久能有新的进展，形成2~3个规模在2000万~5000万吨以上的特大型钢铁企业集团，成为中国钢铁工业的旗舰和战略航母，使我国将有更多的钢铁企业进入世界500强行列，进入世界钢铁前十名的行列。同时，我们希望通过产业升级带动产品升级，使我们在高附加值的产品研发上能有新的突破，尽快研发出具有自主知识产权的品种来，满足国民经济的需要。我们今后要重点抓好如下技术的开发研究：

（1）优化钢铁生产流程。研究推广高效高炉转炉炼钢技术；研究推广电炉高效炼钢技术；研究熔融还原炼铁工业化生产技术。前两者对解决我国钢铁生产能源消耗高污染严重问题有积极作用。后者是正在开发的以煤代焦、成本低、流程短的新工艺，有着很好的应用前景。

（2）研究洁净钢的工业化生产技术。特别是以高效转炉精炼为代表的洁净钢生产技术，以解决高档汽车板、高档硬线、高档管线钢、高速铁路用钢轨和车轮等洁净钢生产问题。

（3）研究薄带连铸连轧技术和棒线材的连铸连轧技术。薄带连铸与薄板坯连铸相比是新的革命性突破，它可以直接铸出厚度在1~10mm的钢带，供热轧或冷轧生产板带，这对板带生产是一种革命性的发展，对钢铁生产工艺优化和结构调整有着重大意义。据有资料介绍，美国纽柯公司第一条商业化薄带生产线已开始生产厚度在0.84~2mm的热带钢，其产品目前主要用于建筑和农业，UCS产品2005年进入工业化生产阶段。

（4）以降低二氧化碳、二氧化硫排放，减少钢铁生产对环境污染为目标，研究冶金环保技术。包括研究钢铁废渣、废气的综合循环利用技术，降低烧结机废气排放和循环使用、降低二氧化碳、二氧化硫发生技术，进一步提高高炉渣、转炉渣利用率和钢铁粉尘的回收利用技术。

五、服务永无止境——加强钢铁企业与用户的战略合作

我国加入WTO已有5年，现已进入了入世后的过渡期，这意味着我国的经济已与世界全面接轨。我国的钢铁企业面对的是与世界一流的跨国公司开展竞争。我们与这些跨国公司的竞争，主要反映在争原料、争市场，未来的竞争将大大超过产品本身的范围，将会更多地向分销、产品服务、物流等方面发展。

在这种形势下，要采用循环经济这种新思路来指导经济活动，把经济活动组

织成“资源利用—绿色工业—资源再生”模式的最佳发展模式。总之使所用原料、能源在生产过程中得到合理使用和利用，并把其对自然环境的影响控制在最低程度，即循环经济是实现低能耗、低排放、高效率的工业生产的最佳模式，是钢铁工业实现可持续稳定增长的唯一途径。

我国使用钢材的主要行业是建筑、铁道、造船、轻工、机械、石化、集装箱、汽车等，这些行业对钢材性能高级化、复合化、功能化、环保化和智能化要求越来越高，这些行业今后还有很大的发展空间，这些行业正在进行产业结构调整和产品结构优化，不少行业提出“零库存”的管理理念，钢材加工配送中心的现代物流体系进一步被下游行业所接受。可以说，随着我国实现工业化进程，特别是随着世界制造业向我国转移，我国钢材加工配送现代物流将会获得进一步发展。通过钢材的加工配送将进一步加强钢铁企业与最终用户的战略合作，有利于双方的发展，增强双方共同抵御市场风险的能力，达到双方共赢的目标。

传统的集贸式的钢材市场流通模式，已无法满足下游行业提高效率、降低成本的需要，下游行业自己配置钢材加工这种小而全、大而全的模式，由于效率低成本高，将会逐步被现代物流体系所取代，钢材的加工配送、网上交易等新型营销方式和流通方式将获得进一步发展和推广。钢材的加工配送作为一种新型的物流服务方式，其功能就是在加工中心将钢材按照最终用户的要求，经过矫正、清理、剪切、冲压等工序，把轧态的钢材加工成下游用户所需的各种半成品或零部件，并通过其仓储、运输系统，最快地供给最终用户直接使用。由于其具有效率高、成本低的优势，钢材的加工配送作为一种先进的物流体制，其对社会和下游企业高效率、低成本、集约化、多功能的社会化、现代化服务所产生的巨大社会效益日益体现，这种物流方式已成为世界发达国家物流的主要模式。如美国瑞森公司的钢材加工配送中心，就是一个具有 30 多个加工中心的现代物流企业，其服务遍布美洲所有钢材用户。在日本东京这样的钢材加工配送中心也是非常发达。在法国的里昂也有世界最大的钢材加工配送中心，为欧洲和世界钢材用户服务。在过去的十年里，我国的钢材加工配送主要是外商独资或合资建设的钢材加工配送中心居多，特别是韩国和日本，已基本完成在我国珠江三角洲、长江三角洲和环渤海湾地区的布局设厂，这些钢材加工配送中心主要是为家电、汽车、计算机、造船等行业服务，这些外商的钢材加工配送中心通过其高效低成本服务，已占据我国相当一部分高附加值钢材加工市场，并出口到世界。

目前，我国钢材深加工比重低。钢材本身的附加值没有得到提升，与下游行业的发展结合还不够紧密，使用钢材的综合成材率和劳动生产率还比较低。据了解，世界发达国家钢材的综合深加工比可达 50%以上，其中线材达 60%，棒材达 40%，管材达 30%，板材达 70%左右。而我国一般钢材的深加工仅为 10%~15%。由于钢材深加工比例低，我国钢材的成材率和使用效率较低，也因此而失去了相当的市场。如何提高我国钢材的使用效率和成材率，改进钢铁行业的物流方式，加强与用户的战略合作，是提升钢铁行业竞争力的主要措施之一。为此，我们应实施市场体系的最优化战略——加快现代钢铁物流业建设。

（1）加快整顿钢材市场经济秩序，制定合理的钢材定价机制。

（2）大力发展以钢材加工配送为代表的现代物流业，提高钢材流通领域的产业集中度。

（3）推进钢材生产企业与用户企业的长期战略合作。

我们要规划建设好为汽车行业、造船行业、家电行业、交通行业、建筑行业、石化行业和现代农业等行业服务的专业化的钢材加工配送中心，也要建设为社会流通行业服务的钢材加工配送中心，以此来满足国民经济各部门对钢材的个性化需求。同时，我们要做好围绕环渤海湾、长江三角洲和珠江三角洲的钢材加工配送中心集群的布局。

根据我国的总体发展战略，我们钢铁行业只要认真实施产业链战略，加快钢铁行业的结构调整，我们就一定能在较短的时间内完成钢铁行业的战略调整任务，实现由钢铁大国向钢铁强国的转变。那时将正如古人云：乘风破浪会有时，直挂云帆济沧海。中国钢铁的航母将扬帆远航，搏击风云，勇往直前。

现行钢铁产业政策分析与研究报告*

一、国外钢铁工业现状及发展趋势

（一）世界钢铁工业的产量现状及今后发展趋势

1970 年世界粗钢产量仅 5.95 亿吨，到 1990 年达 7.7 亿，20 年间仅增长了 29.41%；2000 年登上 8.48 亿吨新台阶后，世界经济连续快速增长，2004 年世界钢产量突破 10 亿吨，比 2000 年增长了 17.92%。预计到 2010 年世界钢产量将达 11 亿吨。具体情况见表 1~表 3。

表 1　世界粗钢产量

年　份	1950	1955	1960	1965	1970	1975	1980	1985	1990	1995	2000	2001	2002	2003	2004	2005
产量/百万吨	189	270	347	456	595	643	717	719	770	752	948	850	903	969	1057	
增长率/%						1.6	2.2	0.1	1.4	-0.5	2.4				5.7	

表 2　世界 2004 年主要粗钢生产国家

排　序	1	2	3	4	5	6	7	8	9	10
国　家	中国	日本	美国	俄罗斯	韩国	德国	乌克兰	巴西	印度	意大利
产量/百万吨	272.5	112.7	98.9	65.6	47.5	46.4	38.7	32.9	32.6	28.4

表 3　世界前 20 名钢铁企业排序（2004 年）

公　司	国　家	排　名	产量/百万吨	2004/2003 同比/%
阿塞洛	卢森堡	1	46.90	9.68
LUM 控股	荷兰	2	42.84	37.62
新日铁	日本	3	32.4	3.51
JFE 钢铁公司	日本	4	31.6	4.63
浦项	韩国	5	30.2	4.49
上海宝钢	中国	6	21.41	7.75
美钢联	美国	7	20.83	16.24

* 本文写于 2005 年，是为国家发改委撰写的专题产业政策建议调研报告。

续表 3

公 司	国 家	排 名	产量/百万吨	2004/2003 同比/%
克鲁斯集团	英国	8	19.94	5.67
纽柯钢公司	美国	9	17.91	13.21
蒂森克虏伯集团	德国	10	17.58	3.29
里瓦集团	意大利	11	16.7	6.64
ISG 集团	美国	12	16.11	51.84
盖尔道集团	巴西	13	14.6	8.94
住友	日本	14	13.0	1.56
EVRAZ 控股	俄罗斯	15	12.2	0.83
SAIL 公司		16	12.1	-2.25
鞍钢	中国	17	11.3	10.8
马格尼托哥尔斯克钢铁公司	俄罗斯	18	11.3	-1.74
中钢	中国台湾	19	10.9	-0.09
SEVERSTAL		20	10.4	10.5

世界未来几年粗钢产量预测：2004 年世界粗钢产量突破 10 亿吨，同比增长 8.7%，预计 2008 年世界粗钢产量将突破 11 亿吨（见表 4）。据 OECD 的调查报告认为 2005~2008 年间，全球粗钢产量的年平均增长率为 2.7%。增长主要是在亚洲和南美洲，其中亚洲占今后全球粗钢产量产能增长的半数以上，南美洲占三分之一，欧洲占 13.2%，北美、非洲等地区占不足 7%。

在亚洲地区，中国、印度和韩国的产能扩张最快。在今后几年中，全球的钢铁产能增长率虽然放慢，但仍高于消费的增长。预计 2005 年产能的增长率将超过消费增长 2.1%，到 2008 年将高出 4.1%。

表 4 一些国家或地区 2000~2008 年钢铁产能 （百万吨）

国家或地区	2000 年	2001 年	2002 年	2003 年	2004 年	2005 年	2006 年	2007 年	2008 年
欧盟 25 国	186.6	180.6	181.2	184	188.8	190.9	194.6	195.5	193.1
欧盟 15 国	163.4	158.6	158.7	160.3	164	165.6	168.8	169.5	167.6
其他欧洲	23.8	24.6	26.5	28.5	30.7	31.1	31.5	33.1	34.7
前苏联	98.6	99.8	101.6	107.5	110.4	114.2	116.8	118.5	119.7
北美	135.1	119.9	123.9	122.8	127.6	131.4	135.3	135.5	134.5
南美	39.2	37.4	40.7	43	45.3	46.5	48.6	49.8	50.8
非洲	13.8	15.1	15.8	16.4	16.4	17	17.4	17.9	18
中东	10.8	11.7	12.4	13.4	13.6	15	16.2	16.8	17.3
中国	127.2	150.9	181.6	220.1	250	269.6	281.3	288.9	296.5

续表 4

国家或地区	2000 年	2001 年	2002 年	2003 年	2004 年	2005 年	2006 年	2007 年	2008 年
日本	106.4	102.9	107.8	110.5	111.1	111	112	111	111
其他亚洲	98.2	99.9	104	110	112.7	114.7	117.3	119	120.5
大洋洲	7.8	7.8	8.3	8.3	8.6	8.6	9	9	8.9
世界合计	847.5	850.6	903.8	964.4	1015.2	1050	1080	1095	1105

注：根据 MEPS 公司预测。

（二）在经济全球化下的世界钢铁工业发展态势

（1）钢铁生产已突破国家界限，国际化的钢铁公司越来越多。钢铁贸易在进一步发展，贸易量在扩大。年世界钢铁产品的贸易量已达近 3 亿吨（见表 5）。近年来，随着世界经济发展，特别是随着建筑业、汽车、家电、石油等行业发展，线材、热轧板卷、冷轧板卷、镀锌板等品种的贸易量增长较快。

表 5 世界钢铁产品贸易量逐年增长 （百万吨）

产　品	1998 年	1999 年	2000 年	2001 年	2002 年
钢锭及钢坯	35	44.9	48.1	47.3	48.7
钢轨及配件	2.6	2.8	2.1	2.5	2.5
角钢、型钢等	17.3	16.1	18.5	17.8	16.8
螺纹钢	10.4	11	11.1	13.2	11
棒材	10.2	8.7	9.0	9.3	8.3
线材	14.5	15.5	16.8	16.3	17.2
钢丝	4.2	4.4	4.2	4.2	4.5
热轧带钢	2.6	2.7	3.1	3.4	3.4
冷轧带钢	2.9	3	3.5	3.2	3.4
镀锌板热轧板卷	44.1	45.8	49.1	43.7	48.8
中厚板	17	15.8	17	17.7	18.2
冷轧板卷	25.9	26.9	29.1	26.9	28.6
电工钢板卷	2	2.1	2.6	2.6	2.7
镀锡板	5.6	5.8	6.4	6	6.2
镀锌板	17.9	19.1	21.9	20.5	23
其他涂层板	5.5	5.4	6.4	6.2	6.7
无缝钢管及配件	21.8	18.8	21.5	23.8	24.2
车轮及车轴	0.3	0.7	0.3	0.3	0.3
铸件	0.4	0.4	0.5	0.5	0.5
锻件	0.4	0.4	1.5	0.8	0.8
合　计	243.8	253.4	276.4	270.0	279.4

（2）随着中国钢铁工业产能的快速增长，世界钢铁市场的贸易格局将发生重大变化，进一步加剧世界钢材供大于求的矛盾，这将导致贸易摩擦加剧。世界钢材净出口国家或地区和净进口国家或地区情况见表6。

表6　世界钢材净出口国家或地区和净进口国家或地区（2002年）　（百万吨）

序　号	国家或地区	净出口量	序　号	国家或地区	净进口量
1	日本	31.9	1	美国	24.6
2	俄罗斯	25.5	2	中国	22.6
3	乌克兰	25.2	3	泰国	8.2
4	巴西	10.9	4	中国香港	5.4
5	比利时-卢森堡	9.4	5	意大利	5.2
6	德国	6.9	6	越南	4.6
7	土耳其	4.3	7	伊朗	4.5
8	南非	3.7	8	西班牙	4.1
9	哈萨克斯坦	3	9	阿联酋	2.9
10	斯洛伐克	2.6	10	葡萄牙	2.5
11	奥地利	2.4	11	印度尼西亚	2.4
12	罗马尼亚	2.4	12	新加坡	2.4
13	阿根廷	2.2	13	马来西亚	2.3
14	委内瑞拉	2.0	14	英国	2.2
15	法国	1.8	15	埃及	2.1
合　计		134.2	合　计		96

（三）从世界排名前十位钢铁企业排名变迁看当今钢铁企业发展战略的演变

综观世界钢铁发展历史，世界钢铁排头兵的排位是几经变换。在20世纪60年代中期以前美国以美钢联为首有6家企业位于前6名。当时只有德国的ATH公司、意大利的芬西代尔公司和日本的八幡公司与富士公司进入世界钢铁前10名。美国的6家钢铁企业均是采用长流程工艺的高炉+平炉传统钢铁企业。

日本通过对钢铁企业的三次技术改造和改组，采用了高炉+转炉工艺，在提高劳动生产率和降低成本上取得实效，再加上采取了规模经营的发展战略，八幡与富士合并成立了新日铁，从1970年开始，新日铁成为在产量上和产品质量上最具竞争力的钢铁企业，占据世界钢铁行业的霸主地位达27年之久。与新日铁同时进入世界前10名的日本企业还有NKK、住友金属、川崎。

从1989年开始世界钢铁行业的第一把交椅由新日铁让位给韩国的浦项，新日铁只好屈居第二位。韩国浦项的经验值得注意，其是从1970年才开始建设，通过4期建设，一举成为世界上最大的钢铁企业。其成功经验是企业发展规划起点高，采用最新技术工艺装备，走“规模化经营，专业化生产，低成本管理，高技术投入”之路。

综观世界钢铁行业50年排名的变迁史，不难看出位居霸主地位的钢铁企业均是当时最具国际竞争力的企业，其主要战略是：

（1）合理配置资源，启用高素质管理人才，引进具有竞争力的管理机制，大胆进行结构调整，及时通过联合重组做到低成本扩张。

（2）大胆采用先进技术，紧紧抓住科技进步和产品创新，不断提高企业的国际竞争力。

（3）善于利用国内外两个市场和两种资源，降低成本，取得最大的效益和效率。

世界钢铁公司排名顺序演变见表7。

表7 世界钢铁公司排名顺序演变

名次	1965年	1970年	1989年	2004年
1	美国美钢联2976万吨	日本新日铁3295万吨	韩国浦项2557万吨	卢森堡阿塞勒4690万吨
2	美国伯利恒1908万吨	美国美钢联2850万吨	日本新日铁2407万吨	荷兰LNM 4284万吨
3	美国共和钢898万吨	美国伯利恒1868万吨	卢森堡阿尔贝德2030万吨	日本新日铁3141万吨
4	德国ATH 857万吨	日本NKK 1270万吨	荷兰LNM 1720万吨	日本JFE 3113万吨
5	美国国家钢773万吨	德国ATH 1263万吨	法国于齐诺1640万吨	韩国浦项3105万吨
6	日本八幡	日本住友	英国英钢联1631万吨	中国宝钢2141万吨
7	意大利芬西代尔	日本川崎	德国蒂森克虏伯1480万吨	美国美钢联2083万吨
8	美国阿姆科	意大利芬西代尔	意大利里瓦1331万吨	英国克鲁斯1994万吨
9	美国劳林	美国共和钢	日本NKK 1054万吨	美国纽柯1791万吨
10	日本富士	法国萨西洛	美国美钢联1017万吨	德国蒂森克虏伯1758万吨

二、我国钢铁工业现状及发展趋势

（一）我国钢铁工业现状

在党的三代领导的关怀和支持下，新中国的钢铁工业，经过钢铁行业几代人的努力，从小到大，从弱到强，发展到今天，已成为世界钢铁生产和消费大国。

我国钢铁工业经过多年发展建设，已形成包括矿山、烧结、焦化、炼铁、炼钢、轧钢及相关的铁合金、耐火材料、碳素制品和地质勘探、工程设计、建筑施工、科学研究等部门组成的完整的工业体系。

我国钢铁工业发展五十多年来，取得了举世瞩目的成就：

（1）产量和消费量高速增长，现已成为世界第一钢铁生产和消费大国。从1996年我国钢产量突破1亿吨开始，已连续9年保持钢产量世界第一。在这之后，我们仅用7年时间，使我国在2003年的钢产量突破2亿吨，再次创造了世界钢铁发展史上的奇迹。预计今年我国的钢产量将突破3亿吨。由于我国铁、钢、材产量和产能的高速增长，改变了世界钢铁生产和贸易的格局。

（2）钢铁企业的技术装备水平得到较大提高。目前，我国钢铁工业达到世界先进水平的装备约占30%以上，达到国内先进水平的装备50%以上。特别是20世纪90年代以来，我国钢铁工业获得了长足进步：一大批具有世界先进水平的大型高炉、大型转炉和电炉、炉外精炼、连铸、热连轧、冷连轧、涂镀层生产线、冷轧硅钢生产线、高速线材轧机、连续小型棒材轧机建成投产，使我国钢铁行业的装备水平有了显著提高。特别是我们正在进行的为配合我国家电、轿车、石油、建筑、造船等行业走向世界，钢铁行业“十五”技术改造完成后，我国整个钢铁工业的工艺和装备水平将会发生新的质的飞跃。可以预言21世纪世界钢铁工业的希望在中国。

（3）随着我国钢铁工艺技术结构的改进，产品结构进一步优化，产品质量显著改善，国内市场占有率进一步提高。钢铁企业连铸比已达到95.93%，高于世界平均水平（88.3%）。钢铁生产的板管比已达到45.3%，还将进一步提高。

（4）国民经济各行业所需的钢材品种大多数可以国内生产，特别是国民经济支柱产业所需的高性能高附加值品种的钢材的产量和质量有了新的增长和改善。我国钢材的综合自给率已达99.06%。其中热轧窄带钢、冷轧窄带钢、无缝管、焊管、中板、厚板、特厚板、中厚宽带钢、线材、棒材、螺纹钢、大型型钢等自给率已达到100%。热轧薄宽带钢和中小型材的自给率也已接近100%。

（5）我国钢铁工业的设备制造能力、工程设计能力大大提高。如宝钢的三期工程建设，引进设备占比一期为88%，二期为39%，三期仅为20%。这标志着我国已具有规划、设计、建设和管理800万~1000万吨级特大型现代钢铁企业的能力。

综上所述，我国的钢铁工业在近十年来，通过技术改造和技术进步，素质大大提高，我国钢铁产品的国际竞争力有了质的飞越，我国钢铁工业正在从钢铁大国向钢铁强国迈进。

我国钢铁工业经过“十五”的技术改造，钢铁工业的整体素质会进一步提高，拥有世界上第一流的炼铁、炼钢和轧钢工艺和设备，在热轧薄板、冷轧薄板、中厚板、无缝钢管、焊管和连续小型、高速线材等钢材品种方面，无论是产量还是性能将处于世界先进水平。随着钢铁产品在世界市场的比重的增大，与世界钢铁的贸易将进一步扩大，中国钢铁行业在为中国国民经济服务的同时，将进一步走向世界，将在经济全球化中发挥更大作用。特别是我国加入 WTO，为我国与世界各国家和地区的贸易提供了新的机遇，我们真挚希望与世界各国各地区的朋友们加强合作，扩大贸易往来。在 WTO 的原则基础上，积极参与世界贸易活动，为世界各国和地区的贸易伙伴提供优质服务。

（二）我国钢铁工业发展趋势

世界钢铁工业的发展趋势概括起来是 5 个方面：装备大型化、产品专业化、质量洁净化、生产连续化、经营集团化。世界钢铁工业的改组、改造和重组在加快，其目的是要让钢工业通过这三改满足世界经济全球化的要求。经济全球化主要表现在三个方面：资本流动全球化、市场全球化、生产全球化。通过资产的重组，达到最有效地利用国内和国际两种资源、两个市场，提高企业生产经营活动效益和效率的目的。世界钢铁市场的竞争也是围绕着高附加值和高性能产品展开的。一是板材，如汽车板、家电板（镀锌、彩涂）、锅炉板、桥梁板、不锈板和管线板等；二是线棒材，如汽车用的齿轮钢、轴承钢、弹簧钢、阀门钢等合金钢棒材及高清洁度线材，以及钢帘线用线材，斜拉桥、悬索桥用高强镀锌钢丝、高强螺栓等。

我国与国外先进国家的钢铁工业整体上还有 5~10 年的差距。主要反映在装备工艺水平、核心技术的自主研发和高性能、高附加值产品的实物质量等方面。

近十年来钢铁主要用户行业的结构调整和技术升级很快，这些行业的产品已经进入世界市场，其对钢材的要求已与世界接轨，如我国的家电（电冰箱、空调、洗衣机）产品对钢材的实物质量要求越来越高。特别是随着其生产工艺的进步，采用机器人、自动化生产线、多工位高速冷镦机等先进设备，要求所用钢材具有“三高”，即高性能、高强度、高精度，如计算机用耐指纹钢板、轿车润滑油桶用镀锡板、机械行业用高精度棒线材。

在今后一段时间内我国的钢铁工业发展仍然是以满足内需为主，因为我国尚未完成工业化进程，预计要 2020 年前后才能完成。在这段时间里，国内对钢铁产品需求的增长是比较迅速的，反映在数量上增长是快的。而这之后，钢铁的数量增长将逐步减少，而过渡到重点发展品种质量。我国钢铁工业经过“十五”的改造，普钢的板、管、棒、线的大多数品种和质量均能满足国民经济的需求，但部分高性能、高附加值的钢材品种我们还有一定差距，还需要进口。

（三）当前我国钢铁工业面临的主要问题

（1）产能和产量增长过快。到2004年我国的钢产能已达到了4.2亿吨。整个钢铁行业的产能，超过未来市场对钢铁的需求。2003年以来我国的钢铁生产保持高速增长，2005年预计粗钢产量3.4亿吨左右，钢铁生产的增速超过市场对钢材消费的需求，呈现出供大于求的态势。

（2）钢铁行业的产业集中度低。2004年我国共有871家钢铁企业，其中产钢在500万吨以上的企业只有15家，钢产量占全国的45%，大大低于发达国家。

（3）产品结构不合理。主要表现在长材比重过大，而板带材比重较小。目前我国的板带比为38.62%，板管比为45.3%，低于发达国家水平，也满足不了下游行业的需要，每年进口钢材中板材占87%左右。

（4）产业布局不合理。全国74家重点钢铁企业中有18家在省会城市，有34家在100万人口的大城市。我国钢铁生产企业主要集中在河北、辽宁、山东、江苏等省市，但我国的钢材主要消费市场在华东地区、华南地区，这就造成钢材的流向不合理，又给本来就严重滞后的铁路运输造成困难。

（5）缺少具有自主知识产权的核心技术，技术创新能力不足。钢铁市场的竞争主要表现在高性能、高附加值产品的技术竞争。在这方面我国钢铁工业近年来虽然有一定程度的进步，但必须看到：在重大装备的关键设备和核心技术方面，我国主要仍然依靠进口；高附加值的产品如高档汽车板、高牌号的取向硅钢、高钢级的管线钢等还需从国外进口。

（6）我国钢铁工业所需的矿产资源对外依存度越来越大。我国的矿产资源总量大，但人均少，仅为世界平均水平的32%，特别是钢铁生产的主要矿产品铁矿、锰矿、铬矿等更是资源短缺。2004年我国进口铁矿石所产生铁占到50%左右，今后还要进一步提高。这一关系产业安全的大事，必须引起高度重视。

（四）未来几年我国钢铁工业面临的主要挑战

（1）资源不足，主要原料铁矿石、锰矿、铬矿等对国外的依存度进一步提高，铁矿石对国外的依存度从目前的50%，预计提高到60%以上。

（2）产业结构不合理，普通产品严重供大于求，高附加值品种还不能完全满足下游行业的需要，仍需大量进口。

（3）随着我国钢铁产能和产量的高速增长，国内外市场的供需关系发生了重大变化——总体呈供大于求的态势将进一步加剧，钢铁贸易摩擦将增多。

(4) 缺少自己的核心技术，主要表现在重大冶金装备和高技术、高附加值的钢材品种我们仍然依靠进口，制约着我国钢铁技术水平的提高和国际竞争力的提高。

三、钢铁工业支撑条件现状及发展趋势

(一) 原料条件

我国现有的铁矿资源保有基础储量223亿吨，保有资源总量458亿吨，按目前的年产量静态计算，可供40~60年。我国目前的铁矿资源的储产比为54，是世界平均水平的42%；按成品矿计算，储产比为104，是世界平均水平的80%，与澳大利亚等国相当。从资源安全的角度，我们应采取适度开发国内资源、扩大利用国外资源的方针。

我国矿产资源不足，人均占有量少，供给不足，需大量进口，这种供需形势已成定局。国内资源不足制约着我国钢铁工业今后的发展。

我国的铁矿资源目前已探明的主要分布在29个省市和自治区的700多个市县的1898个矿区。其中辽宁、河北和四川三省的储量占全国总储量的48%，十大成矿区占全国铁矿资源储量的64%。到2001年，全国有采矿权的铁矿山5712家，重点矿山44家，地方矿山5668家。44家重点矿山设计总规模16400万吨，建成规模14300万吨，预计到2005年重点矿山生产能力达12777万吨。但是这些重点矿山大部分是五六十年代建成的，经过长期开采，目前已进入中后期，产能在减少，新建矿山的产能有限。

地方矿山现有资源可供生产20~30年，产量可达1.5亿吨。

2005年我国采用进口矿石冶炼生铁的比重将超过50%，预计进口量将达到2.5亿吨左右。

近年我国生铁产量、进口铁矿数量及其占比见表8。

表8　近年我国生铁产量、进口铁矿数量及其占比

项　目	1997年	1998年	1999年	2000年	2001年	2002年	2003年	2004年
生铁产量/亿吨	1.15	1.19	1.25	1.31	1.43	1.71	2.02	2.49
进口铁矿数量/亿吨	0.55	0.52	0.55	0.70	0.92	1.11	1.48	2.04
进口矿占比/%	32	29.2	29.4	35.6	44.8	43.3	48.9	50.3

我国进口铁矿主要来自澳大利亚、巴西、印度和南非等国家。近两年来由于我国需要量的大幅增长，国际铁矿石供应出现紧缺，价格上涨，使我国钢铁生产成本上升。与此同时，国际海运费价格也同步增长。今后我国必须采取进口铁矿石多元化的方针，打破由CVRD、BHP和力拓三大公司垄断铁矿石海运贸易的局面。只有这样，我国才能取得与我国地位相一致的在国际铁矿石贸易谈判中的话语权。

近年我国进口铁矿石到岸价见表9。

表9 近年我国进口铁矿石到岸价 (美元/吨)

国家	2000年	2001年	2002年	2003年	2004年
澳大利亚	24.92	24.83	23.25	28.04	42.67
巴西	29.54	30.36	26.93	35.1	62.37
印度	27.05	27.02	24.74	37.73	81.35
南非	26.09	26.36	23.49	30.07	60.95

近年到我国铁矿石海运价格见表10。

表10 近年到我国铁矿石海运价格 (美元/吨)

航线	2000年	2001年	2002年	2003年	2004年
澳洲航线	6.3	4.5	4.4	18.8	14.7
巴西航线	11.6	8.3	8.7	33.9	33.5

除铁矿石之外，我国每年还要进口一定数量的锰矿石和铬矿，见表11。

表11 近年我国锰矿石和铬矿石进口量 (万吨)

项目	1999年	2000年	2001年	2002年	2003年
锰矿石进口量	106	120	171	208	286
铬矿石进口量	82	111	109	114	178

（二）能源条件

1. 煤炭

根据国土资源部对我国矿产资源的调查，我国的煤炭储量1万亿吨，可采储量1800亿吨，是可以满足钢铁和国民经济需要的。但我国的炼焦煤资源有限，且煤种储量不均，应加以保护，要逐年减少焦炭出口，保护我们仅有的优势资源。根据目前煤炭行业提供的数据显示，今后我国的炼焦煤进口将呈现逐年增多的态势。

2. 焦炭

2004年我国生产焦炭2.0873亿吨，同比增长17.42%。其中机焦1.7473亿吨，增长32.95%；土焦0.34亿吨，下降26.55%。2004年我国机焦产量大于100万吨的企业达38家，总产量达到6818万吨；产量在50万~100万吨的企业41家，产量2810万吨。2004年我国焦炭产量占世界总产量的49.02%，占世界出口量的57.2%。2004年我国的焦炭共出口1501万吨，同比增长1.98%。2004

年我国的焦炭出口到世界30多个国家，出口量在20万吨以上的国家和地区有18个，前五名的国家和地区见表12。

表12 近年我国出口焦炭情况

国家和地区	2004年出口量/万吨	2003年出口量/万吨	同比/%
欧盟	460.74	457.58	0.69
日本	341.10	290.81	17.29
巴西	184.21	214.30	-14.04
美国	166.40	90.60	83.67
比利时	135.33	76.28	77.41
总　计	1501	1472	1.98

2004年我国国内焦炭市场价格在高位平稳运行。据统计，焦炭在80mm以上的价格在1300~1380元/吨；大于25mm的价格在1000~1200元/吨；10~25mm的价格在700~800元/吨。2004年我国焦炭出口价格（见表13）与国际市场焦煤价格不对称。

表13 2004年我国焦炭出口情况

月　份	1	2	3	4	5	6	7	8	9	10	11	12
出口量/万吨	35	110	88	115	133	149	126	71	205	167	157	139
单价/美元·吨$^{-1}$	169	207	253	301	383	381	304	261	244	209	183	200

从表13可以看出，2004年我国焦炭出口在数量和价格上都呈现较大波动，最低仅169美元/吨，最高为383美元/吨。特别是下半年出口价格一直在下降。而同期世界炼焦煤价格在大幅度上涨。

2004年我国生产原煤19.56亿吨，同比增长13.2%；出口煤炭8592万吨，同比下降7.7%；进口煤炭1780万吨，同比增长65%。2004年我国炼焦消耗焦煤约2.88亿吨，进口焦煤668万吨，同比增长达1.57倍。2004年我国焦炭的表观消费量1.937亿吨，同比增长3068万吨，增幅18.82%。近年来我国焦炭生产能力增长过快，已超过国内近期对焦炭的需求：

（1）我国目前机焦生产能力在1.8亿吨，在建的机焦生产能力4000万吨，预计2005年我国的机焦生产能力将达2.5亿吨，超过国内对焦炭的需求。

（2）从2005年1~6月焦炭生产情况看，我国规模以上炼焦企业日产焦炭水平达到65.42万吨，这相当于年产2.2亿吨焦炭水平，比2004年增加5000万吨以上。

我国焦炭生产存在的问题主要是：

（1）焦炭质量下降，焦炭的硫分、灰分提高，高炉喷煤下降（见表14）。

表14　近年我国焦炭性能

年份	综合能耗（标煤）/kg·t^{-1}	可比能耗（标煤）/kg·t^{-1}	炼铁工序能耗（标煤）/kg·t^{-1}	高炉入炉焦比	喷煤	焦炭灰分/%	焦炭硫分/%	转鼓指数
2004	761	705	466	427	116	12.74	0.64	81.4
2003	778	696	483	433	118	12.61	0.61	81.25

（2）焦煤供应紧张。随着我国钢铁产量的增加，钢铁企业炼焦煤的缺口在增大，由于国内供应不足，预计2005年我国仅主要钢铁企业进口炼焦用主焦煤和肥煤要达800万吨，比2004年将增加近200万吨。主焦煤和肥煤的缺口很大，这两个煤种占炼焦煤的50%~60%，我国储量少，据有关部门预测到2010年我国将缺少4000万~5000万吨，这部分将靠进口解决，从而制约我国炼焦行业的发展。对这一问题，国家应早采取措施，减少焦煤和焦炭的出口，以保证我国钢铁工业持续发展的需要。

几点建议：

（1）加大焦化企业的技术进步和结构调整力度。随着我国大批大型机械化焦炉的建成投产，我国焦炭生产能力超过需求，这给我国带来了加快淘汰土焦的机遇和可能，我们应按《焦化行业准入条件》关停落后的土焦炉和小焦炉，以减少资源的浪费和对环境的污染。同时要严格控制新焦炉的建设，防止焦炉产能的进一步过剩，造成市场的无序竞争给企业带来的风险。

（2）深入研究国际市场，研究焦炭供需关系的新变化，把握价格走势，维护焦炭市场的正常秩序。

（3）采取措施，进一步保护我国有限的焦煤资源，保证炼焦煤的开采与钢铁工业的发展能协调可持续稳定发展。

（4）焦炭出口配额应向社会公开，配额的分配应向焦炭生产企业和大型贸易企业倾斜。要对倒买焦炭出口配额的违法行为严加管理。

（三）运输条件

钢铁行业对原料的需求量大约是每生产1t生铁需要1.6t铁矿石，需要1t煤炭，还有石灰石等辅料，再加上成品钢材的运输，钢铁企业的物流运输量是钢产量的4~6倍，运输成本在钢铁生产成本中的比重为10%~20%。降低运输成本、提高运输效率是提高钢铁企业国际竞争力的重要途径。

1. 海运

我国钢铁产量从1990年的0.65亿吨增长到2004年的2.73亿吨，占全球钢产量的26.3%。我国在建国初期的钢铁企业布局主要是靠近矿山。随着钢产量的大幅度提高，国内铁矿资源已不能满足钢铁发展的需要，从1990年开始我国进口铁矿石，到2004年我国钢铁行业采用进口铁矿石生产的生铁已占总产量的一半以上，今后随着产量的增加，进口矿的比重还将进一步提高。2004年我国进口铁矿石达2.18亿吨，约占世界铁矿石海运贸易量的40%。2005年预计进口铁矿石2.6亿吨。从我国铁矿石资源情况和钢铁行业可持续稳定增长的角度出发，长期进口铁矿石是中国钢铁工业发展的长期战略。

目前我国铁矿石主要来自巴西、澳大利亚和南非等国，进口铁矿石主要是靠海运运到我国各钢铁企业。我国沿海港口大型专业化码头严重不足，船舶平均压港时间在一个星期以上，最长的达一个月以上。加快大型铁矿石专用码头建设是改善我国铁矿石运输的当务之急。同时也要加快调整钢铁企业的布局，从内陆向沿海发展是钢铁发展的必然选择。在《钢铁产业发展政策》中明确了"鼓励钢铁企业优先布局在大港口"的原则，为今后钢铁工业调整产业布局指明了方向。

由交通部制定的《全国外贸进口铁矿石运输系统沿海港口布局规划》已完成，已报国家审批。按照这个规划，到2010年我国的沿海港口将基本适应国际海运需要的20万吨专业化码头的布局，专业化、大型化铁矿石泊位接卸能力将达到3亿吨以上，将彻底解决铁矿石压港现象，与铁路、内河运输结合，形成合理的运输体系。

未来我国铁矿石运输分为三个区域：

（1）北方地区。考虑到北方地区钢铁企业布局比较分散、铁路运输网比较发达，环渤海地区的大型矿石接卸港原则上采用相对分散的布局，即在大连、营口、唐山、天津、青岛、烟台、日照等港口布局20万吨级以上的大型矿石泊位，接卸后通过铁路直达各钢厂。

（2）长江三角洲及长江沿岸地区。受长江航道水深条件的限制，进口铁矿石要经长江口外的宁波、舟山两港20万吨级的泊位接卸后转运；减载后的20万吨级矿石船进入长江口内的上海、苏州、南通等港接卸；二程船可达镇江、南京等港口的矿石码头转运到长江沿岸钢厂。

（3）西南地区。将以湛江、防城港为接卸转运港，这两港口均按可接卸20万吨级船舶设计。珠江口也将根据未来大型钢铁企业的建设，布局相应的大型泊位。

2. 铁路

我国铁路建设的快速发展，使我国铁路运能大幅度提高。到2004年，全国铁路营运里程7.4万公里，跃居世界第三。按照2004年国家批准的《中长期铁路网规划》，铁路建设将按照跨越式发展的新思路，加快高速铁路和重载铁路建设，如武广、京津、石太等高速铁路建设已经开始；大秦线2亿吨、侯月线1亿吨运煤通道的实施，极大地改善了煤炭运输紧张状况。

随着铁路对既有线的扩能改造，提高牵引定数和加快沿海通道建设，将使全国各沿海港口的铁路运输能力大幅度扩充，路港运输能力会进一步协调。今年以来铁路日装车量突破10万辆，同比增加5858车，随着装车速度提高，大大缓解了运输矛盾，特别是铁路积极组织开行大宗货物直达列车运输，受到钢铁企业的欢迎和好评。

四、国民经济发展对钢铁产品需求现状及发展趋势

（一）八大主要用钢行业对钢材的需求量情况

随着世界制造业向我国的转移，我国主要用钢行业对钢材的需求量在稳步增长。根据2004年我们对8大用钢行业用钢量的调查，建筑用钢材17516万吨，占67.1%；机械用钢材3362万吨；占10.4%，汽车用钢材1276万吨，占16.2%；造船用钢材359万吨，占1.37%；铁道用钢材285万吨，占1.09%；石化用钢材372万吨，占1.42%；轻工用钢材2482万吨，占9.5%；集装箱用钢材450万吨，占1.72%。这8大用钢行业用钢26102万吨，占国民经济用钢总量的82.9%。这8大行业用钢材增长幅度同比为15.7%。从今后这几个行业发展预计，今后将从高速增长回落到平稳增长。我们预计2005年8大行业用钢材的增长幅度同比将增12.6%左右。我国机械行业、汽车行业、铁道行业的用钢材量还会有较大的增长，其他行业用钢材量将保持平稳增长。

对于国民经济对钢材的需求量这里还有几个因素要考虑：

（1）西部大开发对钢材的需求量；

（2）城镇化建设对钢材的需求量；

（3）我国能源工业走出去后对钢材的需求量。

（二）国民经济支柱产业对钢材需求量预测

1. 机械行业

A　2005年发展趋势预测

预计2005年机械工业总体上将呈平稳增长态势，全年工业总产值估计将比2004年增长15%~20%，增幅比2004年有所回落，并且全年呈“前缓后高”的走势。

（1）电工行业：预计2005年将增长15%左右。29家主要发电设备生产企业2005年合同总量达7520万千瓦，2005年发电设备产量仍将维持在6000万千瓦左右的高水平。因此高压输变电设备、低压电器、电线电缆、电机等也将保持较快增长。

（2）农机行业与食品机械行业：由于2005年各项支农政策的力度将进一步

加大，预计该行业市场形势比2004年会更好，增速将在20%以上。

（3）工程机械行业：预计2005年将止跌回稳，全年有望达到7%左右的增长速度。

（4）重型矿山机械行业：2005年的增长速度比2004年将有所回落，但预计仍将达到20%以上。

（5）机床工业：受汽车工业降温影响，增长速度将有所回落，预计2005年将维持在15%左右。

（6）内燃机：仍将维持增长势头，预计2005年增速将在15%~20%之间。

（7）仪器仪表、机械基础件行业：预计2005年增长速度将在20%左右。

（8）汽车工业：预计2005年增长速度将在10%左右。

B 2005年主要产品产量预测

（1）机床50万台，其中数控机床6.5万台，增长30%。

（2）发电设备6000万千瓦，下降14%。

（3）大中型拖拉机13万~15万台，增长30%~50%。

（4）化工设备35万吨，增长16%。

（5）交流电动机1.26亿千瓦，增长14%。

（6）内燃机4.8亿千瓦，增长13%。

（7）变压器5.8kV·A，增长20%。

（8）矿山设备115万吨，增长12%。

（9）汽车556.38万辆，增长10.33%。其中：轿车257.6万辆，增长12.0%；重型货车42.78万辆，增长15.0%；中型货车18.0万辆，增长2.85%；轻型货车88.6万辆，增长9.92%；微型货车18.7万辆，增长10.0%；大型客车3.0万辆，增长21.45%；中型客车5.5万辆，增长5.76%；轻型客车4.12万辆，增长4.83%；微型客车81.0万辆，增长8.0%。

（10）四轮农用车50万辆，增长8.69%；三轮农用车160万辆，增长3.89%。

（11）二轮摩托车1700万辆，增长3.03%；三轮摩托车60万辆，增长3.44%。

C 2005年钢材消费预测

（1）机械（不含汽车）：2005年消费钢材3731万吨，增加369万吨，增长10.98%。其中：型材60万吨；棒材180万吨；线材130万吨；中厚板1600万吨；薄板430万吨；带钢310万吨；硅钢280万吨；无缝管130万吨；焊管270万吨；其他341万吨。

（2）汽车：2005年消费钢材1429万吨，增加153万吨，增长11.99%。其中：型材110万吨；棒材390万吨；线材49万吨；中厚板190万吨；薄板

480 万吨；带钢 70 万吨；硅钢 6 万吨；无缝管 30 万吨；焊管 50 万吨；其他 54 万吨。

2. 船舶工业

2005 年船舶工业预计需要钢材 422 万吨，比 2004 年增加 77 万吨，增长 22.32%。其中：中厚板 360 万吨，比 2004 年增加 77 万吨，增长 22.32%；大中型钢 32 万吨，比 2004 年增加 12 万吨，增长 60.0%；带钢 6 万吨，比 2004 年增加 1 万吨，增长 20.0%；薄板 6 万吨，比 2004 年增加 1 万吨，增长 20.0%；无缝管 18 万吨，比 2004 年增加 3 万吨，增长 20.0%。

另外，沙滩造船势头强劲，并已形成很大规模，此部分不在上述范围内。

3. 集装箱行业

A　2004 年全年预计

我国集装箱工业的产销量和市场占有率自 1993 年以来已连续 12 年蝉联世界第一，产品品种多达 100 多种，销往世界 50 多个国家和地区，在我国机电产品出口中多年保持在前 10 位。目前在国际市场占有率达到 90%，预计全年集装箱出口将超过 220 万 TEU。

集装箱生产属于订单生产，一般从签单、采购、生产到交箱需要 3~6 个月的周期。在集装箱的成本中原材料约占 80%，钢材在其中又约占 60%。

B　2005 年预测

2005 年我国集装箱产销量将可能比 2004 年增长 10%~15%。

2005 年集装箱对钢材的需求为 497 万~518 万吨。其中：热轧薄板 230 万~240 万吨；热轧中板 236 万~247 万吨；不锈钢板 23 万吨；集装箱配件中板 3.74 万~3.91 万吨，棒材 4.51 万~4.72 万吨。

4. 石油和化工行业

2004 年石油和化工行业预计消耗钢材 371.42 万吨，2005 年预测消耗钢材 333.1 万吨，2005 年与 2004 年相比减少 38.32 万吨，下降 10.32%。消耗钢材下降的原因是焊管，2004 年为 96 万吨，2005 年为 39 万吨，减少 57 万吨，下降 59%。其他钢材品种或略有增长或持平。无缝管 2004 年 99 万吨，2005 年 102 万吨，增加 3 万吨。其他钢材 2004 年 72 万吨，2005 年 79 万吨，增加 7 万吨。线材 2004 年 47 万吨，2005 年 56 万吨，增加 9 万吨。中厚板 2004 年 24 万吨，2005 年 24 万吨。

5. 建筑行业

2005 年各类建筑住宅的实际增长预计在 20%左右。

2005 年建筑消费钢材大约 19793 万吨，增加 2277 万吨，增长 12.99%。其中：轻轨 30 万吨；型材 1140 万吨；棒材 5300 万吨；线材 4200 万吨；中厚板 3600 万吨；薄板 3100 万吨；带钢 840 万吨；硅钢 70 万吨；无缝管 510 万吨；焊管780万吨；其他223万吨。

6. 家电行业

2004年1~11月，家用洗衣机产2073万台，同比增长23.0%；家用电冰箱产2736万台，同比增长33.8%；冷柜产577万台，同比增长26.8%；房间空调器产6446万台，同比增长44.4%；彩电产6911万台，同比增长13.8%。

预测2005年家电行业对钢材的需求增长10%。

7. 轻工业

（1）自行车：2004年全年生产自行车、电动自行车8000万辆，与2003年持平。出口整车突破5000万辆，整车、零部件创汇大于2003年。预测2005年全年生产自行车、电动自行车8000万辆，与2004年持平。

2004年全年消耗钢材108万吨。预测2005年全年消耗钢材110万吨。

（2）五金：2004年全年消耗钢材1200万吨。预测2005年全年消耗钢材1350万~1400万吨，增长12%~16%。

8. 铁道行业

2004年国务院通过了《中长期铁路网规划》，明确了今后我国铁路建设的目标。2004年我国铁路实施了第五次提速，年客运量超过11亿人次。货运在货物发送量、日装车方面也创历史新高。铁路运力不足的问题突出表现在：（1）京沪、京广、京哈、陇海等主要干线运输能力长期饱和，能力利用率已达到或超过100%。（2）进出西南和东北地区的能力非常紧张，特别是宝成、襄渝、黔桂、川黔等线能力利用率已达100%。（3）运煤通道能力严重不足，大秦、石太、侯月、邯济、丰沙等线路运力格外紧张。

根据铁路规划，到2020年全国铁路营运里程将达到10万公里，主要干线实现客货分线，铁路的复线率和电气化率均达到50%以上。

2005年我国的武广、郑西、京津的快速客运新线建设开工，设计时速为350公里。

同时，将加快大秦线改造。随着2004年大秦线2万吨重载列车实验的成功，2005年将在大秦线更换75kg/m重型钢轨，提高线路的承运能力。

在2005年铁路还将进行第六次提速，提速线路将全部铺设成无缝线路，使客货混运线路的客车车速提高到200km/h，货车车速将达到70km/h以上。

2005年消费钢材350万吨，增加65万吨，增长22.81%。其中：重轨180万吨；型材12万吨；棒材16万吨；线材15万吨；中厚板60万吨；薄板35万吨；带钢8万吨；硅钢3万吨；无缝管5万吨；焊管8万吨；其他8万吨。

（三）主要用钢材行业对钢材需求的发展态势

根据与这些用钢材行业的技术沟通，比较一致的要求是：

（1）希望今后钢材进一步提高产品质量，改进性能，特别是汽车和铁道要轻量化的要求，需要重点开发高强度、高性能、高精度钢材，降低其生产成本。

（2）希望今后搞好钢材的深加工，把钢材加工成下游行业所需的半成品，以提高下游行业的生产效率和钢材成材率。

（四）从几大行业对钢材需求的缺口看钢铁行业结构调整的方向

1. 石油工业

我国近年来由于钢铁工业结构调整和技术进步，在石油用无缝钢管的生产上取得了较大进步，主要表现是石油用无缝管的国产化率大幅度提高，进口减少，出口增加，无缝钢管已成为我国出口大于进口的品种，高附加值、高性能产品比重增加。

但是，随着我国石油开发向深井、超深井和海上采油进军，对油井管的要求越来越高，特别是对高强度、特殊扣的油井管需求增加。在这方面，尽管我国石油专用管企业已开始研制，但从数量和扣型上还无法满足石油工业的需要，每年还需要进口 20 万~30 万吨。

（1）我国进口石油管情况见表 15。

表 15　我国进口石油管情况

钢　种	规格/mm	扣　型	进口国
J55、N80、PII0 等	ϕ140、ϕ178、ϕ245	FOX、VAM、TM、SEC、SM-80S、NK-3SB、NS-CC 等	日本、阿根廷、德国等

我国使用特殊扣钢管的油田有：大庆、长庆、塔里木和海上采油，今后有扩大使用的趋势。

（2）我国油田采用非 API 套管的数量也在增加，如辽河油田、大港油田等都采用比 API 标准高的其他标准钢管。

（3）我国目前特殊扣的油套管生产处于开发阶段，但从石油工业的发展趋势看，对油套管有特殊要求的油田、天然气田的比重会增大到 60%以上，预计今后国内对非 API 油井管的需求将达到 25%~30%。特别是要加快开发如下非 API 特殊扣的油井管：

1）抗 H_2S、抗 CO_2 套管；

2）抗腐蚀、抗挤压的 TS、TSS 型油井套管；

3）抗挤毁的 T、TT 型套管；

4）抗热应力的 H 型套管；

5）抗海水浸蚀的厚壁套管；

6）无磁性油套管。

（4）目前我国国内油井管生产与市场消费存在生产品种不全、钢级比例失调、特殊扣依赖进口等问题。据统计，国内生产的J、K级占65%左右，N级占34%，P级以上不足1%，具体情况见表16。

表16　国内各级油井管生产和消费情况

钢　级	J、K	N	P
消费/%	43	44	13
生产/%	65	34	1

（5）目前我国尚不能生产的石油专用管的详细品种规格情况：我国目前不能生产的石油用管品种中，主要是套管中的高钢级、特殊扣、耐腐蚀管，油管中的高钢级合金管，钻杆中的短钻杆、加重钻杆和方钻杆等，还有就是钻铤用管中的无磁钢管等，详见表17。

表17　我国目前尚不能生产的石油专用管规格及性能

品　种	规格/mm×m	钢级及性能要求
套管	ϕ114×6. 35	S110 高抗挤压、气密封
	ϕ127×9. 19	S110 高抗挤压、气密封
	ϕ127×9. 19	P110E
	ϕ139×10. 54	P110TM
	ϕ139×9. 17	P110TM
	ϕ139×9. 17	NK110HC/3SB
	ϕ139×9. 17	NK140HCB
	ϕ178×11. 51	KC150L 特殊扣
	ϕ178×10. 36	KC110TFOX
	ϕ178×10. 36	S110B 高抗挤压特殊扣
	ϕ178×13. 72	S140 气密封
	ϕ245×11. 99	NT95HEB
	ϕ245×11. 99	S110B 高抗挤压
	ϕ245×40PPF×13Cr	80NK3SB
	ϕ250×15. 88	V150B 高抗挤压
	ϕ250×15. 88	气密封
	ϕ340×10. 92	NT80HEB
	ϕ340×12. 19	S110B 高抗挤压
	ϕ508×12. 7	J55B

续表 17

品　种	规格/mm×m	钢级及性能要求
油管	ϕ73×5.51	P110FOX
	ϕ73×5.51	P220N
	ϕ73×5.51	KO-HPE13Cr95FOX
	ϕ101.6×8.38	KO-HPE13Cr95FOX
	ϕ89×6.45	KO-HPE13Cr95FOX
钻杆	短钻杆 ϕ89×2.5	
	短钻杆 ϕ89×1.5	
	短钻杆 ϕ127×2.5	
	短钻杆 ϕ127×1.5	
	加重钻杆 127	
	加重钻杆 89	
	方钻杆 133	
	方钻杆 89	
钻铤	121 螺旋	
	121	NC38 无磁钢
	159 螺旋	
	159	NC46 无磁钢
	178×71	NC50X31
	203×76×168	REC 螺旋
	279 螺旋	
	63.5×114.3×60.3 四方	
	89×12 四方	
	88.9×168 六方	NC31
	133.5×168.2	NC50

2. 汽车工业

专家认为未来几年我国的汽车行业将会保持较高速增长（见表 18），特别是轿车、载重车未来将保持两位数的增长幅度。

表 18　未来几年我国汽车规划情况　（万辆）

时　期	规划	轿车	客车	货车	总量
“十五”	规划产量	110~120	105~110	95~100	310~330
	保有量	830~870	770~790	865~885	2465~2545
“十一五”	规划产量	600	180	220	1000
	保有量	2200~2700	800	1000	4400~5000

根据我国生产的几种汽车对钢材的需求量测算，一般小轿车的车重在1300~1700kg，车身外壳占其总重的26%左右，按每辆车的车身平均需要汽车板重量在585kg计算，今年需要汽车板为480万吨，其中约85%为冷轧板。轿车以外的各种汽车需要汽车板在190万~260万吨。再加上现有汽车维护用和零部件用，全年需要汽车板预计在700万~740万吨。各种车型所需板材情况见表19。

表19 各种车型所需板材情况 （kg/辆）

类别	CA141	CA1091中卡	STEYR1291重型车	CA6440客车	LVECO客车	AUDI轿车	JETA轿车	SANTANA轿车
热轧板	197.2	887	1150.7	210		20.2	86	
冷轧板	436	880	588.8	1020	800	71	489	419
热镀锌					21	339.9		25.7
电镀锌					170	241.9		15.9
镀铝	9.7				7	3.3		
镀铅	28.5		67.1					
其中05						223	150	
IF						80	62	
总计	1004.8	1767	3135	1230	1089	777	575	475.3

还应指出，世界汽车的生产能力为7700辆，目前的生产量在5800万辆上下，汽车制造消费钢材达3000万吨。我国的汽车产量仅占世界总产量的5.17%。去年世界汽车的销售量为5400辆，今后几年世界汽车市场有进一步扩大的趋势，随着对轿车高级化、轻量化、安全性与舒适性要求的提高，对轿车用钢板的性能要求也在提高。我国的轿车市场也将出现对中高档轿车需求的增加。特别是随着我国几大汽车公司与国外著名轿车公司的联手，成立了上汽与大众、标致与东风、丰田与一汽、大宇与北汽等合资企业，标志着我国轿车工业将进入经济规模扩张发展时期，今后将大批量生产中高档轿车。其车型有：POLO、宝来1.6、爱丽舍、中华、索纳塔、红旗、别克、尼桑新蓝鸟、标致307、北京现代等。上述这些合资企业生产的中高档轿车对高质量汽车板的需求明年会进一步增加，主要是：

（1）高强度汽车板，即屈服强度大于180MPa的钢种，主要有烘烤硬化BH钢、双相DP钢、含磷RP钢、微合金MA钢、高强度无间隙固溶IF钢和近年开发的相变诱导塑性TRIP钢。

（2）超深冲汽车板，主要是无间隙固溶IF钢，以IF钢为基板，生产镀锌板，使IF钢的应用进一步扩大。

（3）镀锌板，主要是高耐腐蚀的热镀锌板和电镀锌板，用于汽车车身，为改进耐腐蚀性，有增加采用热镀锌铁合金镀层、热镀锌铝合金镀层的需求，也有在电镀线生产锌镍合金、铅锌合金镀层的需求。

（4）热轧酸洗平整板，主要是用于生产轿车配套部件和卡车客车车厢。

高强度汽车板宝钢和武钢已生产过烘烤硬化钢，鞍钢和本钢也在积极开发试制工作。

在超深冲汽车板方面，宝钢已批量生产 IF 钢，但性能与德国和日本还有一定差距。

在镀锌板方面，宝钢、武钢、本钢和攀钢的镀锌线能力是可以满足汽车对镀锌板需求的，关键是镀锌板的性能质量还不能满足高质量汽车板的要求。

3. 轻工行业

近十年来，我国轻工行业通过引进技术设备，已完成与世界市场接轨，主要轻工产品出口大幅度增长，特别是家电产品，我国的产品已占据世界市场的半壁江山。家电产品目前是按照国际定单组织生产，其对钢材的性能规格等要求非常严格，我们钢铁企业的技术改造是滞后于轻工行业。目前还有部分品种的钢材在性能、规格等方面不能满足其需要。主要有如下品种规格：

（1）家电用钢板，主要用做家电电机、冰箱。厚度为 0.5~3mm 的冷轧薄板，其对板厚公差要求严格。

（2）用于生产干电池外壳冷轧板。厚度小于 0.35mm，对钢材的晶粒度、夹杂物等要求严格。

（3）用于生产家庭用具（熨斗、烤面包机、灯具等）的冷轧板。厚度小于 3mm，其对表面粗糙度要求严格。

（4）用于生产工具（锯、刀、弹簧、办公用品等）的冷轧板。厚度 0.3~3.2mm。

（5）用于镀锡板基板的冷轧板。厚度在 0.5mm 以下。

（6）用于生产搪瓷制品的深冲用冷轧板。厚度在 0.5~3mm。

五、我国钢铁产品供需分析

（一）我国钢铁生产与市场需求的态势

在“十五”期间，我国的钢产量从 1.28 亿吨提高到 3.4 亿吨左右，五年内钢产量增加了 2 亿吨，增长了 1.56 倍，年均增长率 21%。我国的钢产量占世界钢产量的比重由 15% 上升到 30%。2003 年以前，钢的表观消费量大于钢产量，钢的表观消费增长率大于钢产量的增长率，钢铁产需呈现供不应求的局面。2004 年开始，随着我国新增产能的大量投产，钢的生产量已大于表观消费量，钢的生产量增长速度也高于钢的表观消费增长率，出现了钢铁生产总体供大于求的新形势，钢铁工业的发展进入了一个新的发展时期。近年钢产量与表观消费量情况见表 20。

表 20 近年钢产量与表观消费量情况

时 间	钢产量/万吨	产量增长率/%	钢表观消费量/万吨	消费增长率/%
2000 年	12850		13928	
2001 年	15163	18	17038	22.32
2002 年	18225	20.67	20578	20.77
2003 年	22234	22	25896	25.84
2004 年	27280	22.69	28663	10.68
2005 年上半年	16486	28.25	16257	12.2

（二）品种的供需情况

（1）2005 年上半年我国钢材自给率已达 100%的品种有：热轧窄带钢、冷轧窄带钢、无缝钢管、焊管、中板、厚板、特厚板、中厚宽带钢、线材、棒材、螺纹钢、大型型钢等。

（2）目前已接近 100%的品种有：热轧薄带钢、中小型材。

（3）目前尚有较大差距的品种是：镀锌板、镀锡板、硅钢、彩涂板、冷轧薄宽带钢等。

（4）国民经济各部门仍在继续进口的高性能钢材品种是：高档轿车板、轿车用弹簧钢、阀门钢、子午线轮胎用钢帘线线材、大桥用高强镀锌钢丝、高强锅炉板、特殊扣石油管、X80 以上管线钢、镀锡板、高强紧固件用棒材、时速 350 公里铁路用钢轨和车轮等。

（三）主要问题与矛盾

目前，钢铁行业的现状是：钢铁生产的总体产能已经由不能满足国内市场需求转向产能过剩，由过去长期依赖进口，转变为进口出口并存。与总体产能过剩并存的是产需之间结构性矛盾，一是先进的产能与落后产能并存，低水平产能过大，淘汰落后产能已经成为钢铁工业结构调整的重大任务；二是普通产品产能过剩与高端产品产能不足并存，特别是冷轧板为代表的高端产品产能不能满足国内市场需要，仍需进口。

六、对钢铁工业产业政策的建议

（一）钢铁工业的战略目标

我国的总体发展战略是在 2020 年要完成我国的工业化进程，到 2050 年我国要进入世界中等发展国家的行列。根据这一发展目标，钢铁工业的发展战略和市场定位是与国民经济同步发展，加快技术改造和结构调整，提高钢铁产品的国际竞争能力，大力开拓国际市场，积极参与国际化经营，尽快实现从钢铁大国向钢铁强国的转变。我国的钢铁工业产品在充分满足国民经济各部门需要的同时，积极参与国际市场竞争，发挥我国钢铁工业的优势，走出国门，开展国际化经营。

在今后一段时间内我国的钢铁工业仍然是以满足内需为主，因为我国尚未完成工业化进程，预计要2020年前后才能完成。在这一段时间里，国内对钢铁产品需求的增长是比较迅速的，反映在数量上增长是快的。而这之后，钢铁的数量增长将逐步减少，而过渡到重点发展品种质量。现在，我国钢铁工业情况是经过“十五”的改造，普钢行业的板、管、型、线、棒等的品种和质量需求能基本满足，而优钢品种和普钢中高附加值品种仍不能满足国民经济发展要求。

（二）实现战略目标的主要措施

实施产业最优化战略：

（1）按照装备大型化、生产专业化、经营集团化原则，搞好资源的优化配置和钢铁行业的整合，加快提高产业集中度。

（2）按照产业政策要求，积极做好钢铁行业中长期发展规划，加快淘汰落后产能，优化产业结构。

（3）发展循环经济，降低成本，提高资源、能源利用率，大力推进钢铁行业增长方式的转变。

实施资源最优化战略：大力推进资源全球化战略，加强对海外矿山的投资，发展长期贸易，组织联合海运，降低原料运输成本。

实施产品结构最优化战略：

（1）加快钢铁产品的标准升级，尽快淘汰落后标准。推广应用国际先进钢材标准。

（2）加快对高性能、高附加值钢铁产品的开发研制，尽快形成具有自主知识产权的核心技术和产品。

（三）对贯彻《钢铁产业发展政策》的几点建议

《钢铁产业发展政策》是今后几年指导钢铁工业发展的一个纲领性文件，它全面地勾画了我国钢铁行业今后发展的蓝图。对加强钢铁行业的规划、设计、生产、建设、市场和技术开发等诸方面的政策引导，将会进一步规范我国钢铁行业健康科学发展。

（1）建议国家要加强对钢铁产业规划的管理。规划是产业发展的龙头，规划先进可行，才能保证行业健康发展；否则就会后患无穷。为此，必须加强规划的严肃性和科学性。严肃性是指规划必须符合国家的产业政策要求，对不符合产业政策的规划一是不准建设二是要追究责任。科学性是指规划的编制在符合国家产业政策的前提下，还必须具有前瞻性、宏观性、相关性、经济性和可行性。前瞻性是指所编制的规划要从市场需求的前景、技术发展的前景、能源、资源、运输等支撑条件等方面考虑，并在规划中体现出来。宏观性是指所编制的规划必须与国民经济发展相适应，与国际市场需求和发展相适应，与所在地区（省市县）的发展相适应。相关性是指所编制的规划必须与钢铁上游行业的发展和下游行业的需求相适应。经济性是指所编制的规划必须充分考虑到市场的变化、产品的生命周期、项目经济性对产业经济的影响。可行性是指所编制的规划要从市场需求、技术发展、经济效益、环境保护、能源及资源等多角度对项目进行综合评估，这种评估必须保证其客观公正。

（2）建议国家严格钢铁项目设计管理。钢铁项目投资大，周期长，设计合理与否对项目建设能否如期投产非常关键。首先是项目的几个环节必不可少，即立项（项目建议书）、项目预可研、项目可研、项目的工程设计、项目的施工图设计、项目的施工、项目投产验收。必须坚持对项目进行投产后的项目后评估，对项目进行全面评价，总结经验，找出问题，提出改进措施，对问题严重的还要追究责任。对项目设计的几个阶段，必须严格管理，特别是对不符合国家产业政策的项目，谁设计就追究谁的责任，只有这样才能止住盲目发展低水平重复建设之风。

（3）建议国家对淘汰落后钢铁标准问题给予研究，以利淘汰落后设备工作的深入和持久。首先应看到所以存在落后设备工艺和产品，有历史的因素，也有市场的不同层次需求问题，更重要的是由于我们的技术标准落后所致。因此，要淘汰落后，首先是加快钢材生产标准的更新，与国际标准接轨。标准的制定应以满足钢材用户的需要为基本出发点，不能迁就落后工艺而放宽标准要求。对凡是国家已确定的淘汰工艺设备，必须作为废钢回炉，不准再到手转卖。同时规定，谁买了属淘汰的落后设备，一经发现，就地没收。

（4）建议国家加强对钢材生产和市场的区域管理。当前，在世界经济全球化趋势下，各地区都纷纷加强本地区区域经济的合作，如欧盟、北美自贸区、南美贸易区、非洲等在发展区域合作，在经济全球化的大形势下，发展区域“小气候”，加快经济发展，是不少国家和地区经济发展成功之路。我国地域辽阔，人口众多，经济发展很不平衡，东部、中部和西部经济发展水平有很大差距，需要相当长时间才能消除。

要充分考虑目前我国各地区经济发展的不同步性，建议按东北、华北、华东、中南、西南、西北 6 大地区来协调钢铁规划、生产和市场，这样可能更符合实际情况，更有益于淘汰落后、规范市场、提高产业集中度，更有益于钢铁工业的协调发展。

（5）建议国家对日益严重的钢铁行业产能过剩问题给予足够的重视，尽快出台有关政策措施，将产能过剩对钢铁行业和国民经济的负面影响降低到最低程度。首先要采取措施，通过法律和行政的手段，提高生产和市场的门坎值，提高准入标准，坚决淘汰现存的落后产能，加强规范钢铁市场秩序，控制因产能过剩出现的恶性竞争，减少给企业带来的损失。其次，要抓住时机，加快钢铁行业的结构调整，要通过结构调整，加快产业升级，提高产品档次和质量，从根本上解决产能过剩和钢铁产业结构不合理的问题。第三，要加快推进提高钢铁行业产业集中度工作，建议组建以鞍钢为核心的东北钢铁集团、以首钢为核心的华北钢铁集团、以宝钢为核心的华东钢铁集团、以武钢为核心的华中钢铁集团和以江阴兴澄特钢为核心的特钢集团等一批具有世界水平的3000万吨级的钢铁航母舰队，提高钢铁企业的国际竞争力。

学习国外钢铁先进企业转变钢铁工业增长方式研究*

党的“十六大”提出了我国在2020年全面建设小康社会的宏伟目标。钢铁行业作为材料和基础工业，担负着为国民经济各部门提供高速发展所需的钢铁材料的重任。为了能更好地实现全面建设小康社会这一宏伟目标，中央最近又提出了“坚持以人为本，树立全面、协调、可持续的发展观，促进经济社会和人的全面发展”“按照统筹城乡发展、统筹区域发展、统筹经济社会发展、统筹人与自然和谐发展、统筹国内发展和对外开放的要求”，推进改革和发展，这样完整的科学发展观，是指导我国经济建设实现小康宏伟目标的纲领性文件。用科学发展观指导钢铁行业搞好结构调整具有特别重要的意义，特别是对促进钢铁工业可持续稳定地增长，正确评价钢铁行业近年来的发展，解决钢铁工业出现的投资过度和低水平重复建设问题，有着积极和现实的意义。科学发展观的核心是坚持以经济建设为中心，实现经济社会更快更好的协调发展。抓住机遇加快发展，保持较快的发展速度，应是建立在优化结构、提高产量和效益基础上的发展，是实现速度、结构、质量、效益相统一的发展。在我国经济建设中的突出问题是结构不合理，经营方式粗放，经济增长主要靠增加投入、扩大投资规模，资源环境的代价太大。钢铁行业作为传统产业和基础产业，已不能继续过去那种以牺牲资源、环境为代价，以高投入扩张来换取行业的高速发展之路，必须尽快转变经济增长方式，走科技含量高、经济效益好、资源消耗低、环境污染少、人力资源优势得到充分发挥的新型工业化道路。

一、钢铁工业“十五”发展特点和问题

“十五”期间我国钢铁工业在旺盛的市场需求拉动下，获得快速发展，钢铁工业的装备水平有了长足的进步，产品结构调整也取得实效，钢铁行业在世界钢铁的地位有了很大提升。回顾过去的五年，我国钢铁行业的发展得益于国民经济的高增长和对钢材的旺盛需求，得益于投资的拉动。

“十五”期间我国钢铁工业的发展主要是靠投资拉动的，投资规模之大是史无前例的。2001~2005年“十五”期间，钢铁工业总投资6865亿元，占全国固

* 本文写于2006年，是为国家发改委撰写的专题调研报告。

定资产投资的2.32%，是“一五”到“九五”48年钢铁总投资的1.3倍，其中引进国外设备投资210亿美元，约合人民币1722亿元，占钢铁总固定资产投资的25%左右。这些投资形成的新产能是2.65亿吨炼铁产能、2.64亿吨炼钢新产能和2.68亿吨轧钢新产能。通过“十五”期间大规模引进设备，我国钢铁工业已有一批世界上最先进的炼铁、炼钢和轧钢装备。但是应该看到，并未完全达到我们的初衷——彻底解决我国国民经济各部门所需的钢材品种靠进口问题，还有相当数量的高附加值、高性能的产品至今不能自给，还需进口，这告诉我们什么：

(1) 高新技术靠钱是买不来的，特别是关系到企业生存的核心技术更是买不来的，这些技术被发达国家视为传家宝，是绝对不会外传的。世界经济的发展已充分说明：当今社会谁拥有高新技术，谁就在国际市场竞争中掌握主动权，谁就会占有最大的市场份额；谁拥有资源、能源，谁就拥有市场定价的主动权。

(2) “十五”期间我国国民经济是在消耗了大量资源能源的条件下取得国内生产总值的快速增长。这个代价是十分沉重的昂贵。目前，我国国内生产总值约占世界总量的4.1%，而我国的原油、原煤、铁矿石、钢材、氧化铝和水泥的消耗量却分别占世界消费总量的7.4%、31%、30%、27%、25%和40%。2004年我国的国内生产总值增长率为9.5%的情况下，我国消费了煤炭19亿吨，原油约3亿吨，粗钢2.8亿吨，水泥9.7亿吨，从中我们不难看出“十五”期间我国国民经济的发展仍然属于粗放式，是靠大量消耗各种资源能源来实现的国内生产总值的高增长，显然这种发展模式是不能持久的。

在国内需求强劲的拉动下，中国钢产量由2000年的1.285亿吨上升到2005年的3.523亿吨，用5年时间实现钢产量增加2.238亿吨。5年时间累计生产钢11.915亿吨，是1949~2005年中国累计生产钢31.301亿吨的38.07%左右。中国钢产量占世界钢产量的比例由2000年的15.2%上升到2005年的31.1%。21世纪初的5年，世界钢产量增加了2.848亿吨，其中中国增加量占78.6%。

2002年世界能源消费总量为94.05亿吨标准油（136.78亿吨标准煤），中国排序第二：年消费9.98亿吨标准油（14.51亿吨标准煤），占世界能源总消费量的10.609%。2003年中国能源消费总量为16.78亿吨标准煤，其中钢铁工业消耗2.74亿吨标准煤（含矿山、铁合金、焦化、耐材等行业），占中国能源总消费量的16%。

中国以煤为主的能源结构，客观上造成了能源效率较低、污染较严重、产品能源成本高。中国煤炭大多属于中低硫煤和中灰煤。国际市场交易的动力煤，其热值比我国平均高25%，硫含量低25%~40%，灰分含量低50%。

二、我国钢铁工业的发展受到资源、能源、环境等因素的约束

(1) 我国正处在工业化进程的重化工业时代，人口多、土地少、人均自然

资源匮乏是我国的国情。目前，我国的淡水资源为世界人均的1/4，人均耕地为1.43亩，不足世界的40%，人均森林面积为世界平均水平的1/5，45种主要矿产资源占有量不到世界人均储量的一半，石油、天然气、铁矿石、铜和铝等人均储量分别为世界人均水平的11%、4.5%、42%、18%和7.3%。资源条件决定了中国钢铁的持续稳定增长必须充分利用国内外两种资源。

（2）随着我国大型铁矿山进入开采末期，我国对国外铁矿资源的依赖程度会进一步提高。我国钢铁工业所需的矿产资源对外依存度越来越高。我国的矿产资源总量大，但人均少，仅为世界平均水平的32%，特别是钢铁生产的主要矿产品铁矿、锰矿、铬矿等更是资源短缺。2000~2005年间，我国进口铁矿石达9.0525亿吨，用进口铁矿冶炼的生铁占我国生铁产量的比重在逐年提高，从2000年的34%，已提高到目前的53%左右，今后还会进一步提高。除了铁矿石进口外，我们炼钢所需的锰矿、铬矿和镍矿，对海外的依存度也在逐年增加。

（3）据了解我国现有45种主要矿产品的资源储量，能够保证供应到2010年的只有24种，保证供应到2020年的有6种，保证供应到2030年的仅2~3种。

（4）我国的水资源人均2304m^3，为世界人均水资源的1/4，我国600多个城市中有300多个城市缺水，100多个城市严重缺水。按自然和地理特点我国的水资源情况可以分为四类：第一类为外流区，包括东北黑龙江、鸭绿江，西南雅鲁藏布江、怒江、澜沧江、红河等国际界河流域，水资源极为丰富。第二类为南方区，包括长江、珠江和东南沿海地区，水资源丰富。第三类为北方区，包括黄河、淮河、海河和辽河流域，水资源利用过度。第四类为内陆区，水资源稀少，利用过度。从我国的钢铁企业分布看，处于水资源丰富地区的有武钢、马钢、广钢等，处于水资源严重短缺地区的有天津、邯钢、首钢、安钢、昆钢等。

（5）2003年我国的国内生产总值约占世界的4%，但我国的石油消费占世界消费量的7.4%，原煤占31%，钢铁占27%，氧化铝占25%，水泥占40%；我国每消耗1t标准煤实现的国内生产总值为世界平均水平的30%，我国的用水量与美国相当，但国内生产总值为美国的1/8。

（6）由于我国资源的严重短缺，技术管理和法制的滞后，造成因经济发展带来的环境污染问题日趋严重，二氧化碳、二氧化硫及其他废气、废物、废水等对我国的环境污染的影响在加大。目前，酸雨已占我国国土面积的40%，威胁着人民的生命安全。

通过以上分析说明我国的资源、能源和环境条件是很有限的，我国发展经济，实现工业化，不可能走发达国家的老路——以大量消耗低廉的资源和能源为代价来实现传统工业化。传统工业化在人类历史上曾经起到过积极进步作用，但也应看到那是以“高投入、高消耗、高排放、不协调、难循环、低效率”为特征，其后果是造成资源的浪费、生产能力的过剩、环境污染并导致经济的倒退。

历史的经验教训告诉我们：

（1）粗放式增长是难以满足人民日益增长的物质文化需要的。

（2）过度依靠资源、能源的消耗来实现经济的高速增长也是难以为继的。

（3）不转变经济增长方式，在经济全球化的国际经济竞争中将会处于被动地位，激化与世界其他国家的贸易摩擦，难以在经济全球化的世界经济竞争中立足。

（4）发展我国经济最基本的是靠内需的增长来带动、来促进，过度依靠国际贸易是有风险的，也是靠不住的。

三、21世纪我国钢铁工业的发展战略目标

根据我国21世纪的总体发展战略，钢铁行业在21世纪要完成的历史任务是：为保证国家在2020年实现工业化和2050年达到中等发达国家的战略目标提供所需的钢铁材料，促进国民经济各部门可持续协调发展；实现钢铁行业的自我完善，完成钢铁工业的结构调整，完成从钢铁大国向钢铁强国的历史转变。

要完成这样的历史任务，钢铁工业还有很长的一段路要走，大约需要经历三个阶段：

（1）从目前到2010年前后，钢铁行业处于快速发展时期。

（2）从2010~2030年前后，钢铁行业钢产量将要进入饱和期，此时钢的产量将达到历史最高峰值。

（3）2030年以后，随着我国工业化和小城镇化的实现，钢材的消费强度和总量将会有所降低，但仍然会保持在较高水平上。

四、今后我国钢铁工业的增长方式

今后我国钢铁工业增长方式的唯一选择就是变消费型增长为节约型增长。

钢铁行业作为传统产业和基础产业，已不能继续过去那种以牺牲资源、环境为代价，以高投入扩张来换取行业的高速发展之路，必须尽快转变经济增长方式，走科技含量高、经济效益好、资源消耗低、环境污染少、人力资源优势得到充分发挥的新型工业化道路。

钢铁行业目前突出的问题是结构不合理，经营方式粗放，经济增长主要靠增加投入、扩大规模来实现。

世界进入21世纪，经济全球化的进程在加快。经济全球化主要表现在四个方面：资本流动全球化、市场全球化、生产全球化和资源全球化。为适应当今世界经济全球化，积极推进钢铁产业链战略、加强钢铁工业战略调整是钢铁行业的重要任务。众所周知，钢铁产业链是由原料、燃料、生产系统和钢材的最终用户所组成的一个非常复杂、非常庞大的系统工程。在这个产业链上的每个链环都担

负着对钢铁生产举足轻重的任务。哪一个环节出了问题，都将造成钢铁整个产业链的破坏解体。为此，世界各国都很注重钢铁产业链的建设。

钢铁产业链建设主要反映在三个方面：

（1）钢铁企业与原料、燃料生产企业的战略合作问题。如何通过加强合作，使钢铁企业得到廉价稳定长期的原燃料供应，这是钢铁行业发展的基础环节。

（2）钢铁企业内部各工序之间的协调配合问题也是至关重要的，采用最佳的工艺流程、先进的设备与管理，是保证钢铁生产系统正常运行和降低成本最有效的手段。

（3）发展钢铁企业与最终用户之间的战略合作是钢铁企业生存的基石，也是钢铁企业产品开发市场的依据。

从全球经济一体化的角度，审视钢铁工业的发展战略。经济全球化是推动世界经济发展的动力。经济全球化本质是全球经济市场化：使生产要素可以自由地在世界范围内转移，并由市场机制实现优化配置。技术进步已缩短了时间和空间给贸易造成的困难，世界正在成为一个统一的大市场。审视我国钢铁工业的发展，我们必须站在经济全球化的高度，充分考虑我国目前的国情，即自然资源紧缺、生态资源脆弱的现实，规划我们在经济全球化形势下的钢铁发展战略。

当前，我国经济增长主要是依赖资金、劳动力和自然资源的投入，而全要素生产率对我国经济增长的贡献率较低。在发达国家的经济增长中，70%是靠全要素生产率，30%是靠能源、资源和资本的投入。在我国的情况是恰恰相反，在1978~2004年的26年中，我国的经济年增长幅度9.4%中全要素生产率仅占32%，而自然资源、资本和劳动力投入贡献为68%。我国不少行业目前仍在延续传统的“高投入、高消耗、高排放、不协调、难循环、低效率”为特征的增长模式。这种模式在我国资源短缺、环境脆弱的条件下，是难以支撑在2020年经济总量实现翻两番目标的。

为此，我们必须加快经济增长方式的转变，首先要加快体制改革与创新，完善社会主义市场经济体制，要更加充分地发挥市场配置资源的作用，规范政府的职能和行为。要加快经济结构的战略调整，特别是要加强改组改造传统产业，以信息化带动工业化，走新型工业化的道路。加快把节约资源、能源作为我国基本国策的立法。要全社会树立节约资源、能源意识，加快建设资源节约型、环境友好型社会，大力发展循环经济，提高资源、能源利用效率，保护生态平衡，实现节约发展、清洁发展、安全发展和可持续发展。创建资源、能源节约型钢铁企业是历史的要求。国家要组织建立有关资源、能源节约型钢铁企业的评价指标，以规范钢铁企业在节约资源、能源上的行为和市场准入制度。以此来推动企业的技术进步和淘汰落后。建立技术创新型钢铁企业是转变经济增长方式的必要条件。

五、国外在资源与能源法律和管理方面的经验

（一）日本的经验

日本钢铁工业发展很早，始于1901年。第二次世界大战后，日本对钢铁工业实施倾斜政策，使其钢铁工业在1951~1967年间得到迅速发展，1973年钢产量达1亿吨，1993~1995年日本一直是世界第一产钢大国。

日本钢铁工业的发展与日本政府及其所制定的政策有着密切关系：政策的制定主要是围绕大型企业，兼顾中小企业，政府对中小企业是以《中小企业法》为依据管理。

在处理政府与企业关系中设立中立的公正交易委员会，这个委员会不代表政府，也不代表企业，它起到监督、对话的作用。

日本政府管理钢铁企业的是日本经济产业省下属的制造产业局，其下设钢铁产业科负责钢铁工业的具体工作；还有通商政策局负责推动企业的制度改革、规章制度精简和经济结构调整，提出产业的发展规划和国家的宏观经济政策。1958年日本实施了对主要钢材生产管制和为稳定市场实施了公开销售制度。1960年对特殊钢行业体制整顿、企业合并和实现生产集中的“劝告”。1962年颁发《特殊钢行业的合理化对策》，指导特殊钢行业提高生产率和质量，强化企业基础工作和综合能力，构筑廉价稳定的原料体制，改善流通和确立出口体制等基本方向，为日本特殊钢行业的健康发展提供了很好的环境和政策支持。1974年日本通产省采取措施，对钢铁、化工行业实行一年只批一个项目的设备投资的决定，促进了日本钢铁行业的健康有序发展。1983年日本通产省还组织对380万吨的落后产能进行淘汰，实现了市场供需的平衡。

（二）韩国的经验

韩国在发展钢铁工业过程中，注重在市场经济条件下通过计划指导等宏观调控手段，促进市场机制的发挥合理配置资源的作用。1970年颁布了《钢铁工业育成法》，规定只容许浦项一家企业建设高炉，其他钢厂发展电炉。实践证明这一政策是正确的，它既保证了浦项钢铁公司的快速发展，提高了其核心产业的集中度，其钢产量占韩国钢产量的60%以上，同时又促进了众多电炉钢厂的合理、快速发展，使造价、能耗和成本低的电炉钢占有较大比重。

为培育国内市场，韩国政府要求制造业优先购买国内钢材，然后才能购买进口钢材。

对新建钢铁企业韩国主要是通过以下手段进行控制：

（1）由金融机构对投资评估。

（2）对引进的技术设备进行控制。对引进的国外技术设备，如未达到政府

要求则不能引进。对政府同意的钢铁项目，则提供政策性优惠贷款，并为企业提供外部基础设施的建设支持。

（三）美国的经验

第二次世界大战后，美国政府大力扶植钢铁工业的发展，使美国钢铁工业一直保持在世界领先地位，产量规模在 1 亿吨左右。同时，注意处理好政府与企业、工会之间的关系，使钢铁生产与政治、经济稳定同步发展。从 20 世纪 60 年代到 80 年代为保护美国钢铁工业，政府出台了一系列的贸易保护政策，如进口钢材限额、自愿限制协议、反倾销诉讼、抵消关税、关税法、“闸门价格机制”等。

在 20 世纪末，美国政府制定的钢铁政策有：

（1）通过政策和税收改革为钢铁企业积累资金，从而实现钢铁企业的现代化改造。

（2）考虑美国废钢资源丰富，把发展电炉作为重点方向。

（3）紧跟钢铁最新工艺，如对薄板坯连铸连轧技术在纽柯钢铁公司的实验研究给予大力支持，使美国在薄板坯连铸连轧技术方面处于世界领先地位。

（4）制定企业现代化改造的设备折旧政策，设备折旧从过去的 12 年缩短为 5 年，大大加快了美国钢铁行业技术改造速度。

六、国外在技术节能节约资源方面的经验

（一）炼铁技术

（1）研究高炉长寿命技术。日本的 JFE 公司西日本 2 号高炉炉龄创 24 年最高纪录，住友和歌山厂的 4 号高炉炉龄也长达 22 年。日本的主要经验是改进高炉的冷却装置和炉底的耐火材料质量。其炉身长寿技术是采用原苏联的立式冷却壁；炉底的长寿技术是采用强化冷却和改进碳砖的材质，开发了 TiC 碳砖，减少了砖的微气孔，提高抗铁水渗透能力和热传导性能。

（2）推广烧结大量使用低品位铁矿石、提高生产率技术。主要是推广应用褐铁矿（低品位高结晶水矿石），目前烧结矿采用褐铁矿比例近一半。为解决采用褐铁矿出现的使烧结矿粘结性和透气性变差问题，通过添加含有 FeO 的磁铁矿、轧钢的氧化铁皮和钢渣，提高其烧结融体的流动性。

采用烧结原料制粒技术，即在烧结机上使用生石灰技术和采用纸浆等黏接剂技术。采用高速搅拌机进行制粒。采用烧结层分布控制和透气性改善技术等。

（3）大量喷煤以节约焦炭。从 1990 年开始，日本各钢厂都实施喷煤操作技术，随着喷煤量的增加，高炉的焦比降到了 350~400kg/t。2000 年后随着人们对高炉操作的认识深化，发现在大量喷煤后，很难提高高炉利用系数，一般仅在

2.0 以下，还原剂比也在 500kg/t 以上。为提高利用系数，降低温室气体排放量，采取提高利用系数和低还原剂用量下的喷煤操作技术，如韩国浦项阳光厂 3 号高炉在喷煤量为 150kg/t、还原剂比为 472kg/t 的条件下，高炉利用系数达 3.26。

（4）推广应用弱黏结煤炼焦技术。为降低成本，积极推广采用弱黏结煤替代优质焦煤，由于弱黏结煤在软化温度区的熔融性指数低，如单独使用无法生产优质焦炭，为此，对弱黏结煤进行预处理后，可以获得满意的焦炭强度。

（5）采用废塑料作为高炉原料。其工艺是把废塑料破碎后，加工成适合高炉喷吹的粒度，通过喷吹管喷向高炉的风口会旋区后，燃烧气化，在炉内作为还原气体被利用。JFE 公司已开发出可年处理 15 万吨废塑料的装置。

（6）新炼铁工艺的开发。从 1993 年日本就开始研究直接熔融还原法炼铁。采用煤为原料的生产设备，生铁日产规模达 6000t。与高炉相比，设备投资减少 35%，生产成本降低 19%。目前正进行工业化实验。

（7）降低二氧化碳技术的发展。为实现高炉高生产率、低还原剂比和低负荷操作，采用低温化和高速还原化操作是关键。为降低二氧化碳排放，最有效的办法是用氢作还原剂和高炉顶气体循环使用。

（二）炼钢技术

日本近十年来，在炼钢技术上有突飞猛进的进步，2004 年其钢产量达 1.1 亿吨，电炉钢产量 3425 万吨，特殊钢比重 18.4%~20%，铁水预处理比从 44.9%提高到 67.6%，二次精炼比转炉钢由 80%上升到 86%，电炉钢由 85%上升到 95%，连铸比由 96.9%上升到 99.8%。

（1）铁水预处理技术的重组。日本推广更先进的预处理技术以取代过去的在铁水罐车和铁水包内进行预处理的方法。重点是推广采用转炉进行铁水预处理技术，如 H 炉法、SRP 法、NRP 法、MURC 法、LD-ORP 法等，这些技术大大提高了脱磷效率，减少了对外排渣。

（2）开发了环境友好型精炼工艺。考虑到钢渣对环境的影响，开发了减少外排渣技术，使渣量减少到原来的 1/2，尤其是开发了彻底脱硅的零排渣工艺。还开发成功了含碳渣用于烧结矿和铁水脱硫、钢渣制混凝土和含铁粉尘制球团等。

（3）开发洁净钢生产技术。在二次精炼中增加了燃烧器后使 RH 多功能化。研究开发了防止连铸坯裂纹技术。其轴承钢中氧含量由 5×10^{-6}降低到 4.7×10^{-6}，最低可达 3×10^{-6}。

（4）发展了不锈钢带高速连铸技术。开发了带钢的直接铸轧技术，在新日铁光厂建设了不锈带钢生产线。

（5）开发了废钢预处理技术。该技术通过将废钢低温粉碎处理，可以将废钢中的铜除去96%。

(6) 开展了铁水预处理与转炉结合生产优质钢技术。铁水脱磷从过去的在混铁车内合并脱磷，改为用还原法单独脱磷，并开发了强搅拌高速脱磷工艺。脱硫开发了机械搅拌式KR法，比过去采用CaO-Mg系喷射脱硫效率又提高了一步。

(7) 二次精炼技术进一步发展。通过对RH炉的改造，使其进一步多功能化，完成过去需要LF炉、RH炉和钙处理的3项功能。通过对DH脱气工艺的改进，减少了氩气用量，达到了和RH同样的脱气效果。

(8) 发展高速连铸技术。日本通过改进连铸技术，使难铸钢种如包晶钢、合金钢、汽车用钢的连铸速度已达到4m/min。为解决连铸坯表面缺陷问题如纵裂、横裂，开发了结晶器斜度、结晶器内流动控制、加保护剂和控制凝固组织等技术。

(9) 电炉技术的进展。日本电炉技术发展分3个阶段，在1985年之前主要是电炉的大型化和超高功率化；1995年之前是采用LF炉精炼，开发了偏心炉底出钢留渣操作技术，开发了直流电炉，解决了交流电炉闪烁问题；2000年开始重点解决电炉环保问题，特别是烟气的排放法规公布后，开发了新的烟气处理技术。目前电炉的生产效率由85t/h，提高到90t/h，冶炼周期由64min缩短到59min。最近又开发出废钢预热式电炉，有竖筒式、水平连续式和两炉体式等高效清洁方式。另外还开发了助燃喷嘴，可以往电炉内吹氧、喷油等燃料，加快废钢的融化，缩短冶炼时间。

(10) 开发了转炉生产特殊钢技术。转炉与铁水预处理和炉外精炼技术的结合，使转炉生产特殊钢比电炉更具优势。转炉不仅可以生产出电炉生产的轴承钢、不锈钢，而且可以生产碳、氮总含量小于$50\times10^{-4}\%$，铜、镍、铬、钼、锡总含量小于0.14%的深冲钢。采用转炉工艺生产的轴承钢氧含量最低可达$6\times10^{-4}\%$，钢的疲劳寿命提高了30倍。如日本神户制钢采用高炉—铁水预处理—转炉—二次精炼生产的轴承钢氧含量仅$6.3\times10^{-4}\%$。

（三）轧钢技术

随着计算机技术、高速化和有限元法的攻克，各钢种板材的轧制压力、扭矩和金属流动等均可用计算方法算出，使钢材加工中变形抗力和轧制扭矩的计算精度大大提高，从而也提高了轧制数学模型的精度，为提高钢材的轧制精度创造了条件，再加上模拟实验技术的发展，使新钢种、新品种的开发和研制变得更加容易，成本更加低廉。

(1) 轧钢基础理论研究有新突破。由于有限元法的出现，可以精确计算轧钢三维变形中的参数，如材料变形区、轧制压力、扭矩、温度分布、轧辊的弹性变形等，为选择最佳轧制工艺创造条件。日本在使用有限元法应用到轧钢技术方面在世界处于领先地位。

在棒、线材轧制方面，开发出精度高、成本低、质量好的三辊轧机、二辊轧机和四辊轧机以及孔型设计技术，还研究出提高材质的晶粒度预测技术。

在H形钢轧制中，由于使用了三维刚塑性有限元法，使对轧制中轧辊与变形区的关系更加清楚，提高了万能轧机的控制精度。

由于对压力加工中摩擦学的研究，开发了冷轧工艺润滑技术，使轧制薄规格的板材更加容易和节能。

（2）轧钢设备和技术方面的进步。热连轧在1996年实现了无头轧制，它已用于生产1mm厚的薄板。这项技术包括轧机追尾控制技术、头尾焊接技术、高精度成品轧制技术等，关键技术是加热焊接和激光焊接。

2000年实现了热连轧机中采用大压下量同时采取快速穿水冷却工艺，使钢材的抗拉强度、屈服强度提高，生产出抗疲劳强度、加工性能、焊接性能具佳的铁素体晶粒尺寸为2~5μm的微细组织的热轧钢板。

2000年日本的冷轧酸洗联合机组投产，该机组不仅提高了冷轧产量，也提高了冷轧产品的表面质量。

轧钢加热技术也有新突破，在板坯加热炉和冷板连续退火炉方面，开发了节能型自身蓄热式加热炉，利用1300℃烟气可将空气加热到1100℃，实现节能25%左右。

研究了控制冷却技术TMCP，生产高强度中厚钢板。在连续式退火炉中采用炉内还原气体喷向钢板的冷却技术，已在生产超高强度钢板上采用。

（3）型钢轧制工艺技术。型钢轧制技术进步是以钢轨、钢板桩和H型钢等为代表的。钢板桩在尺寸大型化方面取得进展，从原来的400mm宽提高到600mm宽，不对称的宽度可达900mm，满足了大型工程的需要。

H型钢轧机由于X-H轧法的推广，轧机机架数大大减少，目前多数采用BD-UR/E/UF布置，使轧机生产线大大缩短，减少工程设备投资。

（4）高精度的棒线材生产技术推广。特别需要提出的是随着三辊KICKS轧机的发明，热轧棒材的精度大大提高，最高可达±0.1mm。棒材成品轧机由过去的二辊式改为三辊式为主。

（5）无缝钢管生产技术。钢管生产技术进步主要反映在钢管的穿孔技术进步和连轧管技术的采用，一是交叉穿孔技术；二是扩管穿孔技术。

（6）UOE焊管技术。UOE焊管技术和中厚板的TMCP技术相结合，使开发高钢级管线钢成为可能，目前已开发出X80、X100、X120的厚壁管线钢管。

（四）节能环保技术

（1）日本由于能源、资源严重短缺，其很早就抓节能工作，在1996年又制定了《关于环保的志愿行动计划》，2000 年开始实施《二噁英类对策特别措置法》。规定 2010 年要比 1990 年能耗减少 10%。电炉的二噁英类排放标准小于 $0.5mg/m^3$。为节能，日本开发了利用转炉煤气导管冷却水的低温余热和氨水的非等温蒸发、凝缩特性进行发电，发电效率比常规低温发电高 40%以上，属世界首例。

（2）2004 年韩国钢铁工业能耗占国内总能耗的 10.5%，是逐年下降的，同时积极开发新一代炼铁技术 FINEX 工艺，预计在今年年底可实现产业化。其规模一座炉产量 600 万吨，相当于一座 $2000m^3$ 高炉，其优点是环保，可以采用低品位铁矿石和煤炭，使 SO_x 含量从 100%降低到 8%，NO_x 含量从 100%降低到 4%，灰尘含量从 100%降低到 21%。由于减少了烧结和焦炉，生产成本降低 22%，设备投资降低 19%。

（3）韩国开发了环境友好型钢材，如汽车钢板（液压成型、激光拼焊）、无铬钢板等。

七、我国钢铁行业能源与资源结构和现状

（一）我国钢铁行业的能耗结构和现状

据统计，2004 年我国钢铁工业的能源结构是：煤炭 69.9%、电力 26.4%、石油 3.2%、天然气 0.5%。煤炭消费中焦炭和煤粉的比例是 47.93%，动力煤是 21.97%。2003 年我国钢铁工业的能耗占全国总能耗 16%。

日本钢铁工业的能源结构是：煤炭 85.72%、电力 11.9%、石油 2.3%。其中煤炭消耗中煤粉 51.58%。副产品煤气的三分之二是本企业使用，三分之一是用于发电。钢铁企业用电一半来自发电，一半是外购。

从表 1 可以看出：炼铁工序是我国钢铁行业的能耗第一大户，其能耗占钢铁

表 1 我国重点钢铁企业主要工序能耗（标煤） （kg/t）

年份	吨钢综合能耗	吨钢可比能耗	烧结	球团	焦化	炼铁	转炉	电炉	轧钢
2000	920	760	69.5		159.34	464.5	29.0	273.8	118.7
2001	876	870	68.7		153.78	448.3	27.8	241.3	108.9
2002	815	700	67.2	40.12	149.81	454.2	27.0	230.2	101.3
2003	778	696	65.90	41.28	140.58	483.9	25.5	210.5	97.3
2004	761	705	66.38	42.00	142.21	466.2	26.6	209.9	92.9
2005	741	714	64.83		142.2	456.8	36.3	201.0	88.8
2006 一季度	668	632	56.03		128.87	433.3	15.3	109.9	66.7

行业总能耗的70%左右，每生产1t铁要产生1.5t二氧化碳、3.08kg二氧化硫、约50kg粉尘。钢铁工业的二噁英95%来自烧结工序。炼铁工序对节能和环保起着举足轻重的作用，第二位是焦化，第三是电炉，第四是轧钢，第五是转炉。

我国钢铁行业使用的煤气主要有三种：高炉煤气、转炉煤气和焦炉煤气。焦炉煤气的热值最高，转炉次之，高炉煤气热值最低。从2005年重点企业的煤气使用情况看，我国对高炉煤气、焦炉煤气的使用相对较好，但由于我国小炉子比重大，还有相当一部分企业对高炉煤气和焦炉煤气利用率很低，有的企业高炉煤气放散率达33.84%，焦炉煤气有的企业放散率达20.92%；对转炉煤气的利用最差，平均回收量仅为$54m^3/t$，差的企业基本没有回收利用。利用煤气去发电的能源转化率在25%左右。为提高我国低热值煤气的使用率，我国应积极推广使用蓄热式燃烧技术，替换出高热值的焦炉煤气。

我国有9900万吨炼铁设备属于落后设备，应逐步淘汰或改造。还有5500万吨炼钢设备属于落后设备，也应逐步淘汰。加快落后设备的淘汰，将会促进我国钢铁行业节能工作。

2005年底国家统一调整了电力的折标煤系数，从0.404kg标煤/度电，调整到0.1229kg标煤/度电，使电力耗标煤下降了69%，对钢铁行业能耗统计影响率在17%，使2006年1季度全国重点钢铁企业的能耗统计比2005年大幅度下降，出现了全国重点钢铁企业提起完成《钢铁产业政策》中规定的2020年吨钢综合能耗（0.7t标煤）和吨钢可比能耗（0.64t标煤）的失真问题。

我们还要加强钢铁企业动力系统的节能工作。据有关专家推算，我国钢铁企业的动力系统能耗约占其总能耗的15%，也是钢铁的耗能大户。钢铁企业的动力系统用能包括供电系统、供水系统、供气系统等，在这方面，我们的不少企业都存在管理不严，设备失效所造成的油、水、电、气的跑、冒、滴和漏等问题。这里是大有潜力可挖的。

（二）我国钢铁行业的资源现状

我国钢铁工业所需的矿产资源对外依存度越来越大。我国的矿产资源总量大，但人均少，仅为世界平均水平的32%，特别是钢铁生产的主要矿产品铁矿、锰矿、铬矿等更是资源短缺。2000~2005年间，我国进口铁矿石达9.0525亿吨，用进口铁矿冶炼的生铁占我国生铁产量的比重在逐年提高，从2000年的34%，已提高到目前的53%左右，今后还要进一步提高。除了铁矿石进口外，我们炼钢所需的锰矿、铬矿和镍矿，对海外的依存度也在逐年增加。面对钢铁原料这样的需求形势，为保证我国钢铁工业长期稳定发展，今后我们必须实施资源最优化战略。

按照我国现有的铁矿资源保有基础储量 223 亿吨，保有资源总量 458 亿吨，按目前的年产量静态计算可供 40~60 年。我国目前的铁矿资源储产比为 54，是世界平均水平的 42%；按成品矿计算，储产比为 104，是世界平均水平的 80%，与澳大利亚等国相当。从资源安全的角度，我们应采取适度开发国内资源、扩大利用国外资源的方针。我国矿产资源不足，人均占有量少，供给不足，需大量进口，这种供需形势已成定局。国内资源不足制约着我国钢铁工业今后的发展。

我国的铁矿资源目前已探明的主要分布在 29 个省市和自治区的 700 多个市县的 1898 个矿区。其中：辽宁、河北和四川三省的储量占全国总储量的 48%，十大成矿区占全国铁矿资源储量的 64%。到 2001 年，全国有采矿权的铁矿山 5712 家，重点矿山 44 家，地方矿山 5668 家。44 家重点矿山设计总规模 16400 万吨，建成规模 14300 万吨，2005 年重点矿山生产能力达 12777 万吨。但是这些重点矿山大部分是五六十年代建成的，经过长期开采，目前已进入中后期，产能在减少，新建矿山的产能有限。

地方矿山现有资源可供生产 20~30 年，产量可达 1.5 亿吨。

2005 年我国用进口矿石冶炼的生铁的比重超过 50%，进口量达到 275 亿吨。

我国进口铁矿主要来自澳大利亚、巴西、印度和南非等国家。近年来由于我国需要量的大幅增长，国际铁矿石供应出现紧缺，价格上涨，使我国钢铁生产成本上升。与此同时，国际海运费价格也同步增长。今后我国必须采取进口铁矿石多元化的方针，打破由 CVRD、BHP 和力拓三大公司垄断铁矿石海运贸易的局面。我国近年矿石进口情况见表 2~表 5。

表 2　近年我国进口铁矿石到岸价　（美元/吨）

年　份	2000	2001	2002	2003	2004
澳大利亚	24.92	24.83	23.25	28.04	42.67
巴西	29.54	30.36	26.93	35.1	62.37
印度	27.05	27.02	24.74	37.73	81.35
南非	26.09	26.36	23.49	30.07	60.95

表 3　近年到我国铁矿石海运价格　（美元/吨）

年　份	2000	2001	2002	2003	2004
澳洲航线	6.3	4.5	4.4	18.8	14.7
巴西航线	11.6	8.3	8.7	33.9	33.5

表 4　我国进口锰矿和铬矿情况　（万吨）

年　份	1999	2000	2001	2002	2003
锰矿进口	106	120	171	208	286
铬矿进口	82	111	109	114	178

表 5　我国进口铁矿比重变化情况

年　份	1997	1998	1999	2000	2001	2002	2003	2004	2005
生铁产量/亿吨	1.15	1.19	1.25	1.31	1.43	1.71	2.02	2.49	3.30
进口铁矿量/亿吨	0.55	0.52	0.55	0.70	0.92	1.11	1.48	2.08	2.75
进口矿比重/%	32	29.2	29.4	35.6	44.8	43.3	48.9	50.3	53

八、我国钢铁行业转变增长方式的主要途径

（一）建立科学的钢铁企业资源利用率评价体系，培养创建资源节约型钢铁企业

为确保我国钢铁工业可持续稳定地增长，我们必须坚持资源开发与节约并举，把节约资源放在首位。钢铁工业的发展需要消耗大量的资源，主要是铁矿石、锰矿、铬矿、煤、水、能源、土地、人力等，同时又产生大量废弃物，如废渣、废气、废水、废钢和余热、余能、余压等。如何将钢铁生产的废弃物循环使用，力争做到废弃物零排放，也是钢铁工业面临的一个问题。

根据国务院《关于开展资源节约活动的通知》、国际钢铁协会提出的可持续发展的指标和国家“十一五”发展规划的要求，建议组织专家研究制定我国钢铁企业资源利用评价体系。该评价体系应包括资源生产率、资源利用率、资源回收率、废弃物利用回收率、吨铁燃料消耗、吨钢耗新水量、吨钢综合能耗、吨钢耗电、可燃气体利用率等基本指标，还应包括对各工序的评价指标。通过指标的考核，引导推动钢铁企业节约资源发展循环经济。同时要下决心坚决淘汰高投入、高消耗、高污染、难循环、低效率的企业，限期令其退出市场。

（二）要把提升钢铁企业的自主创新能力作为调整经济结构、转变经济增长方式的国策

经济的竞争实际上是科技的竞争。目前，全世界86%的研发投入、90%的发明专利都掌握在发达国家手里。我国钢铁行业的规模在不断扩大，但由于缺乏核心技术，重大冶金装备和高技术高附加值的钢材品种仍然依靠进口，制约着我国钢铁技术水平的提高和国际竞争力的提高。为解决我国国民经济各部门所需板材问题，据不完全统计，到 2004 年我国已引进热连轧机 18 套，冷连轧机 10 套，

不锈钢轧机 8 套，大无缝钢管轧机 5 套，万能轨梁轧机 3 套，H 型钢轧机 4 套，还引进了一批棒线材轧机。这些设备的引进在改变我国钢铁行业的装备水平、提高产品档次方面发挥了重要作用。但是，也应该看到，由于我们还没有完全掌握相关核心技术，不少产品我们还需靠进口，如高档汽车板、高档家电板、高牌号取向硅钢、特殊扣石油化工用管、抗压溃石油套管、高牌号钢帘线用线材、高精度合金钢棒材、平行腿槽钢、大型造船用 T 形钢和 L 形钢等。特别是在如下技术和设备方面我国与世界还有较大差距：

（1）宽带钢热连轧设备和技术。我国先后从日本、德国等国引进设备和相关技术，包括板厚和板形控制技术，如工作辊弯辊（WRB、DCB）、支撑辊辊型调节（VC）和 CVC 轧机、HC 轧机等技术。鞍钢开发了 2150mm 宽带钢热轧生产线，产品精度达到国际先进水平，使我国的宽带钢热连轧技术向前推进了一大步。

（2）薄板坯连铸连轧设备和技术。这是我国近年来引进最多的，包括 SMS 公司的 CSP 技术和隧道炉、MDH 公司的感应加热、达涅利公司的 FTSR 技术。对薄板坯连铸连轧技术的掌握，我国是世界上最好的，但仅有鞍钢在引进吸收的基础上，自主开发研制了 1700mm 中薄板坯连铸连轧生产线，形成具有自主知识产权的 ASP 技术。在对热带钢性能控制技术、宽度控制技术、热轧薄规格品种的开发等方面与世界前沿还有一定差距。

（3）中厚板轧机和技术。我国中厚板轧机装备发展水平滞后于薄板，厚板轧机主要有鞍钢 4300mm、舞阳 4200mm、上海浦东 4200mm 轧机和宝钢刚投产的 5000mm 轧机；老式的中板轧机多以 2800mm 为主新建、在建的中厚板轧机多以 3500mm、3800mm、4300mm、5000mm 的四辊单机架或双机架为主，这些轧机采用大轧制压力、高刚度、大功率设计，为实现 TMCP 工艺生产高质量高性能中厚板创造了条件。但我国的中厚板轧机后半部的热处理工艺仍然比较落后，不能满足生产高强度中厚板的需求。

（4）冷轧宽带钢设备和技术。过去数年，我国的冷轧宽带钢生产发展迅速，冷连轧机有鞍钢的 1676mm 四机架、宝钢的 2030mm 五机架、武钢的 1700mm 五机架、宝钢的 1550mm 五机架、本钢的 1676mm 四机架酸洗连轧和攀钢的 1220mm 四机架酸洗连轧等，仅有鞍钢的 1780mm 冷轧宽带生产线工艺装备技术是由国内自主集成与创新的。但总体看冷轧的发展和建设滞后于热轧，是造成我国大量进口冷轧板的主要原因。从已引进的冷轧机看有四辊、六辊、十二辊和二十辊等布置，并具有 CVC、HC、PC 等功能，但在带钢的退火技术、镀锌技术、镀锡技术、冷轧硅钢技术等方面，我们与世界先进水平还有不小的差距。

由于我们缺乏核心技术，企业品种开发较慢，自主创新能力不强，关键技术依赖国外；再加上地方各自为政，搞小而全、大而全，导致重复引进重复建设，设备和产品结构雷同，在缺乏技术和人才的情况下，盲目发展技术含量低的资源性产业，已构成对国家资源的严重破坏、对环境的严重污染，其后果后患无穷，令人深思。

为此，钢铁企业必须加强人才队伍建设，要克服浮躁，扎扎实实地搞科研，积极吸引杰出人才到企业工作。首先是要提高企业的自主创新能力，特别是要提高原始创新能力、集成创新能力和引进消化吸收再创新能力，调整产业结构，加快转变增长方式。其次是要加大科技投入，积极培养自己的科技人才队伍，培养自己的世界一流的炼铁、炼钢、轧钢技术专家和懂技术、会管理的企业家；同时引进国外客座教授、研究员，改善企业技术中心的人才结构，活跃科技创新机制，不拘一格用人才，提高企业科技创新能力。

（三）大力发展推广先进的节能技术

（1）推广高炉炼铁的精料技术。提高入炉铁矿品位、采用高碱度烧结矿、提高熟料比、稳定焦炭质量等措施是行之有效的。

（2）提高高炉的操作水平。采用高顶压、高二氧化碳利用率、低硅冶炼。

（3）加强对二次能源的回收利用。主要有推广干熄焦回收焦炉煤气、高炉炉顶煤气压差发电、转炉负能炼钢技术、烧结矿余热回收技术、高效加热炉燃烧技术等。

（四）大力发展循环经济，解决资源能源和环境与发展之间的矛盾

循环经济可以使资源得到高效利用，反复利用，从而达到对资源消耗的减量化、再利用、再循环的目的，能够大大减少钢铁生产对资源的浪费、能源的过度消费、环境污染和生态平衡的破坏。

推广新一代钢铁生产流程。推广采用电炉短流程工艺。抓紧研究炼铁新工艺，使熔融还原技术尽快实现工业化生产。

（五）加快研究开发环境友好型新钢种、新品种

无铬钢板、高强汽车板、高性能桥梁板、高性能大宽度造船板、耐腐蚀集装箱板和高精度棒线材、高强度管线钢、非调质钢等环境友好型新钢种、新品种可使我们的钢材重量更轻，强度更高，1t 能顶 2t 用，从而使我国的钢材消费强度降下来。

（六）大力推进资源全球化、多元化战略，加大对国内和海外矿山的投资

通过对国内外重点铁矿、煤矿等资源企业的投资、掺股和控股，组成国际化

的跨国大型钢矿或钢煤公司，发展与这些企业贸易合作，长期占有国际资源，以保证钢铁企业稳定的原燃料供应；通过与国内外海运公司、港口、铁路合作，组织联合海运，推进与港口、铁路的联合物流运输，保证钢铁行业海上运输线的安全，降低原料运输成本。同时，我们必须与世界主要铁矿石需求方一起研究改进完善目前的国际铁矿石价格谈判机制，这种机制应该考虑市场的供需关系、铁矿石质量、运距、铁矿石成本与价格的合理比例关系、铁矿石价格与钢材价格的合理比例关系、不同国家和地区等因素的影响问题。只有这样我们才能打破国际上少数公司垄断铁矿石资源市场和价格的局面，我们才能在国际钢铁原料市场的竞争中真正取得话语权，我国钢铁的产业安全才有保证。

（七）抓紧调整钢铁行业产品结构，增加国内市场需要的高附加值高性能产品的产量，让有限的资源和能源创造更多的社会财富

由于需求拉动，我国钢铁工业大规模的产能急剧扩张，今后仍会再持续几年。但从总体上看，我国已结束了钢材供不应求的短缺时代，也意味着我国钢铁工业靠产量扩张这种粗放型增长模式时代的结束，进入了供大于求的新时期。供大于求使我们有时间和条件来进行产品结构调整和产业升级。今后我们应根据国内市场需求的增长，保持合理的生产规模和适当的产能增长速度，把主要力量放在调整产品结构和产业升级上来，扩大高技术含量、高附加值、高质量的产品产量，严格限制低价值过剩产品的产量，使有限的资源和能源创造出更多的价值和社会财富。要做好这项工作，我们要加快淘汰落后标准和落后钢种、品种的工作，积极研发高效、高性能、节能环保的新钢种和钢材的新品种。

中国钢铁工业的今天和明天*

《钢铁产业发展政策》是指导钢铁工业今后发展的一个纲领性文件，它全面地勾画了我国钢铁行业今后发展的蓝图。加强钢铁行业的规划、设计、生产、建设、市场和技术开发等诸方面的政策引导，将会进一步规范我国钢铁行业健康科学发展。为了更好地贯彻产业政策，促进钢铁行业健康发展，下面就我国钢铁工业的发展战略谈谈个人的一些看法。

一、中国钢铁工业的现状

在党的三代领导的关怀和支持下，新中国的钢铁工业，经过钢铁行业几代人的努力，从小到大、从弱到强，发展到今天，已成为世界钢铁生产和消费大国。

我国钢铁工业经过多年发展建设，已形成包括矿山、烧结、焦化、炼铁、炼钢、轧钢及相关的铁合金、耐火材料、碳素制品和地质勘探、工程设计、建筑施工、科学研究等部门组成的完整工业体系。

我国钢铁工业发展五十多年来，取得了举世瞩目的成就：

（1）产量和消费量高速增长，现已成为世界第一钢铁生产和消费大国。从1996年我国钢产量突破1亿吨开始，已连续9年保持钢产量世界第一。在这之后，我们仅用7年时间，使我国在2003年的钢产量突破2亿吨，再次创造了世界钢铁发展史上的奇迹。预计今年我国的钢产量将突破3亿吨。由于我国铁、钢、材产量和产能的高速增长，改变了世界钢铁生产和贸易的格局。

（2）钢铁企业的技术装备水平得到较大提高。特别是20世纪90年代以来，我国钢铁工业获得了长足进步：新建的一大批具有世界先进水平的大型高炉、大型转炉和电炉、炉外精炼、连铸、热连轧、冷连轧、涂镀层生产线、冷轧硅钢生产线、高速线材轧机、连续小型棒材轧机的建成投产等，使我国钢铁行业的装备水平有了显著提高。特别是我们正在进行的为配合我国家电、轿车、石油、建筑、造船等行业走向世界，钢铁行业“十五”技术改造完成后，我国整个钢铁工业的工艺和装备水平将会发生新的质的飞跃。可以预言21世纪世界钢铁工业的希望在中国。

（3）随着我国钢铁工艺技术结构的改进，产品结构进一步优化，产品质量

---

* 本文写于2006年，是为中国钢铁工业协会领导撰写的专题报告。

显著改善，国内市场占有率进一步提高。钢铁企业连铸比已达到95.93%，高于世界平均水平（88.75%）。钢铁生产的板管比已达到45.3%，还将进一步提高。

（4）国民经济各行业所需的钢材品种大多数可以国内生产，特别是国民经济支柱产业所需的高性能、高附加值品种钢材的产量和质量有了新的增长和改善。我国钢材的综合自给率已达99.06%。其中：热轧窄带钢、冷轧窄带钢、无缝管、焊管、中板、厚板、特厚板、中厚宽带钢、线材、棒材、螺纹钢、大型型钢等自给率已达到100%。热轧薄宽带钢和中小型材的自给率已接近100%。

（5）我国钢铁工业的设备制造能力、工程设计能力大大提高。如宝钢的三期工程建设，引进设备比例一期为88%，二期为39%，三期仅为20%。这标志着我国已具有规划、设计、建设和管理800万~1000万吨级特大型现代钢铁企业的能力。

综上所述，我国的钢铁工业在近十年来，通过技术改造和技术进步，素质大大提高，我国钢铁产品的国际竞争力有了质的飞跃，我国钢铁工业正在从钢铁大国向钢铁强国迈进。

我国钢铁工业“十五”的技术改造完成后，钢铁工业的整体素质会进一步提高，我国将拥有世界上第一流的炼铁、炼钢和轧钢工艺和设备，热轧薄板、冷轧薄板、中厚板、无缝钢管、焊管和连续小型、高速线材等钢材品种的生产，无论是工艺技术，还是设备性能，将达到世界先进水平。

我国今年以来钢铁生产情况：1~10月我国粗钢产量2.8679亿吨，同比增加6000万吨，增幅26.5%；生铁产量2.6961亿吨，同比增加6285万吨，增幅30.4%；钢材产量3.0191亿吨，同比增加6164万吨，增幅25.65%。

钢材各品种产量完成情况：钢筋5483万吨，同比增加838万吨，增幅18.1%；线材4931万吨，同比增加838万吨，增幅20.5%；中厚宽钢带3032万吨，同比增加848万吨，增幅38.8%；热轧窄带钢2270万吨，同比增加633万吨，增幅38.7%；中小型钢2113万吨，同比增加365万吨，增幅20.9%；棒材2328万吨，同比增加442万吨，增幅23.5%；热轧薄宽钢带949万吨，同比增加335万吨，增幅54.7%。

今年以来钢材生产结构特点：

（1）长材（棒线材为主）的产量比重过大，达14187万吨，占钢材总量的52.77%。其中棒线材占49.34%。

（2）板材的产量比重仍较小，板材比36.87%。特别是板材的产量结构不合理，主要表现在中厚板、薄板、窄带的比例上，中厚板产量4993万吨，占钢材总产量的18.57%。在中厚板中特厚板、厚板、中板和中厚宽带钢的产量分别为165万吨、789万吨、1341万吨和2698万吨，中厚宽带钢的比重过大，占中厚板比重54%。

（3）薄板产量（包括涂镀层板）2575万吨，占钢材总产量的9.57%。其中热轧薄板和冷轧薄板产量分别是1082万吨、1144万吨。

（4）窄带钢比重过大。1~9月产量2347万吨，占钢材产量的8.73%。

（5）1~9月钢材的板管比为43.83%。

日产量：1~10月粗钢的日产水平为102.17万吨，生铁的日产水平为95.86万吨，钢材的日产水平为106.79万吨，按这样的日产水平预测，今年的钢、铁和材年产量将达到3.4亿吨、3.19亿吨和3.59亿吨（含重复材）。1~9月我国钢材进出口情况：进口钢材2000万吨，同比减少393万吨，减幅16.4%；进口钢坯108万吨，同比减少256万吨，减幅70.3%；进口铁矿石19895万吨，同比增加4787万吨，增幅31.7%；出口钢材1580万吨，同比增加717万吨，增幅83%；钢坯出口598万吨，同比增加315万吨，增幅111.6%；出口焦炭979万吨，同比减少58万吨，减幅5.6%。进出口合计，1~9月钢材净进口420万吨，2004年同期为1530万吨；钢坯净出口490万吨，2004年同期为81万吨；坯材合计净出口70万吨，2004年为净进口1611万吨。2005年钢材进出口预测：预计全年进口钢坯140万吨，进口钢材2600万吨左右；全年出口钢坯800万吨，出口钢材2100万吨；出口焦炭1400万吨左右。

从以上对今年以来钢铁生产情况的分析不难看出：在国家宏观调控政策引导下，我国的钢铁生产继续保持高速增长，出口在三季度出现减缓态势，钢材价格在经历一季度高价位运行后，从二季度开始出现较大幅度下滑，钢铁企业的利润空间减少，随着钢铁新增产能的释放和国家对钢铁产品出口政策的调整，新增资源较多地转向国内市场，增加了国内市场的压力，钢铁企业的生产正在承受着价格走低、市场需求增速变缓、资金紧和成本上升等考验。

二、当今世界钢铁工业的发展趋向

（1）世界钢铁工业的发展趋势概括起来是5句话即装备大型化、产品专业化、质量洁净化、生产连续化、经营集团化。

（2）世界钢铁工业的改组、改造和重组已基本完成，目的是要让钢铁工业通过这三改，满足世界经济全球化的要求。经济全球化主要表现在三个方面：资本流动全球化、市场全球化、生产全球化。通过资产的重组，可以最有效地利用国内和国际两种资源、两个市场，提高企业的生产经营活动效益和效率。

（3）世界钢铁市场的竞争也是围绕着高附加值、高性能产品展开的。一是板材，如汽车板、家电板（镀锌、彩涂）、锅炉板、桥梁板、不锈板和管线板等。二是线棒材，如汽车用的齿轮钢、轴承钢、弹簧钢、阀门钢等合金钢棒材，以及高清洁度的线材，如钢帘线用线材、斜拉桥、悬索桥用高强镀锌钢丝、高强螺栓等。

当前我国与国外先进国家的钢铁工业在整体上还有5~10年的差距。主要反映在装备工艺水平、核心技术的自主研发和高性能高附加值产品的实物质量等方面。

近十年来钢铁主要用户行业的结构调整和技术升级很快，这些行业的产品已经进入世界市场，其对钢材的要求已与世界接轨，如我国的家电（电冰箱、空调、洗衣机）这些产品对钢材的实物质量要求越来越高。特别是随着其生产工艺的进步，采用机器人、自动化生产线、多工位高速冷镦机等先进设备，要求所用钢材具有“三高”，即高性能、高强度、高精度，如计算机用耐指纹钢板、轿车用高档汽车板、机械行业用高精度棒线材等。

（4）钢铁工业的发展进入了一个新的时期，这一时期的特征是产能由供不应求向产能过剩转变、资源由基本平衡向严重制约转变、贸易净进口向净出口转变、盈利空间由大向小转变、钢铁市场由卖方市场向买方市场转变。

三、当前我国钢铁工业的主要问题和面临的挑战

主要问题有：

（1）产能和产量增长过快。到2004年，我国的铁、钢、材的产量已分别达到了2.56亿吨、2.74亿吨和3.04亿吨。2005年预计新增产能分别为0.5亿吨、0.6亿吨和0.78亿吨。整个钢铁行业的钢的产能已接近4.2亿吨，超过目前我国对钢铁的需求。预计今年我国的铁、钢的产量将达到3.19亿吨和3.4亿吨左右。

（2）钢铁行业的产业集中度低。2004年我国共有871家钢铁企业，其中产钢在500万吨以上的企业只有15家，钢产量占全国的45%，大大低于发达国家。

（3）产品结构不合理。主要表现在长材比重过大，而板带材比重小。目前我国的板带比为38.62%，板管比为45.3%，低于发达国家水平，也满足不了下游行业的需要，每年进口钢材中板材占90%左右。

（4）产业布局不合理。全国74家重点钢铁企业中有18家在省会城市，有34家在100万人口的大城市。我国钢铁生产企业主要集中在河北、辽宁、山东、江苏等省市，但我国的钢材主要消费市场在华东地区、华南地区，这就造成钢材的流向不合理，同时也给本来就严重滞后的铁路运输造成困难。

（5）缺少具有自己知识产权的核心技术和技术创新能力不足。钢铁市场的竞争主要表现在高性能高附加值产品的技术竞争。在这方面我国钢铁工业近年来虽然有了一定程度的进步，但必须看到：在重大装备的关键设备和核心技术方面，我国仍然主要依靠进口；高附加值产品如高档汽车板、高牌号取向硅钢、高钢级管线钢等还需从国外进口。

（6）我国钢铁工业所需的矿产资源对外依存度越来越大。我国的矿产资源总量大，但人均少，仅为世界平均水平的32%，特别是钢铁生产的主要矿产品铁

矿、锰矿、铬矿等更是资源短缺。2004年我国进口铁矿石所产生铁占到50%左右，今后还会进一步提高。这一关系产业安全的大事，必须引起高度重视。

我国钢铁工业面临的主要挑战是：

(1) 资源不足，主要原料铁矿石、锰矿、铬矿等对国外的依存度进一步提高，铁矿石对国外的依存度从目前的50%，预计将提高到60%以上。

(2) 产业结构不合理，普通产品严重供大于求，高附加值品种还不能完全满足下游行业的需要，仍需大量进口。

(3) 随着我国钢铁产能和产量的高速增长，国内外市场的供需关系发生了重大变化，即总体呈供大于求的态势将进一步加剧，钢铁贸易摩擦将增多。

(4) 缺少自己的核心技术，主要表现在重大冶金装备和高技术、高附加值的钢材品种我们仍然依靠进口，制约着我国钢铁技术水平的提高和国际竞争力的提高。

(5) 缺少规范的钢材定价机制和市场贸易秩序，特别是缺少有效合理分配生产者、流通商和最终用户之间利益的机制，从而导致市场秩序混乱，价格大起大落。

四、中国钢铁工业的发展战略

我国的总体发展战略是在2020年要完成我国的工业化进程，到2050年我国要进入世界中等发展国家的行列。根据这一发展目标，钢铁工业的发展战略是与国民经济同步发展，加快技术改造和结构调整，提高钢铁产品的国际竞争能力，大力开拓国际市场，积极参与国际化经营，尽快实现从钢铁大国向钢铁强国的转变。

我国的钢铁工业产品在充分满足国民经济各部门需要的同时，积极参与国际市场竞争，发挥我国钢铁工业的优势，走出国门，开展国际化经营。

按照产业政策的要求，搞好钢铁工业的结构调整、加快钢铁工业三大战略措施的实施是钢铁工业今后的主要任务，这三大战略是：

(1) 实施产业最优化战略：

1) 按照装备大型化、生产专业化、经营集团化原则，搞好资源的优化配置和钢铁行业的整合，加快提高产业集中度。

2) 按照产业政策要求，积极做好钢铁行业中长期发展规划，加快淘汰落后产能，优化产业结构。

3) 发展循环经济，降低成本，提高资源、能源利用率，大力推进钢铁行业增长方式的转变。

4) 大力推进资源全球化战略，加强对国内和海外矿山的投资，发展长期贸易，组织联合海运，降低原料运输成本。

（2）实施产品结构最优化战略：

1）加快钢铁标准升级，尽快淘汰落后标准和落后工艺设备与产品，推广应用国际先进钢材标准。

2）加快对高性能高附加值钢铁产品的开发研制，尽快形成具有自主知识产权的核心技术和产品。

（3）实施市场体系的最优化战略：

1）加快整顿钢材市场经济秩序，制定合理的钢材定价机制。

2）大力发展以钢材加工配送为代表的现代物流业，提高钢材流通领域的产业集中度。

3）推进钢材生产企业与用户的长期战略合作。

五、2005~2006 年经济与钢铁市场走势

（1）亚洲开发银行预测 2005 年中国经济的增长率为 9.2%。

（2）国际货币基金组织预测全球经济增长率如表 1 所示。尽管国际油价暴涨，但世界经济 2006 年比 2005 年仍要有所增长，但经济运行的风险在增加。

表 1　国际货币基金组织预测全球经济增长率　　（%）

国　家	2005 年	2006 年
全球	4.3	4.4
欧元区	1.6	2.3
中欧	4.5	4.5
非洲	5	5.4
拉丁美洲	4.1	3.7
美国	3.6	3.6
日本	0.8	1.9
中国	8.5	8
俄罗斯	6	5.5
印度	6.7	6.4
英国	2.6	2.6
加拿大	2.8	3
德国	0.8	0.9
法国	2	2.2
意大利	1.2	2

（3）我国有关机构预测情况：国家统计局预测 2005 年我国 GDP 将达 15 万亿元，年均增长幅度 8.8%；社会科学院预测 2005 年我国 GDP 将达 9.4%，2006

年仍在9%左右；国家发改委，根据1~9月我国GDP增长9.4%预测2005年全年为9.2%，低于2004年的9.5%。

（4）钢铁协会公布的钢产量情况：1~8月世界61个粗钢生产国的统计，与2004年同比增长4702万吨，增长率6.9%；如扣除中国，1~8月粗钢产量同比减少243万吨，下降0.48%。

（5）20国财长和银行行长会议指出：当前世界经济主要问题是经济失衡，主要表现一是美国经济出现大量赤字，油价上涨；二是高油价问题所带来的对世界经济的负面影响；三是贸易摩擦增加。建议今后世界各国应加强正向博弈，朝着互惠互利共赢方向发展。

（6）国际钢铁协会10月3日公布的对钢材的表观需求短期预测（从目前到2006年年底）展示良好的前景，见表2。在全世界范围内，对钢的需求将继续保持良好增长态势，对表观钢材的需求量预计2006年为10.40亿~10.53亿吨，而在2004年仅为9.72亿吨，2005~2006这两年的增长幅度在4%~5%以上。连续增长最强劲的是中国，预测2005年其钢的需求增长幅度在10%以上，2006年在7%~10%。世界其他国家在2005年增长基本与2004年相同。由于2004年以来的库存已消耗，在2006年世界其他国家和地区将增加2000万~2500万吨钢材表观需求；中国将增加2000万~3000万吨钢材的表观需求。同时指出：2006年的预测中也存在着一些不可确定因素，特别是近来油价和能源价格的暴涨，但是基于对总的经济增长和对GDP增长最快的国家如中国、印度等国所带给世界的对钢的需求仍是处于增长趋势。原材料和能源的成本继续上涨是世界钢铁工业面临的主要挑战。

表2　世界钢铁协会对2004~2006年表观钢材的需求量预测

国家或地区	2004年	2005年	2006年	2004~2005年		2005~2006年	
	需求量/百万吨			增量/百万吨	增幅/%	增量/百万吨	增幅/%
全球	971	998	1040~1055	26.6	2.7	40~55	4~5.5
中国	272	300	320~330	28	10.3	20~30	7~10
其他国家或地区	699	698	720~725	-1.4	-0.2	20~25	3~3.5
欧洲	192	190	198		-1		4
独联体	45	45	48		2		5
北美自贸区	151	145	149		-4		3
中南美洲	33	33	36		1		7
非洲	20	20	21		3		5
中东	28	29	31		3		7
亚洲太平洋地区	502	534	570		6		7

(7) 我国经济走势。最近中共中央十六届五中全会确定的我国“十一五”规划的基本方针是：保持经济平稳较快增长；加快转变经济增长方式（新型工业化、节约、清洁、安全、可持续增长）；提高自主创新能力；城乡协调发展；构建和谐社会；优化结构，提高效率，降低消耗，实现2010年比2000年人均国内生产总值翻一番。

纵观国际与国内钢铁生产与市场，我们可以初步看出如下走势：

(1) 国际钢材市场的价格已开始回升，欧美钢铁企业的限产措施已初见成效。

(2) 2006年国际经济发展继续保持高速增长，对钢材的需求增量要高于2005年，国际钢铁市场前景良好。

(3) 2006年国际和国内大环境对我国钢铁生产和市场发展是有利的。关键是我们要做好以下工作：认真贯彻产业政策，搞好“十一五”规划，加快淘汰落后产能，扩大顶替进口，适度增加出口；加快转变钢铁工业的增长方式，调整品种结构，增加高附加值高性能产品比重，大力开展节约资源、能源活动，在降低成本上下工夫，这样我们就一定能够更好地促进钢铁行业健康有序发展。

对我国钢铁生产与未来发展的思考*

一、我国钢铁行业在世界上的地位

2007年世界粗钢产量达13.435亿吨，比2006年增长7.5%，创历史最高水平。连续5年粗钢产量增幅保持7%以上。2007年世界粗钢产量排名前五位的国家是：中国4.89亿吨，日本1.20亿吨，美国0.97亿吨，俄罗斯0.72亿吨，印度0.53亿吨。2007年我国粗钢产量4.89亿吨，占世界粗钢总产量的36.39%。10年来我国的钢产量从1.5亿吨，发展到4.89亿吨，增长了3.39亿吨，年均增长0.565亿吨。近年世界钢铁生产情况见表1~表5。

表1　2007年世界粗钢产量前十名

项　目	中国	日本	美国	俄罗斯	韩国	德国	印度	乌克兰	意大利	巴西
2006年排序	1	2	3	4	5	6	7	8	9	10
2005年排序	1	2	3	4	5	6	7	8	10	9
2006年产量/百万吨	418.8	116.2	98.5	70.6	48.4	47.2	44.0	40.8	31.6	30.9
2005年产量/百万吨	355.8	112.5	94.9	66.1	47.8	44.5	40.9	38.6	29.4	31.6
2007年产量/百万吨	489	120.2	97.2	72.2	53.1	51.4	48.5	42.8	32	33.8
2007年排序	1	2	3	4	5	6	7	8	10	9

表2　2007年全球粗钢企业排名

排　名	企　业	粗钢产量/万吨
1	安赛乐米塔尔	11640
2	新日铁	3570
3	JFE	3400
4	浦项	3110
5	宝钢	2860
6	塔塔	2650
7	鞍本	2360

* 本文写于2009年，是作者在中信研讨会上的发言。

续表 2

排　名	企　业	粗钢产量/万吨
8	沙钢	2290
9	唐钢	2280
10	美国钢铁公司	2150

表 3　2007 年产钢 500 万吨以上的国内钢铁企业

企业	宝钢	鞍本	沙钢	唐钢	武钢	马钢	首钢	济钢
产量/万吨	2858	2359	2289	2275	2019	1417	1286	1212
企业	莱钢	华菱	太钢	安钢	包钢	邯钢	建龙	酒钢
产量/万吨	1170	1112	920	900	884	833	761	737
企业	攀钢	北台	日钢	南钢	柳钢	新钢	国丰	
产量/万吨	661	641	618	595	580	564	523	

表 4　世界钢铁企业竞争力对比（2008 年）

企业名称	排　名	得　分
谢维尔公司（美国、俄罗斯、欧盟）	1	7.95
浦项（韩国）	2	7.82
宝钢（中国）	3	7.77
安赛乐米塔尔（多国）	4	7.61
新利佩茨克（俄罗斯）	5	7.53
纽柯（美国）	6	7.52
塔塔康力斯（印度）	7	7.5
京德勒西南钢铁公司（印度）	8	7.45
钢动力公司（美国）	9	7.36
伊兹（埃及）	10	7.29

表 5　钢铁企业在世界 500 强中的地位

企　业	世界 500 强中排名	收入/百万美元	利润/百万美元	钢铁行业中排名	粗钢产量/百万吨
安赛乐米塔尔	99	58870	5226	1	116
蒂森克虏伯	101	57927	2020	14	17.02
新日铁	171	36782	3002	2	34.5
JFE	238	27875	2562	3	33.8
浦项	244	27068	3471	4	32.78
宝钢	307	22663	1622	5	28.58
克鲁斯	371	19717	410	6	23.95
神户	455	16332	938	39	8.07
USS	479	15715	1374	9	20.54

二、世界500强给我们的启示

500强过人之处：

（1）企业是以质量和效益为立业之本，不以规模大小论英雄。

（2）企业的发展是以最小的能源资源消耗为代价。

（3）企业是以掌握世界最先进的技术和产品占领市场并赢得用户。

（4）企业具有当今世界最先进、最高效的经营理念和管理方式，保证企业运营的效益和效率。

（5）企业是以集聚世界最顶尖人才和人性化的管理，给人才以最好地发挥才干的环境。

（6）拥有世界最大的资源和市场是立于不败之地的基础。

世界500强分布的国家和地区：

（1）世界500强分布在33个国家和地区。

（2）美日欧企业408家，占81.6%，营业额占86.7%，利润占83.5%。其中美国162家，营业额占35.1%，利润占38.5%；日本67家，营业额占11.5%，利润占7%；法国38家，德国37家，英国33家，欧洲企业营业额占40.1%，利润占38.1%。

（3）发展中国家有70家，营业额和利润占11%和12.6%。中国上榜企业30家，仅次于美国、日本、法国、德国和英国，位居第六位。

（4）世界500强企业分布在52个行业，实现利润最多的行业仍是银行业（见表6）。

表6　世界500强企业分布情况

营业额最高行业	企业数	利润最高的行业	企业数
石油精炼	39	银行业	60
银行	60	石油精炼	39
汽车及配件	33	制药业	12
人寿与保险	20	财产保险	15
食品杂货	22	电信	21
电信	21	矿产品及原油	11
电子及电器	18	人寿保险	20
财产保险	15	公用事业	21
公用事业	21	能源	7
零售业	9	汽车及配件	33

世界500强行业和企业利润率：

（1）采矿和原油生产最高为22.7%，第二是制药业为20.8%，第三是计算机及软件业为16.8%，烟草业为14.7%，石油天然气设备及服务业为14.5%。

（2）企业利润率最高的是美联航为118.3%，美国的辉瑞公司为36.9%，巴西的CVRD公司为33.2%，英国的力拓集团为33.1%，加拿大的能源公司为33.1%。

我国工农业主要产品产量（2005年）见表7。

表7 我国工农业主要产品产量（2005年）

工业产品	产量/万吨	世界排名	农产品	产量/万吨	世界排名
钢	35324	1	谷物	42776	1
煤	220500	1	肉类	7743	1
原油	18135	5	棉花	532	1
发电量	25002亿度	2	大豆	1740	4
水泥	106885	1	花生	1434	1
化肥	5178	1	油菜籽	1305	1
布	484	1	甘蔗	8664	3
糖	912	3	茶叶	94	1
电视机	8283万台	1	水果	16120	1

我国占世界经济总量比重（2005年）见表8。

表8 我国占世界经济总量比重（2005年）

国　家	国内生产总值/亿美元	占世界比重/%
世界总计	443849	100
美国	124551	28.1
日本	45059	10.2
德国	27819	6.3
中国	22289	5.0
英国	21926	4.9
法国	21102	4.8
意大利	17230	3.9
西班牙	11237	2.5
加拿大	11152	2.5
巴西	7941	1.8

世界人均总收入（2005年）见表9。

表9　世界人均总收入（2005年）

排　名	国家和地区	人均国民总收入/美元
1	卢森堡	65630
2	挪威	59590
3	瑞士	54930
4	百慕大	
5	丹麦	47390
6	冰岛	46320
7	美国	43740
8	列支敦士登	
9	瑞典	41060
10	爱尔兰	40150
128	中国	1740

三、当今世界经济和钢铁行业的态势

2008年全球经济态势：2007年下半年以来，由于美国发生次贷危机，美元贬值，美国经济出现衰退，加上欧盟经济增长也从2007年的3.9%降到2008年的2.6%使全球经济遭受打击，世界经济增长开始减缓，大多数研究机构都认为2008年世界经济减速已成定局。世界银行预测数据，2008年世界经济增长率将降到3.3%，联合国最近的数据认为2008年全球经济增长率将下降到3.4%，为2003年以来增长最缓慢的一年。

金砖四国引领全球钢铁消费持续增长。国际钢铁协会预计：全球2008年粗钢消费增幅达6.7%，从2007年的12.02亿吨上升到2008年的12.82亿吨，这主要归功于巴西、俄罗斯、印度和中国。这四国的粗钢消费增长将达11.1%，其中中国增长11.5%，占世界的35%；印度增长8.9%；俄罗斯增长10.2%；巴西增长10.3%。而美国增长幅度仅有1.9%。2001～2008年全球粗钢产量预测见表10。

表10　2001～2008年全球粗钢产量预测　（百万吨）

国家或地区	2001年	2002年	2003年	2004年	2005年	2006年	2007年	2008年
欧盟	187.5	188.2	192.5	202.3	195.5	206.8	210.3	215.5
前苏联	99.7	101.2	106.5	113.4	113.2	119.9	124	131.2
北美	119.9	122.9	126.2	134	127.6	131.7	132.1	134.8

续表 10

国家或地区	2001 年	2002 年	2003 年	2004 年	2005 年	2006 年	2007 年	2008 年
中国	150. 9	182. 2	222. 4	280. 5	355. 8	422. 7	489	533
日本	102. 9	107. 7	110. 5	112. 7	112. 5	116. 2	120. 2	120
亚洲	100	105	109. 5	116. 9	129. 8	136. 7	145. 1	152. 7
合计	850. 3	904. 1	970	1068. 9	1146. 5	1250. 2	1343. 5	1420

国际钢材市场价格的新格局：尽管国际经济面临风险，但随着我国钢材出口的大幅度回落，俄罗斯、乌克兰两个传统钢材出口国国内需求大幅度增加，均超过 20%，国际钢铁市场可能出现供给不足的状况，使国际钢材市场出现价格上涨的走势。主要影响因素是：

（1）世界各主要钢材进口国的钢材库存不足。

（2）全球铁矿石、废钢、焦炭、铁合金价格大幅度上涨。

（3）世界钢材出口贸易量减少。

2008 年上半年我国经济和社会发展良好，主要表现在以下几方面：

（1）GDP 增长 10. 4%（第一产业 3. 5%，第二产业 11. 3%，第三产业 10. 5%）。

（2）CPI 控制在 7. 9%（食品 7. 6%，工业品出厂价 7. 6%，原材料、燃料、动力购进价格 11. 1%）。

（3）PPI 为 7. 6%（原油 35. 9%，煤炭 27. 5%，钢材 29. 3%~49. 1%）。

（4）固定资产投资增长 26. 3%（第一产业 69. 5%，第二产业 26. 6%，第三产业 26. 2%）。

（5）进出口增长 25. 7%（出口 21. 9%，进口 30. 6%）。

主要工业品产量见表 11。

表 11　主要工业品产量

名　称	产　量	增长率/%	名　称	产　量	增长率/%
汽车	534 万辆	17. 6	发电量	16800 亿度	12. 9
船舶	1014 万载重吨	42. 5	冶炼设备	326610 吨	30
洗衣机	1918 万台	18. 1	铁矿石	39137 万吨	25. 8
电冰箱	2557 万台	10. 3	煤炭	125640 万吨	14. 8
大中拖拉机	1298 万辆	40. 4	焦炭	17231 万吨	11. 4

2008 年我国经济面临的形势：

（1）2008 年初国家宏观调控目标为防止经济过热，防止通货膨胀。

（2）近期提出保经济平稳较快发展，控制通货膨胀目标。

（3）国家将重点调整经济结构和转变经济增长方式，提高经济增长的质量和效益。

（4）国家将加强对经济宏观调控的力度。

2008 年 1~6 月我国钢铁生产及进出口情况见表 12~表 16。

表 12 2008 年 1~6 月我国钢铁生产概况

品种	产量/万吨	同比		上年同期回落/%
		数量/万吨	增长率/%	
粗钢	26319	2307	9.60	9.31
生铁	24642	1802	7.90	8.95
钢材	29996	3334	12.50	11.42
焦炭	17231	1766	11.40	
铁合金	956	141	17.40	
铁矿石	39137	8032	25.80	

表 13 2008 年 1~6 月我国钢材进口情况

品种	数量/万吨	同比/%
棒线材	51.5	-8.4
角型材	15.5	-6.6
板材	690	-6.1
管材	50	31.9
铁道用材	4.37	-34.7
合计	825.2	-5.1

表 14 2008 年 1~6 月我国钢材出口情况

品种	数量/万吨	同比/%
棒线材	604	-39
角型材	187.7	-38.9
板材	1303.8	-9.5
管材	421.6	-11.4
铁道用材	25.5	28.8
合计	2691.2	-20.4

表 15 钢铁制造成本大幅度提高

品种	单位成本/元·吨$^{-1}$	上年同期/元·吨$^{-1}$	同比	
			数量/元·吨$^{-1}$	增长/%
生铁	1233	852	380	44
方坯	3451	2217	1233	55

续表 15

品　种	单位成本/元·吨$^{-1}$	上年同期/元·吨$^{-1}$	同　比	
			数量/元·吨$^{-1}$	增长/%
线材	3677	2481	1196	48
螺纹钢	3746	2546	1199	47
中板	3751	2606	1144	44
热轧宽带钢	3307	2724	583	21
冷轧宽带钢	3770	3127	643	20

表 16　2008 年 1~6 月主要钢材品种产量

品　种	产量/万吨	进口量/万吨	出口量/万吨	自给率/%
长材	13438	67	792	105.7
线材	4102	27	241	105.5
钢筋	4740	1.7	65	101
板带材	13789	690	1303	104
彩涂板	168	13	98	202
电工板	230	52	6.9	83.4
镀层板	884	219	158	93.6

钢材价格飙升创历史新高。到 6 月份我国钢材价格比去年年底上涨了 992~2344 元/吨，涨幅达 24.2%~36.1%。其中：6.5mm 普线上涨 1255 元/吨，12mm 钢筋上涨 992 元/吨，6mm 中板上涨 1552 元/吨，1mm 热轧板卷上涨 1335 元/吨，0.5mm 冷轧板卷上涨 1701 元/吨，0.5mm 镀锌板上涨 1843 元/吨，159mm 无缝管上涨 2344 元/吨。国内主要钢材品种价格见表 17 和表 18。

表 17　国内主要钢材品种价格之一

项　目	线材	螺纹钢	中厚板	热轧卷板	镀锌板	无缝管
规格/mm	6.5	12	6	2.75	0.5	159×6
2007 年均价/元·吨$^{-1}$	3690	3743	4931	4379	5896	4999
2006 年均价/元·吨$^{-1}$	3163	3110	4195	3982	5677	5123
增长/元·吨$^{-1}$	527	633	736	397	219	-124
增长幅度/%	16.7	20.4	17.6	9.9	3.9	-2.4

表 18　国内主要钢材品种价格之二

品　种	2007 年 12 月末价格/元·吨$^{-1}$	2008 年 6 月末价格/元·吨$^{-1}$	上　涨	
			数量/元·吨$^{-1}$	幅度/%
6.5mm 普线	4521	5776	1255	27.7
12mm 钢筋	4592	5584	992	21.6

续表 18

品　种	2007 年 12 月末价格/元·吨$^{-1}$	2008 年 6 月末价格/元·吨$^{-1}$	上　涨	
			数量/元·吨$^{-1}$	幅度/%
6mm 中板	5551	7103	1552	27.9
1mm 热轧薄板	5058	6393	1335	26.4
2.75mm 热轧卷	4923	6066	1143	23.2
0.5mm 冷轧薄板	5787	7488	1701	29.4
0.5mm 镀锌板	5920	7763	1843	31.1
159mm 无缝管	5382	7726	2344	43.6
综合价格指数	125.37	161.92	36.55	

汽车、房地产、制罐等用户行业难以承受钢价大幅度上涨的压力：

（1）在汽车用钢中钢板占 50%，各类铸铁件占 20%~30%，钢铁材料价格的大幅度上涨给汽车零部件行业带来很大冲击，已超出其承受能力。

（2）占我国钢材用量近一半的建筑行业，受到资金短缺、钢材价格上涨和房屋销售不畅等多因素影响，房市已处在拐点附近，主要表现是房价下跌、合同撤销率上涨。也进一步抑制了钢材的消费，其对钢材需求将出现回落，将引起整个钢材市场的大动荡。

世界经济正在减速：

（1）2003 年开始的世界经济快速增长，已经持续 5 年保持年 4%以上的增长速度。我国经济已连续 5 年两位数增长。2007 年美国的次贷危机与新兴经济体的高速发展是影响今后世界经济的两大因素。通胀压力在进一步增大。

（2）高价格将导致产能的进一步扩展和下游行业消费需求下滑，最终因供需关系变化，导致价格下跌。钢市价格的拐点在未来不久会出现。综观钢市价格历史不难看出，没有永远上涨的钢市，有涨必有跌。特别是在当前国内外金融形势下，存在着短期内暴跌的可能性。其导火索将是资金短缺、股市房市联合下跌和大量出口的受阻。

全球经济通胀更加严重：

（1）美国的 CPI 6 月为 5.6%，比 5 月上升 1.1%，达 17 年来最大升幅；PPI 达 9.8%，为 27 年来最高。

（2）日本通胀率 1.9%，为 10 年来最高水平。

（3）欧元区 7 月 CPI 同比上升 4.1%，为 16 年来最高。

（4）我国 CPI 6 月为 7.9%，同比上涨 7.1%。

（5）在全世界 190 个国家和地区中，有 50 个国家的通胀率达两位数，主要是新兴经济体，主要表现是物价上涨、经济发展减速。

资源性产品价格态势已成为影响世界经济的重要因素：长期以来，世界资源价格体系被少数财团所垄断，处于一种不合理的状态。价格没有反映资源的稀缺程度、市场的供需关系和环境成本等因素。为保护资源，限产、涨价是重要手段和必然趋势。1980~2008年间，全球石油价格上升3.9倍，铁矿石价格上涨4.9倍，焦煤价格上涨4.4倍。

下半年对钢市走势的主要影响因素：

（1）6月央行再次上调存款准备金率1%，使存款准备金率达17.5%。

（2）2008年开始，我国调整进出口关税，进一步限制高耗能、高污染产品出口。对能耗高、环境污染的产品开征或提高出口关税。钢坯、生铁、螺纹钢、线材、带钢和部分型材加征出口关税到15%，热轧卷保持5%。

（3）2008年9月开始征收焦炭出口关税，税率40%。

我国股市大跌对经济走势的影响不可低估：

（1）股市是一个国家经济情况的晴雨表。

（2）股市自去年10月16日沪指创下6124点历史新高后，到今年8月11日一路下滑，上证指数收报2470点，创2006年来收盘新低，跌幅近60%。钢铁股票也开始下跌。股市跌落的多米诺骨牌效应让人深思。

我国生产价格指数创三年来新高：PPI达7.6%，其中原油出厂价为35.9%，煤炭为27.5%，钢材为29.3%~49.1%。持续高增长的PPI为CPI再次反弹提供了动力。PPI的增速将沿着产业链向下游传递，对产业链下游行业的发展带来更大的成本压力，给控制通胀增加困难。国家加大对工业品价格的监管和调控，是势在必行。

影响我国钢铁发展的因素在增多：

（1）钢铁生产所需的铁矿石、煤炭、运输、铁合金、电力、水等资源更加紧张，难以支持钢铁产能的进一步扩大。

（2）钢铁行业的产业结构矛盾十分突出，包括产品结构、企业结构、产业布局与经济发展的矛盾凸显。

（3）环境压力、环保问题和循环经济的目标差距很大。

（4）企业的自主创新能力和全球市场开拓能力不足。

（5）钢铁产能已处于供大于求阶段，单纯靠大量出口消化过剩产能，是行不通的。

（6）过去长期以来，我国是依靠价值低估的资源、廉价的劳动力形成了我国在国际市场的比较优势，特别是在出口和吸引投资带动下，保持了经济的高速增长。今天这一优势正在丧失，我国经济的发展所需的资源、能源越来越多的依靠进口，这些资源的国际定价权又不掌握在我们手中，再加上国内劳动力价格上升，使我国经济低成本发展时期成为过去，我国经济进入了高成本时代。

钢材由高成本、高价格转化成高风险态势：

(1) 这是由高成本支撑、需求持续强劲拉动所形成的今年全球钢材市场的基本态势，其特征是高成本、高价格、高利润、高风险。

(2) 高成本：铁矿石（321%）、焦煤（582%）、废钢（237%）、铁合金和油价处于历史的最高位，造成钢材生产成本上升了20%~50%，达到历史的最高位。

(3) 高价格：国内钢材的价格总体水平在4500~5500元/吨，这是历史上从来没有过的。

(4) 高利润：钢铁企业的吨材利润增长大大超过去年水平。

(5) 高风险：高成本、高价格的市场在加快演变，其对上游和下游产业的冲击影响作用滞后效应将逐步显现。钢材的这种高价格往下游的传导，对国民经济的影响在加大，通货膨胀的压力将促进政府进一步实施反通货膨胀措施。

(6) 特别是随着铁矿石等原料产能的释放和钢铁产能的进一步扩大，将会引发钢材价格的动荡和走低。特别是当市场处于供大于求时，会将人为炒作抬高的钢材价格水分挤掉，钢材价格将会恢复到合理的价位。

我国钢铁行业联合重组加快：

(1) 由唐钢和邯钢组成的河北钢铁集团公司。

(2) 由济钢和莱钢组成的山东钢铁集团公司。

(3) 由鞍钢和本钢组成的鞍本钢铁集团公司。

(4) 由沙钢和淮钢、永钢组成的沙钢集团公司。

(5) 由江阴兴澄、大冶和石钢组成的中信特钢集团公司。

(6) 由武钢、昆钢柳钢组成的武钢集团公司。

(7) 由宝钢、广钢和韶钢组成的广钢集团公司。

未来世界钢材市场存在不少难以预测的变数：

(1) 世界经济增长失衡。

(2) 原燃料与成品钢材生产成本与利润价格体系扭曲。

(3) 国际钢材贸易增长与世界经济减速。

(4) 世界各国货币汇率变动对钢铁生产的影响。

(5) 钢铁行业与原燃料行业产业集中的博弈。

(6) 钢铁市场在2005年开始出现四大金砖国对钢材的强劲需求引发的高价格态势将持续到2008年的上半年，下半年钢材价格将出现震荡下跌。

(7) 预计2009年开始由于世界经济继续减速，对钢材消费量增长的停滞和铁矿石、钢材产能的大量释放，将导致世界铁矿石和钢材价格双双下跌。

世界铁矿石贸易见表19。

表 19　世界铁矿石贸易　（百万吨）

国家或地区	2006 年	2007 年	2008 年
世界进口总计	765	835	924
欧盟 27 国	170	174	177
日本	134	139	143
中国	326	384	435
韩国	44	44	48
世界出口总计	765	835	924
澳大利亚	247	267	328
巴西	247	269	306
印度	86	93	100
南非	27	32	35

世界冶金焦煤贸易见表 20。

表 20　世界冶金焦煤贸易　（百万吨）

国家或地区	2006 年	2007 年	2008 年
世界冶金焦煤进口	219	229	236
欧盟 27 国	53	55	57
日本	60	64	65
中国	9	10	12
韩国	20	22	22
印度	19	22	25
巴西	12	15	16
世界冶金焦煤出口	219	229	236
澳大利亚	124	138	135
加拿大	25	27	29
美国	25	29	32
俄罗斯	10	13	15

世界人均钢材表观消费见表 21。

表 21　世界人均钢材表观消费　（吨）

国　家	2001 年	2007 年	排　位
世界平均	135. 5	197. 2	
韩国	814	1135. 5	1

续表 21

国 家	2001 年	2007 年	排 位
意大利	520.5	628.2	2
日本	575.2	625.9	3
西班牙	463.9	556.3	4
奥地利	372.1	517.1	5
瑞典	349.8	480.3	6
加拿大	490.5	469.3	7
比利时	506.1	469.1	8
美国	368.3	353.9	9
中国	123.5	307.3	

四、今后路怎样走才能可持续发展——识时务者为俊杰

我国经济总量已经位列世界前茅，但经济的发展模式依然是粗放式，对资源的需求特别庞大，单纯依靠本国资源是根本无法满足需求的，经济发展的多数原料要靠进口。这对世界市场的影响是巨大的，全球资源供求关系因为我国经济的快速发展发生了巨大变化，从过去的供大于求到目前的供不应求，这一基本关系的变化，决定了我国经济需要进行结构调整，才能保证持续发展。

我国经济对外面临次贷危机，对内又接连遭受地震等自然灾害等不利因素的影响，以及煤、铁矿石、石油等资源短缺的制约，通胀压力在加大，经济增速逐步回落，才能保证经济持续稳定地增长。

钢铁及工业行业将面临下游行业需求增速减缓，新一轮的产能释放期，将会出现产能过剩，单纯依靠出口消化过剩产能面临巨大压力，需要通过产业结构调整进行消化。

资源类产品价格上涨难以持续，上游工业品价格的上涨也将回落。

社会的投资将转移到那些具有刚性需求的行业，如银行、能源、制药、食品加工、计算机及电子、运输等。

可持续增长的基本条件：

（1）要有稳定的原料、燃料供应基地。

（2）要有技术装备先进的生产设备和高效的生产管理销售系统，保证低成本经营。

（3）要有一支优秀的技术研发队伍，不断开发出市场需要的高质量产品。

（4）要有长期稳定的市场需求。

转变发展模式，规避经济风险。经济发展模式由以投资国内、出口为主的拉动模式，转变为以走出去扩大国外投资、扩大国内需求和消费为主的发展模式。

企业要加快产业升级，加快从产业链低端向产业链中高端的战略转移。

（1）钢铁企业应从过去的大规模的粗放式规模扩展，转变到集约经营的轨道上来。

（2）钢铁产品应从低档的产品为主，向中高档产品发展。

（3）钢铁企业应大力发展钢材深加工为代表的现代物流业，进一步降低原料燃料和生产物流成本，提高钢材的附加值和利用率。

（4）积极研究钢铁先进技术和工艺，提高企业的核心竞争力，在降低成本上下工夫，特别是降低炼铁以上工序的能源消耗为重点。

（5）大力推进钢材期货市场建设，提高我国对钢材和钢铁原燃料的定价权。

（6）大力研制生产高附加值、高性能钢材，提高钢材的品质效益。

（7）加快建设海内外钢铁原燃料基地。

（8）提高产业集中度，改善产业布局，调整产业结构和产品结构。

（9）发展现代化钢材加工配送中心，提供钢材利用率。

（10）技术装备落后也无资源优势的企业，应尽快退出，另寻新的发展之路，才是明智之举。

第二篇

钢铁市场研究

关于中国钢材品种结构市场需求的变化趋势*

中国的钢铁工业在改革开放政策指引下、国民经济持续高速增长的带动下，近十年来获得了飞速发展。现在中国已成为世界钢铁生产和消费大国。中国的钢铁市场也已从原来的卖方市场转变为了买方市场。

随着21世纪世界经济进一步全球化和中国加入WTO，中国的钢铁工业与国际各国的贸易往来也将会获得更大、更迅速的发展。为加强我国钢铁行业与世界各国的钢铁贸易往来，让世界各国进一步了解中国的钢铁行业和市场，下面着重介绍一下中国的钢材品种结构近年来的变化和今后发展趋势，供各国的同行和贸易界的朋友们参考。

（1）早在新中国成立时，旧中国留下的钢铁工业是一个破烂摊子，当时中国的钢产量仅有几十万吨，位居世界的第26位。经过中国几代钢铁职工几十年的奋斗，特别是通过改革开放，在邓小平理论的指引下，终于在1994年中国的钢产量跃居世界第一，如今中国已成为世界钢铁的生产和消费大国。

中国钢铁工业拥有5000多亿元的固定资产，现已形成的生产能力为：钢1.34亿吨，铁1.2亿吨，材1.38亿吨。中国已建成一批具有世界水平的钢铁联合企业，如宝钢、武钢、鞍钢和首钢等。同时，也应看到中国还有相当一部分钢铁企业工艺落后、能耗高、产品档次低等问题，急需解决。如在炼铁方面，中国约有4000万吨生铁的生产能力是由落后的小高炉提供，这部分的生产能力占全国炼铁总生产能力的33%。中国高炉的寿命平均只有8~10年，工序能耗吨铁标煤比国外要高80~100kg。在炼钢方面，中国还有2700万吨的生产能力来自落后的小炼钢，这部分的生产能力占全国炼钢总能力的20%，中国炼钢的精炼比只有21%，连铸比才达到81.4%。在轧钢方面，还有近3200万吨的落后工艺设备在使用，所产的钢材存在结构不合理、产品档次低等问题。

现在中国共有1400多家钢铁企业，钢产量超过600万吨的企业只有5家，钢产量超过50万吨的只有44家，与国际钢铁企业相比，中国的钢铁企业是数量多、规模小、专业化生产程度低，其整体反映是中国钢铁工业的产业集中度低。

（2）在钢材的生产品种上，板管比低，到目前为止仅达到42%，而国外发

---

* 本文写于2000年，是为《冶金经济内参》撰写的专题报告。

达国家为60%以上。热轧产品转化为冷轧产品的比例为22%，而国外发达国家为80%。国民经济各部门所需的高质量、高附加值的钢材品种自给率还不高，主要是冷轧板、不锈板、家电板、轿车板、硅钢等。

综上所述，在中国的钢产量突破1亿吨后，对钢铁行业进行结构调整是中国钢铁工业发展必然的战略性选择。中国钢铁工业的结构调整是与中国国民经济各部门的结构调整同步进行的。从1996年开始，为搞好钢铁工业的结构调整，整个钢铁工业的工作重点从过去的注重产量、规模转移到注重品种、质量和效益上来。通过结构调整，加强了钢铁企业技术改造、技术进步的步伐。在过去的几年里，重点抓了五个方面的结构调整和优化，特别是在工艺结构和产品结构的调整方面取得了突破性进展。通过对钢铁工业区域结构和企业组织结构的调整，初步改善了钢铁工业的布局，提高了钢铁工业的产业集中度，组成了宝钢集团、鞍钢集团，其中宝钢集团位列世界产钢第7名。通过对钢铁工业的工艺结构调整和人员结构的优化，进一步淘汰了落后工艺设备，精干了生产主体，推广了连铸连轧等先进工艺技术，使中国钢铁工业的技术经济指标近年来有了较大提高。到2000年上半年，中国钢铁工业的连铸比已达到81.42%，全行业的劳动生产率近50吨/(人·年)，能耗也进一步降低。通过对钢铁工业的产品结构调整，提高了钢材产品档次和高附加值产品的比重，板管比达到了42%，高附加值钢材品种的产量和质量进一步提高。

一、中国钢材的消费市场

随着中国国民经济的高速发展，特别是近十年来家电行业、机电行业、轿车行业、建筑业和运输行业的崛起，中国的钢材消费量也在急剧增加，从1994年开始连续6年突破1亿吨，成为世界钢材的消费大国。

由于中国的钢铁工业底子薄、基础差，钢铁工业的发展滞后于钢铁消费，造成在很长时间里，在中国钢材一直是紧俏商品。在此基础上，加上中国的国民经济以每年7%以上的速度发展，国家加大了对基本建设的投资，以彩电、冰箱、空调为代表的轻工产品产量的增加，以国产轿车为代表的机电工业的发展，以三资企业为代表的高技术、高附加值产品和以住房为代表的人民生活的改善，都对钢材品种的质量和性能提出了更高的要求。由于钢铁工业还一时无法满足这些要求，造成从1994年开始，中国的钢材进口量一直在1000万吨以上。1996年中国的钢产量突破1亿吨后，钢铁市场又出现了阶段性、结构性的生产过剩，这主要表现在以线材、小型材、焊管为代表的普通钢材出现了供大于求，而以薄板、不锈板、镀锌板、镀锡板、家电板、轿车板等为代表的高性能、高附加值钢材品种还不能满足国民经济各部门发展需要的局面。

近十年的钢材消费量是逐年增加的，从1990年的5177万吨，增加到1999

年的11957万吨，年均增加678万吨，年均增长率为9.1%，这十年是中国钢材消费增长最快的时期，其中：

（1）板带材的消费量1990年为1534万吨，1999年的消费量是4736万吨。在板带材的消费中：

1）中厚板的消费呈下降趋势，由1990年的12.45%下降到1999年的11.51%。

2）薄板和带材的消费在板带材中是最大的，这十年来一直呈增长趋势，在1990~1995年期间其消费比基本在16%~17%之间，进入“九五”后，由于中国的家电、汽车、轻工和集装箱运输的发展，带动了薄板和带钢的消费进一步增长，使其构成比达到23.5%~24%。

3）硅钢的消费量，1990年是68万吨，1995年达到114万吨，1997年是133万吨，1999年是145万吨，也是逐年上升。

（2）钢管的消费量，从1990年的481万吨到1999年的913.3万吨，消费量在增加，但构成比在降低，由1990年的9.19%，减少到1999年的6.9%。

（3）小型材的消费量在中国是最大的，其消费的结构占比1990年是22%，1995年是28.5%，1999年是24%。

（4）线材的消费量在1990年后快速增长，在“八五”期间波动在17%~19%之间，“九五”期间波动在19.2%~19.7%之间，1999年消费量达到2607万吨。

综上所述，中国近十年钢材的消费结构比为：型材占55%~60%，板带材占28%~35%，管材占6%~10%。从1990年到现在，中国的钢材消费结构发生了很大的变化，大型材的消费比重从1990年的1.76%下降到目前的0.9%，优型材的比重从9.2%下降到5.6%，中板的消费比重从12.4%下降到目前的10.5%，而薄板的消费比重从1990年的12.5%上升到现在的18.4%，薄板的消费量增加了3.24倍。

二、十年来中国钢材生产品种结构的变化情况

从1990~1999年这十年来，中国钢铁行业加强了技术改造和技术进步的步伐，建设了一批高速线材轧机、连续式小型和棒材轧机、热连轧机等具有国际先进水平的工艺和设备，对于改善中国钢铁工业的结构发挥了重要的作用。

板带材总产量及其构成比：包括中厚板、薄板、窄带钢和硅钢在内的板带材产量由1990年的1472万吨，提高到1999年的3847万吨。1990年板带比只有28.6%，1999年达到了32.17%，十年提高了3.5个百分点，可以看出板带比增加的速度是缓慢的。其中：

（1）中厚板和特厚板产量1990年为683.9万吨，1999年提高到1425.37万

吨，其构成比波动在 11%~13%。

（2）薄板及带钢的产量 1990 年为 552. 4 万吨，1999 年为 2333 万吨，构成比从 14%提高到 19%。

（3）硅钢片的产量 1990 年是 67. 3 万吨，1999 年是 88. 8 万吨，构成比波动在 0. 73%~1. 32%。

（4）钢管的产量 1990 年是 432 万吨，1999 年为 796. 5 万吨，构成比由 8. 38%下降到 6. 64%。

（5）小型材和线材是中国钢材品种中产量最大的。其中：小型材的产量 1990 年是 1218 万吨，1999 年是 3141 万吨，其构成比从 23. 65%上升到 26. 26%；线材的产量 1990 年为 998 万吨，1999 年为 2594 万吨，构成比从 19. 4%上升到 21. 69%。

（6）特殊钢钢材的产量十年来在 456 万~666 万吨之间，构成比在 8. 86%~5. 56%间波动。

三、十年来中国钢材进口结构的变化

由于中国的钢铁生产发展落后于消费要求，特别是生产的板管比落后于消费的板管比的情况下，为满足国民经济各部门的发展需要，从 1993 年开始，每年不得不进口 1000 万吨的钢材。这十年共进口钢材达 13188 万吨。进口的钢材品种结构也发生了很大的变化。如板带材，在 1990 年时仅占进口量的 53%，1995 年达到 54. 3%，1996 年为 65. 5%，1997 年为 68. 3%，1998 年为 67. 3%，1999 年为 81. 4%。在板带材中主要是薄板的进口量在逐年激增，从 1990 年的 113 万吨，增加到 1998 年的 1210 万吨。薄板在进口钢材中的比重从 1990 年的 30. 7%，增加到 1999 年的 70. 86%。而型线材的比重在逐年减少，1990 年为 24. 4%，1993 年为 41. 8%，1995 年为 39%，1996 年为 30. 2%，1997 年为 26. 5%，1998 年为 24. 9%，1999 年为 12. 8%。

关于我国金属制品市场需求与新产品开发的建议*

一、我国使用硬线为原料的金属制品品种

硬线主要用于生产各种金属制品，包括钢丝、钢绞线和钢丝绳三大类金属制品。各类制品的具体品种如下：

(1) 钢丝，主要有镀锌钢丝、弹簧钢丝、轮胎钢丝、预应力钢丝和幅条钢丝等。

(2) 钢绞线，主要有镀锌钢绞线、预应力钢绞线等。

(3) 钢丝绳，主要有航空钢绳、矿井钢绳、钻井钢绳、提升钢绳、电铲钢绳等。

二、我国还不能满足市场需要的高碳金属制品品种

目前，我国还不能满足市场需要的高碳金属制品品种主要是轮胎钢帘线、轮胎钢丝、高级弹簧钢丝、不锈钢丝、低松弛预应力钢丝和钢绞线。下面就这几个品种对原料要求的情况简介如下。

(1) 轮胎钢帘线：简称钢帘线，是用于制作汽车子午线轮胎胎体、带束层和胎圈布的补强材料。随着汽车工业的飞速发展，特别是汽车车速的提高，要求轮胎重量轻，抗冲击性能好，与地面的附着力强，子午线轮胎就是符合这种要求的无内胆汽车轮胎。子午线轮胎所用钢帘线的品种可分为卡车及大轿车用钢帘线、小轿车用钢帘线，其性能参数见表1。

表1　子午线轮胎钢帘线性能参数

项　目		卡车或大轿车		小轿车	
帘线种类		(1×3+6)+1	(1×4+6×4)+1	3×3	4×4
帘线直径/mm		1.2	1.2	0.77	0.71
帘线强度/MPa		1750	1750	560	510
帘线重量/g·mm^{-1}		160	183	546	585
帘线心部钢丝	直径/mm	0.2	0.18	0.18	0.15
	强度/MPa	2550~2850	2550~2900	2550~2900	2600~2950

* 本文写于1998年，是为宝钢技术中心讲课撰写的教材。

钢帘线是采用直径 5~5.5mm 的高碳线材，先拉拔成直径 0.15~0.38mm 的钢丝，再经捻股后制成帘线。它所用的高碳线材钢种为 70~82 号优碳钢（日本已开发出更高牌号的碳钢用于生产钢帘线）。

（2）轮胎钢丝：轮胎钢丝是作为轮胎的边缘金属箍架，其规格为直径 0.96~1.65mm，为提高与橡胶的握裹力，要求轮胎钢丝的表面镀铜。其使用的原料是直径 5.5~6.5mm 的线材，钢种是 70 号优碳钢。

（3）高级弹簧钢丝：高级弹簧钢丝主要有轿车用悬架簧钢丝、发动机阀门钢丝。所用钢种多为优碳钢或合金钢。悬架簧钢丝要求钢丝的表面脱碳层小于直径的 0.5%，表面要经磨光无缺陷交货，对疲劳寿命要求高。所用线材的规格为直径 9~18mm，钢种是 50CrV、50C4 和 SAE9260。悬架簧是用高质量的线材经卷簧、淬火和回火等工序制成的。

（4）阀门钢丝：其钢种有 50CrV4、SWOSCV 和 68CV2 等，其表面不得有裂纹、凹坑、划伤等缺陷，脱碳层深度要小于 0.025mm，其规格为直径 2.5~4.76mm，并要求钢丝具有高的耐疲劳寿命。我国轿车发动机所用的阀门钢丝规格如表 2 所示。

表 2　阀门钢丝规格

车　型	钢种牌号	规格直径/mm
红旗	50CrV4	4.71~4.76
桑塔纳	TLVW170	2.5~3.6
富康	68CV2	2.5~4.0
标致	55SC7	2.5~4.5
奥迪	50CRV4	4.7~4.76
夏利	SWOSC-V	4.0
切诺基	SAEJ132、50CRVA	

（5）预应力钢丝和钢绞线：预应力钢丝和钢绞线是作为水泥制品的骨架材料，它可以提高水泥制品的强度、韧性，现已广泛应用于制作水泥制品，如桥梁、铁路轨枕、管道等；又大量应用于制作大跨度的悬索桥等现代化建筑上。预应力钢丝和钢绞线所用原料是直径 8~14mm 的线材，钢种为 80~82 号高碳硬线。

三、我国线材生产和消费现状

（一）总的情况

到 1997 年，我国共有高线轧机 34 台，高线生产线 41 条，高线的生产能力已达 1300 万吨。我国线材总的生产能力达 2100 万吨，产量已达到 1687 万吨/年，居世界第一，线材产量占我国钢材总产量的近 20%。但是，应指出的是我国优质线材的产量和性能还不能满足国民经济各部门的需要，尤其是在线材性能上我国与外国还有很大差距。每年我们还要从日本等国进口一些优质线材。

我国主要高碳硬线生产厂有首钢、马钢、唐钢、宝钢、天津、包钢等。

（二）线材的消费情况

线材的主要消费用户是建筑行业、金属制品行业、机械行业、汽车行业等。线材按钢种可分为普碳钢、优碳钢和合金钢三大类。普碳钢线材主要用于建筑及生产低碳的金属制品，这类每年全国消费量 900 万～1000 万吨，所用钢种为 Q195～Q255，线材的规格为直径 6. 5～8mm。

优碳钢及合金钢线材基本用于金属制品的生产。优碳钢线材的用户又可分为低碳钢和高碳钢制品两类。低碳钢线材主要是生产焊丝、标准件、焊条材料，使用的线材规格直径为 5. 5～6. 5mm，钢种为 H08A、H08B 两种。我国每年消费焊条线材约 60 万吨。标准件使用的线材规格为直径 5. 5～16mm，钢种是 ML15，每年我国消费量为 50 万～55 万吨。

中高碳的线材每年消费量 130 万～140 万吨，其中制绳消费线材 42 万吨，钢帘线消费线材 3 万～5 万吨，轮胎钢丝消费线材 9 万～10 万吨，钢绞线消费线材 32 万～35 万吨，各种钢丝消费线材 40 万～45 万吨。

四、我国今后金属制品对线材的需求预测

（一）轮胎钢丝

1997 年我国生产了汽车轮胎 6060 万条，手推车外胎 1163 万条，自行车外胎 1592 万条，摩托车外胎 1503 万条。其中子午线轮胎为 1283 万条。

规划 2000 年汽车轮胎的产量为 8500 万条，其中子午线轮胎产量为 3000 万条，预计需要消费轮胎钢丝 8 万～9 万吨。

规划 2005 年汽车轮胎的产量为 1 亿条，其中子午线轮胎产量为 4500 万条，需要消费轮胎钢丝 10 万～12 万吨。

我国现有近 40 个轮胎钢丝生产厂，已建成 37 条生产线，生产能力为 11 万吨。

（二）轮胎钢帘线

1997 年我国子午线轮胎产量为 1283 万条，消费钢帘线 4 万吨，而当年我国的钢帘线产量仅 0. 9 万吨，其余靠进口。

根据预测，2000 年我国的子午线轮胎产量为 3000 万条，约需要钢帘线 10 万吨。

2005 年我国的子午线轮胎的产量将达到 4500 万吨，这时候需要钢帘线 12 万吨。

我国的钢帘线生产企业已有6家，生产能力仅为3万吨，预计2000年将形成5万吨生产能力。这样，2000年国内钢帘线所用线材量约5万吨，2005年为8万吨。

（三）低松弛预应力钢丝和钢绞线

1997年我国的低松弛预应力钢丝和钢绞线的产量是37万吨，其中钢绞线产量为18万吨，钢丝产量为19万吨。目前，国内年消费量是37万吨。

我国已建成投产的钢绞线生产线16条，生产能力是29万吨。已建成的预应力钢丝生产线10条，生产能力是10万吨。已建成的钢绞线的生产线16条，生产能力38万吨。

预计，2000~2005年我国的低松弛预应力钢丝用线材的年消费量将达到15万吨，钢绞线用线材的年消费量将达到40万吨左右。

（四）不锈钢丝

1997年我国不锈钢丝消费量是2.3万吨。我国现有18家不锈钢丝生产企业，以江阴钢绳厂和秦皇岛日本不锈钢公司为最大，年产量均在6000t以上，而其他厂年产量仅500t左右。预计，2000年我国不锈钢丝用线材的年消费为5万吨，2005年可达到8万吨。

（五）高级弹簧钢丝

（1）轿车用悬架弹簧钢丝的需求量：轿车用的悬架弹簧主要生产厂是大连钢厂和上钢五厂，其余靠从国外进口。预计2000年需要量为1.7万吨。

（2）阀门弹簧钢丝：由于是供给轿车用，质量要求高，特别是对钢的纯净度、表面质量、尺寸精度要求高，国内目前生产还不过关，现主要靠进口。预计2000年轿车用需要3000t。

考虑铁路、机械等行业的需要，2000年我国对高级弹簧钢丝用线材需求量为3万吨，2005年为5.5万吨。

五、钢帘线及所用线材的生产工艺

（一）钢帘线生产工艺（以日本为例）

钢帘线一般是采用直径为5~5.5mm的高碳硬线为原料，经过多道次拉拔而成。

高碳线材的钢号为KSC70，成分为C 0.68%~0.73%、Si 0.15%~0.30%、Mn 0.40%~0.65%、P≤0.020%、S≤0.020%、Cu≤0.05%、Ni≤0.05%、Cr≤0.05%。

钢帘线生产工艺：ϕ5~5.5mm线材→粗拉拔成ϕ2.6~3mm钢丝→退火处

理→中拉拔成 ϕ1.6~0.8mm 钢丝→退火处理→镀铜处理→拉拔成 ϕ0.4~0.15mm 细钢丝→捻股成钢帘线。

（二）生产钢帘线所用线材的生产工艺

高炉铁水→H 炉预脱磷和硫→转炉冶炼→DH 脱气→ASEA—SKF 精炼→连铸成 380mm×430mm 连铸坯→初轧机轧制成 155mm×155mm 钢坯→在线磁粉和超声波检查及修磨→步进炉加热→20 架平立交替轧机组成的粗轧、中轧和预精轧轧制后，在 8 架 45°无扭精轧机上轧成 ϕ5~5.5mm 线材→穿水冷却→吐丝机成卷→散卷冷却（延时冷却）→取样检验→打捆→发货。

六、影响钢帘线质量的主要问题

（一）造成在钢帘线制造过程中断丝的原因

通过对在细线拉拔和捻股中出现的断丝断口的分析（借助扫描电镜和电子探针）发现引起断丝的原因有如下几种：

（1）不变形夹杂物，主要是氧化铝及铝酸盐；

（2）碳化钨和钴，来自轧辊和拉丝模；

（3）山形裂纹，产生于拉拔过程中；

（4）折叠等其他缺陷，产生于轧制过程。

（二）不变形夹杂物的组成和来源

不变形夹杂物主要分为两类：一类为氧化铝，另一类为铝酸盐。这两类夹杂物又可分为冶炼过程中生成的夹杂物与外来夹杂物两种。

冶炼过程中生成的夹杂物主要来源于：脱氧产物、二次氧化物、生铁中夹杂。

外来夹杂物主要来源于：钢渣、耐火材料、铁合金中夹杂。

（三）减少夹杂物的措施

对来自冶炼过程中的夹杂物，通过如下办法改进炼钢工艺加以控制：控制吹氧量；脱氧剂的选择；控制真空脱气质量；改进中间罐的熔池深度和挡渣墙的高度；在结晶器外设置电磁搅拌；在连铸过程中采用气体保护。对来自外部的夹杂物则要通过如下办法控制：采取措施防止钢渣混入钢液中；改进耐火材料；改进中间包的熔池深度和挡渣墙的高度；在结晶器外设置电磁搅拌装置。

七、对开发钢帘线用线材的建议

钢帘线用线材生产难度大，钢质纯净度要求高，其表面及内部质量是线材所有品种中要求最严格的，世界上只有少数几个国家能够生产。其中以日本的神户制钢质量最好，为了控制世界市场，神户制钢将其开发的钢帘线用线材生产技术严格保密，使其在近20年期间一直是世界钢帘线用线材的主要供应商。

钢帘线的生产是一个系统工程，它包括冶炼、连铸、开坯、轧制、拔丝、捻股等工序。为确保钢帘线的质量，首先从原料开始，就必须严格贯彻精料方针，其冶炼所用的铁水或废钢，必须经过处理或优选后才能入炉冶炼。在冶炼过程中，要有特殊措施控制钢水中的夹杂物含量，主要是氧化铝和铝酸盐的含量。为此，在冶炼中必须经精炼、真空脱气处理，同时还要有防止钢液在浇铸中二次氧化和产生中心偏析的措施。在轧制中要贯彻无缺陷钢坯、无氧化加热、无缺陷轧制和控温控冷等措施。在拔丝和捻股的工序中要实现精加工。在拉拔前要对线材表面进行严格处理，保证供拉拔的线材表面无缺陷。在粗拉、中拉和精拉中要合理设计每道次的断面减缩量和拉丝模的锥度，还要制定合理的热处理工艺和选择被模介质。只有这样，才能保证生产的钢帘线质量。

根据上述工艺要求，欲生产钢帘线的企业要具备如下设备条件：

（1）炼钢方面：无论是采用转炉还是采用电炉冶炼，均需有精炼、真空脱气和连铸设备。同时还要有电磁搅拌、缓冷、钢坯表面及内部探伤和修磨设备。

（2）轧钢方面：必须有可控炉内气氛的步进式加热炉、全线无扭无张力的高精度钢坯和线材轧机、控制冷却设备以及钢坯探伤和修磨设备。

根据市场需求预测情况看，钢帘线所用线材的国内市场需求量在2000年和2005年分别为5万吨和8万吨。数量不大，但生产难度大。

国内钢帘线生产的主要企业宝钢、武钢等单位具有设备，工艺和技术方面的优势，是今后的主要生产企业。我国一些地方钢厂的线材厂设备和工艺条件相对落后，其是否具备生产钢帘线用钢丝的条件，还需对其设备和工艺进行考察。

综上所述，根据钢帘线的生产工艺、市场、竞争对手和合作伙伴的情况分析如下：

（1）钢帘线用线材的市场需要量不大，年消费量为8万吨，其规格为ϕ5.0~5.5mm，钢种为70~82号优碳钢。轮胎钢丝年消费线材量为10万吨，钢号为70号，所用线材规格是ϕ5.5~6.5mm。而低松弛预应力钢丝和钢绞线用线材市场需要量大，年需要量为45万吨，其规格为ϕ8~14mm，钢种为80~82号优质碳钢。三者在钢种上可以共用，这样可以减少我们开发钢帘线的投资，又扩大了我们的市场。为此建议：把开发钢帘线用钢坯改为开发优质高碳金属制品用钢坯。

（2）钢帘线的开发难度大，需要做很多的实验研究工作，另外我们的实验设备不足，还需和有关单位合作，这些合作单位包括贝卡尔特公司等用户，大家共同成立一个开发组，合作进行此项工作。

关于我国镀锌板生产与市场需求的研究*

一、我国近年来镀锌板的消费情况

从表1可以看出：我国镀锌板的年消费量在20世纪90年代初期是50万~100万吨，从1995年开始我国镀锌板年消费量急剧增加，从1995年的142.4万吨增加到2000年的392.9万吨。在短短的5年中消费量增加了2.76倍。而我国的镀锌板生产量在这期间仅增加了2.55倍。为满足国民经济各部门对镀锌板的需求，我国不得不从国外进口大量的镀锌板，据统计，从1995年到2000年我国每年进口的镀锌板量在81万吨到216万吨。为何我国的镀锌板消费增长如此之快，这主要是在“九五”计划期间，我国的国民经济一直持续增长，特别是我国的建筑业、家电业、汽车、轻工业、农业等行业的旺盛需求，极大地推动了我国镀锌板市场的发展。

表1　我国1990~2006年镀锌板的表观消费量　（万吨）

年份	产量	进口量	出口量	国内市场表观需求量
1990	23.5	17		40.5
1991	26.1	20		46.1
1992	39.7	72		111.7
1993	50	51.5	1	100.5
1994	45.6	32	3.78	73.82
1995	72.7	81	11.3	142.4
1996	77.63	79.62	7.4	149.85
1997	73.1	87.9	10.2	171.2
1998	80.7	104	3	187.7
1999	160	151	3.95	307.05
2000	185.7	216.6	9.4	392.9
2006	416.5			532

* 本文写于2002年，是为行业召开的镀锌板专业会议撰写的讲稿。

二、我国消费镀锌板的主要行业

（1）家电业：我国已成为世界家电大国，我国的电冰箱、洗衣机、空调机的产量分别占到了世界的16%、24%和30%。家电用钢的国产化比例是50%。家电用钢进口比例为：冷板50%；热镀锌板10%，主要是0.3mm；电镀锌板30%；表面质量要求高的彩涂板主要靠进口。

（2）汽车行业：我国的汽车行业正处于高速发展阶段，特别是轿车发展迅速。1999年我国生产轿车56.4万辆，消耗钢板35.7万吨。预计2006年我国的轿车产量将达到133万辆，需要钢板84万吨。目前我国轿车用钢的进口比例是：冷轧板35%~40%，主要是05板和IF钢；热镀锌板95%；电镀锌板98%。

应当指出：我国目前能供应轿车和家电用钢的主要厂家是宝钢和武钢，但其产品可供规格、表面质量、性能等方面均存在差距。宝钢三期工程建成投产后，可以提供电炉钢100万吨，钢材291万吨，其中镀锡板40万吨、高牌号的冷轧硅钢片7.5万吨、热镀锌板35万吨、电镀锌板25万吨，这包括部分高级轿车用镀锌板和电冰箱等家电用的面板。宝钢三期的投产，填补了国内市场的空白，如轿车的钢板长期是靠进口，宝钢的1550mm轧机生产的05板，使宝钢具备了向上海大众桑塔纳的整车供板能力。

还需指出：宝钢1550mm机组的投产，使我国生产家电用钢、轿车用钢的能力大大提高，缩小了与日本、韩国的差距，但仅靠宝钢、武钢的几条机组生产，仍不能满足我国家电、轿车行业的用钢需求，还必须建设新的高水平镀锌板生产线。

三、我国镀锌板生产现状、发展前景和存在的主要问题

（一）我国镀锌板生产现状

我国现有镀锌板生产线23条，其中电镀锌线2条，生产能力258.5万吨。1999年产镀锌板161.5万吨，2000年产镀锌板185.6万吨。预计到2006年，我国的镀锌板产能可达到416.5万吨，这时候我国在镀锌板的市场中还有约115万吨的发展空间。

现有的镀锌板生产线，除宝钢新投产的尚需一定时间进行设备调试外，其余已全部达产。在建还有7条镀锌板（带）生产线，这部分的产能为162万吨，大部分可在2005年前后建成投产。

表2为我国的镀锌板生产企业概况。

表2　我国的镀锌板生产企业概况　（万吨）

企业名称	投产年份	设计能力	1999年产量	2006年产量
武钢	1979	15	17.55	25
宝钢1热镀锌	1990	36.5	18.75	36.5
宝钢1电镀锌	1990	15	16.3	15
宝钢2热镀锌	2000	35		35
宝钢2电镀锌	2000	25		25
南方1热镀	1994	10	11	10
南方2热镀	在建	20		20
本钢热镀	1996	20	18.2	20
攀钢热镀	1997	15	19	15
黄石	1996	8	7	8
大连	1997	10	10	10
张家港	1998	10	10	10
顺德	1998	10	10	10
佛山	1997	10	10	10
韩江	1998	10	10	10
凯冠	1999	15	3.7	15
鞍钢冷轧	在建	35		35
无锡	在建	20		20
天津	在建	15		15
邯郸	在建	30		30
鄂州	在建	25		25
其他	在建	17		17
合　计		406.5	161.5	416.5

（二）我国镀锌板生产发展前景

镀锌板具有良好的防止钢材腐蚀能力、美化产品外观、减轻产品自重、有利于加工等优点，使其获得广泛应用。现在世界镀锌板的生产能力为1亿吨/年，占世界钢材总产量的12%~15%。目前世界上主要镀锌板生产国及地区有日本、美国和欧共体。我国镀锌板的生产起步较晚，在1990年后发展较快，总体水平不高，产量不大，我国的镀锌板产量仅占我国钢材产量的1.3%~1.5%，与发达国家有很大差距。如按日本12%比例计算，我国镀锌板的最终规模产量应达到1200万~1500万吨，而根据我国“十五”计划安排，到2006年我国镀锌板的产能也才达到416万吨，与目前预测的国内表观消费量532万吨，还有100多万吨的市场发展空间，如按国际发达国家的水平，我国镀锌板的市场空间至少还有500万吨以上，所以说在我国发展镀锌板前景良好。

（三）目前我国镀锌板生产存在的主要问题

（1）现有大部分机组单套产能小。我国的镀锌机组设计能力除宝钢外均在20万吨/年以下，平均只有11万吨/年，与国际上高产能的发展不符。

（2）我国现有机组大多属于建材性镀锌机组，缺少生产高质量镀锌板的先进机组。现有这些机组主要生产建材用镀锌板和少量低水平的家电用镀锌板，还不能生产轿车镀锌板；只有刚刚投产的宝钢1550mm冷轧厂的镀锌机组可以生产轿车用镀锌板。

（3）我国现有的镀锌机组大多数仅能生产普通镀锌板。而现在国外早已大量推广应用锌合金镀层板，如锌铁、锌铝、锌镍等合金镀层板。我国目前只有宝钢和武钢能生产锌铁合金镀层板。

（4）我国镀锌机组的原料供应还不能100%采用国产基板，有30%的机组原料靠进口。

（5）我国镀锌板机组地域分布不合理，目前主要集中在华东、中南和东北地区，华北、西北和西南地区（仅攀钢有）还没有宽带钢连续镀锌机组。

四、我国市场对镀锌板的消费需求结构

（1）我国市场对镀锌板的需求是多层次的。从规格看，轻工业所需的镀锌板厚度为0.25~1.5mm，以0.3~0.8mm居多，宽度为650~1250mm。建筑、交通、能源等行业所需镀锌板是厚度0.35~6mm，以0.35~1.5mm居多，宽度1000~1250mm。汽车工业所需镀锌板厚度0.5~3mm，以0.7~1.5mm居多，最大宽度为1950mm。

（2）根据我国汽车工业规划纲要我国未来对汽车板的需求情况是：

1）到2005年我国轿车产量为228万辆，需要钢板218万吨，其中热镀锌板50万吨，电镀锌板12万吨。

2）到2010年我国的汽车产量将达到600万辆，其中轿车400万辆，共需钢板410万吨，其中镀层钢板132.5万吨，热镀锌板88万吨，电镀锌板44.5万吨。

五、我国目前还不能生产的轿车用镀锌板种类

（1）单面热镀锌板：厚度为0.7~1.5mm；基板厚度公差（以1200mm板为例）为（0.8±0.055）mm；锌附着量为45g/m^2、50g/m^2、70g/m^2、100g/m^2、150g/m^2、200g/m^2；锌层种类有小锌花、光整锌花、合金化镀层（Zn-Ni、Zn-Fe）；抗张强度为260MPa、300MPa、340MPa、380MPa、420MPa、460MPa、500MPa、540MPa；深冲性能为ZF、HF、F、Z级。

（2）双面热镀锌板：厚度为0.5mm、0.65mm、0.7mm、0.75mm、0.8mm、

0.9mm、1.0mm、1.2mm、1.4mm、1.5mm、1.6mm、1.8mm、2.0mm、2.3mm、2.5mm、3.0mm；公差同单面热镀锌板；宽度 600～1950mm；锌附着量为 $80g/m^2$、$90g/m^2$、$100g/m^2$、$120g/m^2$、$130g/m^2$、$140g/m^2$、$180g/m^2$、$200g/m^2$、$225g/m^2$、$275g/m^2$、$350g/m^2$、$450g/m^2$；锌层种类有普通锌花、小锌花、合金化镀层（Zn-Ni、Zn-Fe）；抗张强度为 260MPa、300MPa、340MPa、380MPa、420MPa、460MPa、500MPa、540MPa；深冲性能为 ZF、HF 级。

（3）单面电镀锌钢板：厚度为 0.6～2.0mm；基板厚度公差同前；板宽度为 600～1550mm；锌附着量为 50～$70g/m^2$、70～$90g/m^2$、90～$110g/m^2$；锌层种类有无锌花、合金化镀层（Zn-Ni）；镀后铬酸盐黄色钝化处理；抗张强度为 260MPa、300MPa、340MPa、380MPa、420MPa、440MPa、460MPa、500MPa、540MPa。深冲性能为 ZF 级。

（4）双面电镀锌钢板：厚度为 0.6mm、0.65mm、0.7mm、0.8mm、0.9mm、0.95mm、1.0mm、1.1mm、1.2mm、1.5mm、1.6mm、2.0mm；基板厚度公差同前；宽度为 760～1825mm；锌附着量为每面 20～$50g/m^2$、50～$70g/m^2$、70～$110g/m^2$；锌层种类有合金化镀层（Zn-Ni），镀层含 Ni 10%～15%；抗张强度为 260MPa、300MPa、340MPa、380MPa、420MPa、460MPa、500MPa、540MPa。

六、近年我国国产与进口镀锌板的价格情况

近年我国国产与进口镀锌板的价格情况见表 3。

表 3　近年我国国产与进口镀锌板的价格情况

年　份	进口价格/美元·吨$^{-1}$	国产价格/元·吨$^{-1}$
1998	539.98	
1999	488.5（其中：电镀 499.68，热镀 468.6）	
2000	502.87（其中：电镀 480.69，热镀 463.6）	5100～5300

从表 3 可以看出：

（1）我国这几年进口镀锌板的价格是呈下降趋势。

（2）进口镀锌板在国内的销售价格一般比国产镀锌板低。如以 2000 年平均进口镀锌板的价格与国产镀锌板比较，进口镀锌板折合人民币价格为：

$$502.87\ 美元/吨 \times 8.27\ 元/美元 \times (1 + 17\%) = 4865\ 元/吨$$

而国产镀锌板的价格在 5100～5300 元/吨，这样看进口板比国产板价格要便宜 235～435 元/吨。

七、我国汽车用镀锌板生产面临的挑战

（1）我国周边国家和地区的镀锌板生产能力大于国内需求，向中国出口是

这些国家和地区的基本战略，我国的镀锌板市场面临来自日本、韩国和中国台湾的冲击。

从20世纪80年代开始，汽车工业的迅速发展促进了世界镀锌板的生产。据统计，现在世界镀锌板的年生产能力为1亿吨，主要分布在日本、美国和欧共体。为满足汽车工业对镀锌板高的质量要求，在20世纪后期，世界又建成投产了20余套先进高产电镀锌机组，开发了电镀锌生产新技术和新工艺，使世界电镀锌板的生产能力超过2000万吨/年。热镀锌机组产能在30万吨/年的又投产了40余套，使其生产能力达到8000万吨/年。国外镀锌板的生产主要集中在日本、美国和欧共体，日本、美国的产量各为1500万吨，欧共体为2000万吨。美国和日本是世界镀锌板产量最多和质量最好的，特别是日本的新日铁、川崎制铁、日本钢管、住友、神户和日新等几大钢铁公司都具有相当规模的镀锌板生产能力和专用技术，不仅品种多，而且质量上乘、服务好，在用户中享有很高的信誉。日本的镀锌板产能大，其国内用75%，其余25%出口，即每年出口能力在375万吨之多。日本镀锌板的出口能力是对我国市场的最大威胁。其次是韩国，韩国的镀锌板生产虽然起步晚，但发展快，其生产能力已达近400万吨，其国内消费量为280万吨左右，其余出口。这几年浦项除大量向我国出口镀锌板之外，还向东南亚和北美市场进军。

（2）在我国加入WTO后，镀锌板的市场竞争会进一步加剧，这种竞争不仅表现在价格上，而且反映在技术质量上。竞争主要来自日本、韩国和中国台湾。宝钢1550mm冷轧线投产后，我国在镀锌板生产技术等方面仍与新日铁等企业有很大差距，主要表现在生产能力、产品品种、生产技术等诸方面。如生产能力新日铁为420万吨/年，宝钢为110万吨/年；产品品种上，新日铁能生产热镀铝钢板、电镀Zn-Fe和Zn-Ni合金钢板，宝钢不能生产。新日铁有镀锌板的专利技术，50年的生产经验和30年的技术与设备输出历史，而宝钢在这方面还处于幼稚阶段。

（3）关于新上镀锌板生产线后，是否会出现汽车板过剩问题。原预测到2005年汽车板需要量为55万吨，当时的预测是按我国汽车工业发展纲要的规划数据，即到2005年我国的轿车产量将达228万辆计算出来的，计算的基本依据是按平均每辆轿车需用钢板580kg计算的，其中冷轧板材293kg，镀锌板材260kg，热轧薄板15kg。即计算出2005年在年产出228万辆轿车时所需镀锌板的数量为228万辆×260kg/辆=59.2万吨。这里是按每辆轿车需用镀锌板的比例为44.8%计算的，实际上在欧美为进一步提高轿车的寿命，轿车用镀锌板的比例早已超过50%，而且还有进一步增加的趋势，如奥迪轿车的镀锌板用量已达70%，即585kg/辆，如按此计算镀锌板的用量，2005年将需要镀锌板133.3万吨。所以我们认为不会出现所谓过剩问题。

我国钢材深加工现状与未来发展趋势*

我国钢铁工业的现状不容乐观：多数产品产能过剩，盲目投资严重；企业创新能力弱，行业出现亏损；产业集中度低，市场秩序不规范；产业布局不合理，发展压力加大；落后生产能力大，节能减排任重道远；资源控制力弱，保障体系建设滞后。

一、发展钢材深加工和高效钢材的重要性

（1）高效钢材和钢材深加工技术是当今工业发达国家重点开发的项目之一，由于它能大量节约金属、延长钢材使用寿命、降低能耗和提高经济效益，因此得到广泛应用。

（2）高效钢材包括低合金钢材，热强化钢材，冷加工钢材，经济断面钢材，镀层、涂层、覆层及表面处理钢材，金属制品和粉末冶金产品等。高效钢材中的经济断面钢材，冷加工钢材，镀层、涂层、覆层、表面处理钢材及金属制品又属于深加工钢材。

（3）所谓深加工，就是指对一次材进行再加工和多层次的综合利用。由于它是在一次材的基础上生产二次、三次或更深层次的产品，所以原料利用得更充分，产品品种多，使用价值高，经济效益也特别明显。譬如把热轧板卷加工成冷轧板，平均每吨钢材可提高效益2~3倍；如果把冷轧板再进行表面处理，即表面镀、涂、覆上各种有机和金属材料，其使用寿命可提高6~8倍，最高可达40年之久；又如把热、冷轧带钢冷弯加工成各种经济断面型钢，代替直接轧制成的型钢，可节约25%~35%的金属；再如把线材深加工成各种金属制品，其经济效益可提高2~3倍，对于某些加工量大的产品可在5倍以上，如在使用中用冷拉钢丝代替热轧线材，一般可节约钢材30%~40%。

（4）目前国外正大力发展高效、深加工钢材。发展高效钢材、研究钢材的深加工，是钢铁行业结构调整的重要内容，也是钢材企业提高经济效益的主要途径。我国在高效钢材的研制和钢材深加工领域，与发达国家还有不小的差距，特别是我国支柱产业所需的各种特殊材质、特殊断面钢材的市场潜力很大，是我们今后工作的重点。

---

* 本文写于2011年，是在中国香港钢结构研讨会上的发言稿。

二、我国钢材深加工状况

目前我国已经建成的较为专业化、装备精良、质量合格的钢材加工配送中心主要分布在华南、华东、中南等经济发展地区，面向的客户有汽车、家电、电子、建筑、轻工、钢窗、办公设备等行业，专业的钢材深加工线还不多。从深加工的品种上主要是各类板带材居多，棒线材的深加工还不多。从投资和建设的角度看主要有 4 种类型：

（1）国外企业在我国投资建设的钢材加工配送中心。

（2）国内大型钢铁企业投资建立的钢材加工配送中心。

（3）用材厂家自建的分条、横切、冲片、套裁、激光拼焊生产线。

（4）钢材经销商投资建设的钢材剪切配送中心。

我国钢材深加工存在的主要问题有：

（1）缺少统一规划，板带材的深加工重复建设严重，工艺装备产品雷同，缺少个性化、专业化产品，而线棒材、管材的深加工又严重不足，影响企业效益。

（2）装备水平参差不齐，具有世界先进水平的专业化生产线不多，多数仅能生产低档产品，不能满足汽车、家电、造船、机械、建筑等行业的专业化需求。

（3）未能与下游行业的发展紧密结合，尚未形成一批可为上述行业服务的钢材深加工的产业链和产业集群。我国专业化的钢材深加工发展较慢，全国为数不多，全国各地大量存在的是仅仅提供钢材买卖的传统钢材市场，其中不少市场仅有简陋的钢材加工。钢厂自己搞的钢材深加工生产线尽管设备先进，但由于未形成产业链集群，一般效益并不理想。

（4）我国的钢材深加工比例低，钢材本身的附加值没有得到提升，与下游行业的发展结合还不够紧密，使用钢材的综合成材率和劳动生产率还比较低。世界发达国家钢材的综合深加工比可达 60%以上，其中线材达 80%、棒材达 60%、管材达 40%、板材达 90%左右。而我国一般钢材的深加工比仅为 20%~25%。由于钢材深加工比例低，所以我国钢材的成材率和使用效率较低。

三、市场潜力大的钢材深加工品种

（1）镀锌板、彩涂板：镀锌板、彩涂板近年发展非常迅速，但是国产镀锌板、彩涂板多为中低档产品，高档产品供应不足，造成“大路产品滞销，高端产品进口”的局面。在消费领域中，我国镀锌板、彩涂板 30%左右用于建筑，而据有关资料介绍，目前国外镀锌板、彩涂板用于建筑的比例在 50%~60%，用于家电、汽车的比例达到 40%。我国是家电生产大国，同时也是汽车消费增长最快的国家，高档镀锌板、彩涂板市场广阔，但生产高档镀锌板、彩涂板的厂家不多，产量有限，有些产品尚属空白，比如防静电彩板、抗菌彩板、洁面热镀铝锌板等，市场亟待开发。

（2）激光拼焊钢板：现代汽车特别是下一代的汽车，将大量使用激光拼焊的冷轧薄板，比例估计可能会达到全部用板量的40%以上，其中包括差强度拼焊、差厚度拼焊和差钢质拼焊。激光拼焊可以最大限度地减轻汽车重量，减少零件数量，优化零部件的公差和降低成本，同时又保证汽车的性能，代表了汽车新技术发展方向。目前绝大部分先进设计车型的车门内板、升降台、车底板和侧梁都用了激光拼焊板。激光拼焊板在汽车上有非常广泛的应用。

目前，国外已经有许多专门进行不同冷轧薄板拼焊的工厂为汽车行业服务，根据汽车厂的需要将薄板剪裁成不同的形状，然后进行拼焊直接发到汽车厂，年产量可以达到数十万吨。按我国汽车工业的发展，不远的将来会大量使用激光拼焊钢板。激光拼焊板的设备不是很复杂，投入资金也相对较小。钢铁企业应当在这方面投入资金和建立生产线，以满足汽车工业的需要。

（3）各种高强度、高韧性合金钢棒线管材：

1）汽车、造船、机械、核电站等行业所需的高强度、高韧性、高精度的合金钢棒线材。

2）海上采油所需的耐腐蚀管材和海洋工程所需的结构型钢。

3）精密仪器仪表及医用所需的特殊性能的金属丝线管材。

（4）钢结构产品：钢结构产品是钢材深加工的重要方向。现代建筑采用钢结构越来越广泛，其中包括各种焊接圆管、方矩管、H型钢等。现在一般的高层写字楼、体育场馆、交通枢纽建筑都广泛使用钢结构，通常一座建筑需采用数千吨至万吨钢材，但是规格、形状都比较复杂，需要专门的工厂进行加工。国外冷弯型钢品种达10000种以上，应用于各个领域；我国经济生产的品种只有2000种左右，在专用品种上还有很大差距。钢结构技术发展正在进入重要时期，钢材用量的逐渐减少，相应的成本也在不断减少，钢结构的应用越来越具有较大的优势。钢结构住宅与办公楼同钢筋混凝土相比具有户内有效使用面积增多、建筑风格灵活丰富、建筑物抗震抗风性能好、建筑总重轻、工厂化制作易于产业化、施工速度快、环保效果好等一系列优点，使其具有广阔的市场前景。钢结构的力度重力之比是3，强度重力之比是14，因而钢结构是最轻的结构，结构面积最小，且延性好、抗震性能佳。钢结构建筑施工速度快、空间利用率高、室内布置灵活、所需施工场地小等优点也十分突出。当前建筑用钢材的生产应用主要存在着优质结构钢品种不足、高强度钢应用比例较低、经济型材应用不多、规格较少等问题。

钢结构建筑的发展包括以下几个方面：

1）住宅钢结构：钢结构住宅具有抗震性能好、施工周期短、产业化程度高的优点。目前总体上仍处于研究开发阶段，但也有不少成功的工程实例。近年来，国内已建成大量的钢结构住宅，其关键技术的研究已取得了阶段性成果。

2）高层钢结构：目前我国已建成及在建的高层钢结构建筑已有50多幢，总面积320万平方米，用钢量30万吨，投资约600亿元，在钢结构制作和安装方面都达到了较高的水平。

3）空间钢结构：以网架和网壳为代表的空间钢结构也继续大量发展。该结构的特点是受力合理、刚度大、重量轻、杆件统一、制作安全方便，可满足跨度大、空间高、建筑形式多样的要求，可应用于一般的民用建筑、工业厂房、候机楼、体育场、展览中心等工程。

4）轻型钢结构：近年来我国轻型钢结构建筑发展迅速，主要用于轻型工业厂房、粮仓、体育场馆、展览厅、活动房屋、加层建筑和建材、家具等各类交易市场等。

5）建筑钢结构用钢特点是品种多、规格杂、用量多、工期短、施工方便快捷。随着建筑钢结构不断向大跨度、超高层、高速、受重荷载方面发展，又要承受地震、火灾、风灾、大气腐蚀等考验，对钢材性能提出了新的要求。特别应指出钢管结构由于其断面优势，今后需求将会大幅度增加，市场前景看好。

（5）金属家具：金属家具市场前景看好。家具工业正在从木器时代转变到金属时代。线条简洁明快的金属家具很受欢迎。凡以金属管材、板材或棒材等作为主架构，配以木材、各类人造板、玻璃、石材等制造的家具和完全由金属材料制作的铁艺家具统称金属家具。金属家具所用的金属材料，通过冲压、锻、铸、模压、弯曲、焊接等加工工艺做成各种造型。用电镀、喷涂、敷塑等主要加工工艺进行表面处理和装饰。金属家具连接通常采用焊、螺钉、销接等多种连接方式组装、造型。金属家具的结构形式多种多样，通常有拆装、折叠、套叠、插接等。现代金属家具的主要构成部件大都采用各种优质薄壁碳素钢管材、不锈钢管材、木材、各类人造板、玻璃、石材、塑料、皮革等。

金属家具的优势是：绿色环保；防火、防潮、防磁；功能多样，节省空间；极具个性风采，色彩丰富、门类品种多样；具有折叠功能易携带，颇具美学价值，货品性价比合理。

（6）高强度捆带：高强度捆带市场需要大。目前国内高强度捆带主要依靠进口。我国与国际接轨后，对产品包装质量的要求越来越高，国内市场上高强度捆带的供需矛盾将越来越突出，进一步开发高强度捆带产品迫在眉睫。

（7）不锈钢表面深加工：不锈钢表面深加工前景看好。我国不锈钢的使用正在迅速发展中，而不锈钢表面深加工尚处于起步阶段。因此，发展不锈钢表面深加工，如电镀、电解抛光、喷丸处理、蚀刻加工、着色、涂层加工等具有广阔的应用前景。

综上所述，今后国民经济各部门对钢材使用提出了更高的要求，如节能、环保、重量轻、高强度、高精度、耐腐蚀、耐高温等，总的趋势是：以钢代木，焊管替代无缝管，冷弯型钢替代热轧型钢，高强度钢替代低强度钢，镁、铝、钒、钛、铌、钽金属及合金将获得更广泛应用。

钢材深加工与下游行业是产业链上相互依存、竞相发展的两个行业。钢铁企业通过钢材深加工产品，可与下游企业建立长期稳定的战略联盟，有利于促进钢铁行业的品种开发、质量提高和市场拓展，是使钢铁产品向下游增值延伸、提高产品市场竞争力的有效途径。因此，全世界各大钢铁企业都将钢材深加工和产品配套销售服务作为企业发展的主要拓展方向之一。

“十二五”钢铁工业发展战略是：转变发展方式、坚持内需导向、推进联合重组、坚持合理布局、抑制产能过剩、坚持技术创新、坚持可持续发展、坚持全球化战略。

四、高科技发展需要高质量深加工钢材

高新技术将成为新的经济增长点，带动新的产业发展，高新技术在如下几大技术领域上将会有所突破：

（1）现代生物技术，包括基因作物育种技术、克隆技术、病毒生物农药技术、新型疫苗技术等。

（2）纳米技术，包括纳米材料、纳米器件、纳米生物、纳米医学等。

（3）新型能源技术，包括太阳光伏技术、生物质能源、海洋能源等。

（4）低碳技术和节能环保技术。

（5）基本粒子和宇宙探索技术。

瞄准世界科技革命中新兴产业领域和传统产业的新型发展方向，以新技术、新材料、新能源和现代工程，围绕低碳经济、循环经济和生态经济开展科技创新，调整经济与产业结构，发展以主导产业为核心的产业链和产业集群，是钢铁行业今后发展的战略方向。

五、发展钢材深加工的主要领域

（1）汽车及零部件产业，包括改装车、特种车所用特殊钢材、不锈钢。

（2）新兴金属材料产业，包括无磁钢、贝氏体钢、马氏体钢、双相钢材、非晶材料和铌、钽。

（3）新型建筑用金属制品产业，包括钢结构房屋、抗震基础结构、新型门窗、新型供暖设备、厨房卫生间设备。

（4）家具产业。

(5) 海洋工程金属制品产业，包括海洋平台码头、船舶用钢、游艇制造、船用装饰材料。

(6) 装备制造金属制品产业，包括工程机械、石油机械、农业机械。

(7) 生物医药金属制品产业，包括各种注射用针、针灸用针、美容用记忆合金、金属关节等。

(8) 专业刀具、医疗器具产业和手工工具产业，包括军用刀具、医用刀具、农用刀具、理发刀具、屠宰刀具和民用刀具。

(9) 新型紧固件产业，包括不锈钢钉、钛合金钉、无磁钢钉、医用、手表、仪器仪表用微型钉、核电用耐辐射钉。

(10) 眼镜产业，包括装饰、首饰。

(11) 医疗用品产业，包括小型钢、医用各种钢支架。

(12) 模具产业，包括汽车为代表的金属模具、塑料模具。

(13) 航天航空产业，包括钛及钛合金制品、镁合金、铝合金、铌、钼制品。

(14) 铁路、公路、港口等基础设施。

(15) 农业、水利物流等。

六、世界新技术展望

3D 打印技术是采取现代的数字化技术，加工出三维立体的零部件等设备的过程。现在的 3D 打印采取的是喷涂的方法，即从零部件的底部开始一层一层地用金属物质或者塑料物质积累，分层打印，通过逐层增加材料的方法来生成 3D 实体。3D 技术的推广缩短了生产制造环节的流程，并且为小批量多品种的生产创造了非常好的条件。

第三次工业革命的标志主要是互联网、电子计算机、生物工程技术。3D 打印技术可以归纳到互联网和电子计算机当中，也属于第三次工业革命的标志之一。

当前我国还处在制造业价值链的末端，缺乏高附加值的产品。从传统的加工制造业来看，我国与世界先进水平存在很大差距。但当前我国在互联网以及 3D 打印技术方面与国际先进水平差距并不大，如果能引起社会各界的重视，迎头赶上，在这方面会进入世界第一梯队，这对我国来讲是一个很好的机遇。

人类的历史告诉我们：伟大发明所能带来的影响，在当时那个年代都是难以预测的，1450 年的印刷术如此，1750 年的蒸汽机如此，1950 年的晶体管也是如此。而今，我们仍然无法预测 3D 打印将在漫长的时光里如何改变这个世界。

眼下 3D 打印机有两种类型，一种是堆叠法，另一种是烧结法。原理基本都是多层分片打印，而堆叠和烧结只是成型技术的区别。堆叠只能成型塑料、硅之类的材质，对固化反应速度有要求；而烧结可以利用激光的高温对金属粉末进行处理加工出金属材质的东西出来，实体可通过打磨、钻孔、电镀等方式进一步加工。所以3D打印机和普通打印机最大的区别是“墨水”不同。

用发展的眼光来看，3D打印首先影响的是模具行业。即便在国内制造行业不景气的今天，模具行业仍然风景独好，一方面是对技术要求高，另一方面是市场有需求，在产品大规模生产之前，必须要进行多次打样和修改。3D打印机的出现，其实是消灭了模具反复打造的流程，能直接从计算机图形数据中生成任何形状的零件，极大地缩短了产品的研制周期，大幅减少成本投入，对于一些复杂而精细的造型，3D打印机表示毫无压力。

3D打印技术事例：空客（Airbus）的机舱设计师巴斯蒂安·谢弗（Bastian Schafer）过去两年来一直致力于一款概念飞机，这架飞机将完全由一台有飞机库那样大的巨型3D打印机打造。这听起来像痴人说梦，因为如今最大的3D打印机不过餐桌那么大。但是谢弗的设计是有规划的：从现在用3D打印技术制造一些小部件，到2050年左右造出整个飞机（见图1）。其他事例还有3D打印的赛车、巧克力、艺术品等，如图2~图5所示。

图1　3D打印的概念飞机

七、钢铁工业面临新的机遇

金融危机对全球经济的影响是长远深刻的，它将改变世界经济增长模式，促进经济结构调整，同时发现新的经济增长点，有可能引发第四次产业革命。据不少专家预言第四次产业革命将是一次能源革命。人类历史上的前三次产业革命是蒸汽机、汽车和计算机。随着工业规模的扩大和世界资源的减少，地球环境污染的加剧，低碳经济概念的提出，世界各国都在研究与低碳经济相适应的发展和消

图 2　世界首辆 3D 打印赛车完成测试：最高时速 141km

图 3　3D 打印的巧克力

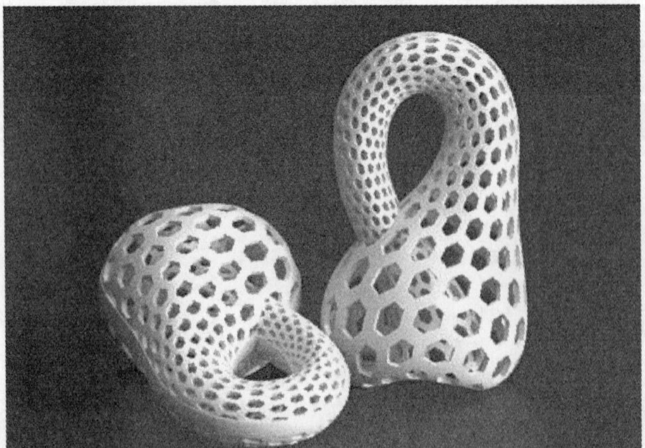

图 4　3D 打印的艺术品

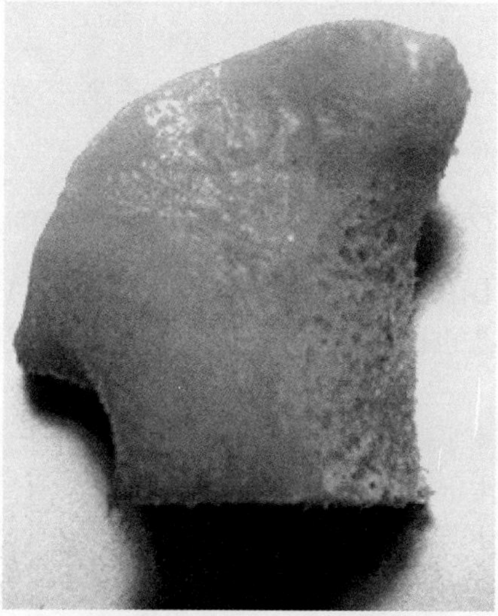

图5　3D 打印的人的下额骨

费模式。

钢铁行业作为传统产业，到目前为止仍然是以碳冶金为基础的传统生产模式。钢铁工业排放的 CO_2 占人类总排放的 5%，而中国占近 12%。

世界各国为减少 CO_2 的排放纷纷制定 CO_2 减排路线图。欧洲 15 国制定了“超低 CO_2 制钢”计划；日本制定了“低 CO_2 排放钢铁工业路线图”。同时，积极推进氢冶金——新一代的钢铁生产技术。

面对第四次技术革命，我们钢铁工业准备好了吗，需要我们行业和企业深思，只有运筹帷幄，才能决胜千里。

八、对我国经济增长的反思

（1）我国对外出口，从家电到纺织品，从生活用品到钢铁产品等屡遭反倾销。

（2）在国内低端产品或产业的比较优势在逐步丧失。

（3）高端产品的核心技术主要仍掌握在外方手中，如手机、计算机、汽车等。

（4）以市场换技术的初衷并未实现，而是给了日韩经济复苏的市场机遇。

（5）盲目投资扩张，已造成钢铁、煤炭、水泥、电解铝、汽车、焦炭等行业的产能过剩问题日益显现。

（6）粗放式增长难以满足人民日益增长的物质文化需要。

（7）过度依靠资源、能源的消耗来实现经济的高速增长也是难以为继的。

（8）不转变经济增长方式，在经济全球化的国际经济竞争中将会处于被动地位，激化与世界其他国家的贸易摩擦，难以在经济全球化的世界经济竞争中立足。

（9）发展我国经济最基本的是靠内需的增长来带动来促进，过度依靠国际贸易是有风险的，也是靠不住的。

九、今后我国钢铁工业结构调整的主要任务

（1）节能减排。我国的单位能耗与国际先进水平有15%~20%的差距，有较大的减排空间。钢铁工艺也面临从传统的长流程转为短流程+近终型连铸+连轧新工艺。

（2）淘汰落后工艺和设备，提高产业集中度。

（3）大力发展现代物流。

钢铁企业的竞争将更加激烈：

（1）品牌的竞争——由价格竞争为主转向品种、质量、服务等品牌的竞争。

（2）成本的竞争——将进一步加剧，企业利润减少，成本压力增加。

（3）规模的竞争——企业的规模增长方式将由自我扩张为主转向兼并联合为主。

（4）供应链的竞争——企业与上下游供应链的关系从单纯买卖关系转变到建立长期战略合作，共同抵御市场风险，实现共赢。

钢铁工业进入结构调整时期：

（1）产品结构调整——产品向高质量、高附加值、环境友好的钢铁产品转移。

（2）产业结构调整——提高产业集中度，产能向优势企业转移。

（3）产业布局调整——向交通便利、市场容量环境容量大的地区转移。

根据市场需求严格控制产量，保持生产与社会需求的基本平衡。短流程钢铁冶金工艺将获得迅速发展。长、短流程比较见表1。

表1　长、短流程比较

流程类型	吨钢综合能耗（标煤）/kg	吨钢 CO_2 排放量/kg
长流程	24	2.05~2.1
短流程	12.4	1.0~1.05

（1）我国推广短流程钢铁冶金工艺条件正逐步成熟，原燃料供应条件改善。

（2）随着我国社会废钢积蓄量的增多，预计到2020年以后我国可供电炉冶炼的废钢将大幅度增加，再加上我国生产的DRI、HBI等替代原料产量的增长，可以满足电炉对原料的需求。

（3）随着我国发电能力的增加，电炉所需的能源供应也将大大改善。

（4）大型化电炉、炉外精炼、近终型连铸和智能控制技术为代表的新型短流程钢铁冶金将以其节能环保、高效优质的优势逐步替代现有长流程工艺，这是21世纪钢铁冶金发展的趋势，也将是面临资源、能源和环境压力下，钢铁企业的必然选择。

大力发展现代物流：

（1）在重要物流节点城市、制造业基地和综合交通枢纽，在土地利用总体规划、城市总体规划确定的城镇建设用地范围内，按照符合城市发展规划、城乡规划的要求，充分利用已有运输场站、仓储基地等基础设施，统筹规划建设一批以布局集中、用地节约、产业集聚、功能集成、经营集约为特征的物流园区。

（2）加强对制造业物流分离外包的指导和促进，支持制造企业改造现有业务流程，促进物流业务分离外包，提高核心竞争力。培育一批适应现代制造业物流需求的第三方物流企业，提升物流业为制造业服务的能力和水平。制定鼓励制造业与物流业联动发展的相关政策，组织实施一批制造业与物流业联动发展的示范工程和重点项目，促进现代制造业与物流业有机融合、联动发展。

十、根据我国在21世纪的总体发展战略，钢铁行业在新世纪要完成的历史任务

（1）保证为国家在2020年实现工业化和2050年达到中等发达国家的战略目标提供所需的钢铁材料，促进国民经济各部门可持续协调发展。

（2）实现钢铁行业的自我完善，完成钢铁工业的结构调整，完成从钢铁大国向钢铁强国的历史转变。

要实现这样的历史任务，钢铁工业还有很长的一段路要走，大约需要经历三个阶段：

（1）到2010年，钢铁行业处于快速发展时期。

（2）2010~2020年前后，钢铁行业钢产量进入饱和期，此时钢的产量将达到历史最高峰值。

（3）2020~2030年以后，随着我国工业化和小城镇化的实现，钢材的消费强度和总量将会有所降低，但仍然会保持在较高水平上。

十一、培育以制造业为核心的产业链和产业集群

加快产业链建设是一项战略性任务。为适应当今世界经济全球化，积极推进钢铁产业链战略、加强钢铁工业战略调整是钢铁行业的重要任务。钢铁产业链建设主要反映在以下一些方面：

（1）钢铁企业与原料企业的战略合作。

（2）建设技术创新型钢铁企业是转变经济增长方式的必要条件。

(3) 发展钢铁生产企业、流通商与最终用户之间的战略合作是钢铁产业生存的基石。

(4) 产业链的建设是靠多行业共同完成的。根据我国国民经济发展的要求和发达国家发展经济的经验，只有完成以支柱产业为核心的产业链建设，才能最终实现国家的现代化，我们的产品在国际上才能有竞争力。

(5) 产业链的建设必须打破现有的发展思维，建立以产业链为核心的条块结合的新型发展模式。

(6) 产业链的建设要有产业集群的支持，才能形成强有力的高效率的有竞争力的生产力。

(7) 为此，我们必须打破目前各自为政、分散零星的个体生产方式，大力推进专业化集约经营的现代物流。建立一批为国民经济主体产业服务的产业链新体系，在这些专业化的产业链下，要建立为这些产业链服务的庞大的产业集群。以汽车用钢产业链为例，需要建立汽车用钢材产业集群、汽车用零部件产业集群、汽车用仪器仪表产业集群、汽车用橡胶产业集群、汽车用装饰材料产业集群、汽车用油产业集群等。同时还要建立为这些产业链和产业集群服务的现代物流配送体系，才能使这些产业链和产业集群高效率高效益地运行。

(8) 要建立这种专业化的产业链和产业集群，单靠产业协会的力量是难以实现的，需要有新的政策引导、新的社会机构组织规划和市场的积压推动才能完成。

(9) 这种专业化的产业链和所统辖的产业集群，真正体现了现代化大生产的模式和要求。其首要条件是按照产业链发展要求，对相关行业的组织结构调整、产品结构调整和供应链系统优化，在此基础上对各行业进一步整合后才能实现这种多产业、多产品、多工序的强强联合。也就是说只有发展产业链和产业集群，把产业链和产业集群做强，才能使我国的国民经济从局部行业的优势，发展到国家的整体优势。

(10) 产业链是产业经济学中的一个概念，是各个产业部门之间基于一定的技术经济关联并依据特定的逻辑关系和时空布局关系客观形成的链条式关联关系形态。产业链主要是基于各个地区客观存在的区域差异，着眼发挥区域比较优势，借助区域市场协调地区间专业化分工和多维性需求的矛盾，以产业合作作为实现形式和内容的区域合作载体。

(11) 产业链是一个包含价值链、企业链、供需链和空间链四个维度的概念。

(12) 产业链的内涵是：产业链是产业层次的表达；产业链是产业关联程度的表达；产业链是资源加工深度的表达；产业链是满足需求程度的表达。

(13) 产业链类型：产业链分为接通产业链和延伸产业链。

(14) 产业集群是指集中于一定区域内特定产业的众多具有分工合作关系的

不同规模等级的企业与其发展有关的各种机构、组织等行为主体，通过纵横交错的网络关系紧密联系在一起的空间积聚体，代表着介于市场和等级制之间的一种新的空间经济组织形式。1990 年迈克·波特在《国家竞争优势》一书中首先提出用产业集群（Industrial Cluster）一词对集群现象的分析。区域的竞争力对企业的竞争力有很大的影响，波特通过对 10 个工业化国家的考察发现，产业集群是工业化过程中的普遍现象，在所有发达的经济体中，都可以明显看到各种产业集群。

(15) 产业集群的核心是在一定空间范围内产业的高集中度，这有利于降低企业的制度成本（包括生产成本、交换成本），提高规模经济效益和范围经济效益，提高产业和企业的市场竞争力。

(16) 产业集群类型：产业集群分为创新型产业集群，如美国的硅谷、中国台湾的新竹、印度的班加罗尔、北京的中关村等；资源型产业集群。

(17) 产业集群对产业竞争力的影响是：提高了产业的整体竞争能力；加强了集群内企业间的有效合作；增加了企业创新能力和促进企业增长。

(18) 钢材深加工是产业链中的重要一环。钢材作为基础原材料，其价值必须通过深度加工才能得到升华，也才能具有更高的使用价值。在经济全球化的条件下，钢铁企业包括流通企业要想发展壮大，必须投身到以制造业为核心的产业链中，积极培育为产业链服务的产业集群，充分发挥产业链的信息、市场、资金、地域空间优势和雪球效应，才能发展壮大。

(19) 加快产业链建设提升国际竞争力。根据国家发展规划和地方发展规划，积极做好产业链和产业集群规划，是钢铁产业摆脱困境，步入稳定发展新局面的必然选择，也是使我国成为强国的必经之路。加快产业链建设是我国经济结构调整的重要内容，我国国民经济需要一批具有国际先进技术水平的产业链和产业集群的支撑，才能在世界经济风云中立于不败之地而勇往直前。

“工业4.0”与高性能型钢生产的思考*

一、“工业4.0”正在走近

也许你才刚刚翻开《第三次工业革命》这本书，当你正为其中描绘的自动化工厂而惊叹不已时，你可能没有注意到，在遥远的大洋彼岸，整个工业界正发生着翻天覆地的变化。无数优秀的公司正用实际行动告诉你，第三次工业革命即将结束，另一个崭新的时代已经到来！

2013年4月，当“工业4.0”的概念第一次在德国汉诺威工业博览会上提出之后，举世哗然。这个世界制造业最发达的国家，再一次以其全新的理念，向全球工业提出了挑战！

“工业4.0”的基础是分布式自组织生产流程与大规模单件生产趋势的日益融合。人们在完成第三次工业革命之后，制造业的生产流程已经完全实现自动化、数字化。在此基础上，将信息与物体相连，所有机器都进入到一个统一的智能化网络中，它们可以自动调试生产流程、节奏，自动地修复故障，以最具收益的方式制造产品。其中的典型代表是西门子的电子车间。其控制设备的生产和全球分销全部由智能机器控制，这一流程每年都涉及5万余种产品约16亿个部件，复杂性远远超出了传统工厂的能力范围。为此，西门子建立了一个紧密结合的技术网络，这些技术相互整合，共同组成了一个更智能、更高效的整体，使每100万件产品中，次品不超过15件，生产线的可靠性达到99%，追溯性更是高达100%！2010年美国总统奥巴马签署的《制造促进法案》中提出了“再工业化”战略，也就是后人常说的“制造业回归”，但并非简单的回归。飞速发展的人工智能、机器人和数字化制造将重新构筑制造业的竞争局面，这些技术不仅将让制造业更具创造力、更加本地化和个性化，还会降低成本。“工业4.0”已经演化为全球化的趋势，颠覆性的创造力带给人们极大的想象空间，正在感受到其给人们日常生活、工业生产方式将要带来重大改变。日本实施以3D造型为核心的产品制造革命，开发出世界最高水平的金属粉末造型用3D打印机。加快更新制造技术、提高产品竞争力主要是采用“小生产线”企业增多，采用机器人、无人搬运机、无人工厂等措施降低成本，提高企业竞争力。

---

* 本文写于2014年，是为全国型钢技术研讨会撰写的论文。

“工业 4.0” 要点是：

一网——CPS（cyber physical systems）信息物理系统，其是将信息、资源、物体与人联系在一起的物联网，使工厂成为智能环境。

两重点——智慧工厂和智慧产品。智慧工厂是要提供智能基础设施、智能生产过程和网络化分布。智能产品是要在生产过程中实现人机互动、智能物流管理等。

三要素集成——横向、纵向和端对端集成。通过 CPS 将人与人、人与机器、机器与机器实现智能互联，实现企业内部、外部与整个产业链横向、纵向和端对端的集成。

与智能相关行业是：

（1）设备互联促进 CPS 网路发展，特别是传感器和射频识别。

（2）智能工厂和智能产品，促进自动化和集成控制。特别是机器人和 PLC 等硬软件业更快发展、3D 打印等将改变传统制造工艺而获得发展。

（3）智能仓储物流，特别是立体仓库和发货信息管理。

（4）智能产品满足个性化需求，产品将实现高品质、高精度、多品种、小批量定制化生产。

二、我国近年型钢生产概况

我国近年钢铁生产情况见表 1。

表 1　我国近年钢铁生产情况

项　目	2012 年	2013 年	2014 年 1~10 月
粗钢产量/万吨	72445	77904	68534
生铁产量/万吨	66733	70897	59952
钢材（统计）产量/万吨	95877	106762	93446
钢材（重复及多次加工材）产量/万吨	23432	28858	24912
钢材（一次）产量/万吨	69547	75177	66478
钢—材成材率/%	96	96.5	97
铁钢比/%	92	91.0	87.5

我国型钢生产及进出口情况见表 2~表 4。

表 2　近年型钢产量及同比

项　目	2012 年	同比增加/%	2013 年	同比增加/%	2014 年 1~10 月	同比增加/%
钢材总量/万吨	95877		106762	11.4	93446	4.7
重轨/万吨	321		428.3	33.4	349.4	0

续表 2

项　目	2012 年	同比增加/%	2013 年	同比增加/%	2014 年 1~10 月	同比增加/%
大型材/万吨	1179		1274.9	8.1	1129.6	6.7
中小型材/万吨	4829		5745.5	19	4535.3	-0.9
棒材/万吨	7048		7820	10.9	6673.6	2.5
型钢小计/万吨	13377	13.9①	15268.7	14.3①	12687.9	13.6①

①此项数值为型钢占钢材总量百分率。

表 3　型钢主要品种产量及比例

品　种	2012 年产量/万吨	比例/%	备　注
大型	1163	1.22	钢材产量按 95065 万吨计
H 型钢	697	0.73	H 型钢小计 1095 万吨，占钢材 1.2%
工字钢	64.3	0.07	
槽钢	118.8	0.12	
角钢	140.5	0.15	
中小型	4271	4.49	
H 型钢	398	0.42	
工字钢	173.2	0.18	
槽钢	332.3	0.35	
角钢	706.7	0.74	

表 4　型钢进出口情况　　（万吨）

品　种	2013 年出口量	2014 年 1~10 月出口量	2013 年进口量	2014 年 1~10 月进口量
钢材	6244.5	7400.9	1413	1215.9
角型材	410.4	375.7	38.6	32.2
重轨	29.9	36.86	10.9	3.3
大型	53.1	49.5	34.6	28.5
H 型钢	9.89	7.26	9	5.2
钢桩	24.2	23.6	8.4	8.44
中小型	357.3	326.2	4	3.7
不锈型钢	2.3	2.3	0.2	0.3
棒材	882.9	1391.2	42.5	40.4

经过近 20 年的发展，我国型钢生产技术有了很大进步，特别是在线棒材连铸连轧生产技术和设备、重轨、H 型钢万能轧制技术等方面已与世界先进水平基

本接近。但应该看到我国还有一批相当数量的型钢落后设备仍在使用，对这些落后设备我们必须痛下决心，加快淘汰。同时，我们还应看到我们在型钢生产技术和产品质量方面与世界先进水平仍有一定差距，与“工业4.0”要求的差距就更大了。这主要表现在如下方面：

（1）大盘卷生产工艺装备和技术。

（2）高碳硬线的质量和品种上。

（3）线棒材的无头轧制技术。

（4）汽车、舰船、海上采油、精密机械、航空航天等专用H型钢钢材品种开发。

（5）大中型型钢的在线控轧控冷和非调质钢的开发。

（6）H型钢采用近终型坯料轧制技术。

（7）H型钢低合金钢种的研发，特别是高强度、高韧性、耐火、耐候钢和耐海水腐蚀的钢种研发。

（8）型钢的深加工方面，特别是用于钢结构的L型钢、T型钢、平行腿槽钢、蜂窝梁等品种。

按照“工业4.0”的要求，型钢生产技术未来还需要实现如下飞跃：

（1）型钢生产从局部连续化生产转变到整个产品可以从原料到成品的全线自动化作业，实现无人操作。

（2）冶金生产过程从炼钢、连铸、轧制、精整、仓储到发货实现一条龙的智能管理、全连续自动化生产。

（3）对生产质量、设备状况、能源消耗实现在线跟踪、监控和管理。

（4）在每个工序环节实现人机、机机对话。

（5）根据客户要求，能满足个性化生产需要，实现最低成本、最快周期、最小批量的生产过程管理。

三、世界钢轨生产工艺

随着铁路技术的进步，特别是火车速度的提高对钢轨的几何尺寸、表面质量、平直度和内部质量的要求越来越高，这就要求钢轨生产工艺实现“五精”，即精炼、精轧、精矫直、精加工、精检验。

目前，世界主要采用两种现代钢轨生产工艺：长流程工艺和短流程工艺，两种工艺除炼钢以前有所不同外，后续工序是相同的，如精炼、脱气、连铸、万能轧制、长尺冷却、矫直、在线检测（超声波、涡流、激光等）。采用炉外精炼和真空脱气工艺，以确保钢坯的内在质量，控制钢中的残余元素和气体含量，保证钢质的纯净度。采用连铸大方（矩）坯，主要是为了改善钢坯的低倍组织。采用步进式加热炉加热钢坯，可以控制加热炉内气氛，有效防止钢坯脱碳和加热温度不均。采用高压水除鳞，最大限度地减少因氧化铁皮造成的轧痕等。采用万能轧机万能法孔型设计，计算机在线调整。采用长尺轧制、长尺冷却、长尺矫直工艺。采用在线的质量检查中心，对钢轨通过超声波、涡流和激光检查其内部质量、表面质量和几何尺寸。采用带硬质合金的锯钻机床进行钢轨加工。采用控制轧制、控制冷却和在线热处理等技术，使钢轨具有最佳的组织、性能和成分。

四、世界钢轨钢的技术发展

20 世纪钢轨钢的成分基本上是属于珠光体类型的，包括普通高碳钢、合金钢和热处理钢三类。在 20 世纪后期，日本、美国等国的研究人员开始对过共析钢进行研究。发现在增加钢的碳含量后，可以使珠光体的原子移动到具有更大冷却速度和温度略高侧，碳含量为 0.9%~1.0%的过共析钢可以承受极大的珠光体转变，而不形成如马氏体等有害的结构。根据这一实验结论设计了过共析钢。

研究贝氏体钢和马氏体钢，发现其性能优于珠光体钢。并认为珠光体钢种的性能已达到极限，再提高的范围很有限，仅仅是在理论值与生产值之间有所提高，但这种提高是有限的。目前开发的贝氏体钢和马氏体钢，在性能上比珠光体钢有很大提高，其屈服强度、抗张强度达到珠光体钢经过热处理后的性能。在断裂韧性、耐磨性和疲劳性能上比珠光体钢有明显提高，特别是其抗冲击性能比珠光体钢轨钢有成倍提高。

我国以清华大学方鸿生教授为首研发了 MN-B 系及 MN 系贝氏体钢，其不仅价格低，而且贝氏体相变温度低，不需要特殊复合合金化，这就为其推广使用创造了条件。特别应指出的是：清华大学贝氏体钢研究中心，对贝氏体/马氏体复相钢的超精细结构及其形成的研究发现了前人未见的贝氏体超精细结构，这种结构的最小结构单元之间以奥氏体薄膜相分割，使裂纹形成和扩张需更多能量，可显著提高钢的韧性。

贝氏体钢轨力学性能：热轧态性能抗拉强度不小于 1200MPa（比 U75V 提高 20%），延伸率 9%（与 U75V 相当），钢轨硬度不小于 360HB，轨腰冲击值不小于 35J/cm^2，比目前轧态轨提高 5 倍以上，通过热处理以后贝氏体轨的抗拉强度不小于 1350MPa，延伸率不小于 12%，硬度不小于 420HB，冲击值大于 70J/cm^2，尤其是低温（-40℃）冲击值为不小于 35J/cm^2，强韧性均有较大幅度提高，已经达到了超高强度钢的水平。

贝氏体轨的碳当量（0.46~0.60）比珠光体型钢轨低较多（0.76~0.88），贝氏体钢轨具有较好的焊接性能。

贝氏体轨与珠光体轨（U75V）基本指标对比见表 5。

表 5　贝氏体轨与珠光体轨（U75V）基本指标对比

性能指标	贝氏体轨	珠光体轨
热轧抗张强度/MPa	1200～1280	980～1080
热轧屈服强度/MPa	900～1000	500～600
冲击值/J·cm^{-2}	30～50	3.5～10
硬度 HB	350～380	260～300
热处理抗张强度/MPa	1350～1600	1150～1350
热处理屈服强度/MPa	1000～1200	600～900
热处理冲击值/J·cm^{-2}	70～100	8～17
热处理硬度 HB	380～450	340～380
碳当量	0.46～0.6	0.76～0.88

五、世界钢轨轧制技术进步

钢轨的现代孔型轧制技术，是德国的蒂森公司在 1932 年研究开发成功的，这种方法虽然对改善由于钢水凝固时所形成的树枝状晶而造成的腿部质量有一定帮助，但这种方法因其变形过程中的不均匀性会造成钢轨断面对称性、轨高、底宽和腹高等尺寸精度不够。法国钢铁集团的杰克厂厂长斯坦莫达斯先生在 1964 年发明了钢轨万能法轧制技术，这一技术的问世，立刻得到世界钢铁界的关注和铁路部门的好评，很快被各国的钢轨生产企业所采用。这一技术从那时起，经过近 40 年的生产实践和研究改进，达到了目前的水平。法国斯坦莫达斯先生最初发明的万能法工艺，是采用 BD1+BD2+U1+U2+U3+E+UF。日本在 1970 年购买了法国万能法技术，并在此基础上又进一步改进，新日铁的万能法工艺是：BD1+BD2+U1+E1+U2+E2+UF。后来随着计算机技术的应用和连轧技术的成熟，使采用更少的万能道次轧制钢轨成为可能。在 20 世纪 80 年代以后建厂的企业大多数是采用了如下布置：BD1+BD2+U1+E+UF。如美国的惠林匹兹堡厂、南非的伊斯科、澳大利亚的希尔、加拿大的悉尼均是采用上述工艺。

六、结束语

我们应当清醒地看到：现在发达国家早已实现工业化，正在享受新工业时代带来的好处，而中国还没有完成工业化的历史使命，在科学技术方面我们与发达国家还有不小的差距，今后我们还有相当一段路要走。

根据“工业 4.0”的理念，做好“十三五”钢铁总体发展战略，实现我们钢铁人钢铁强国之梦。要站在历史发展的前沿，要尊重科技进步的理念，充分考虑到已经到来的“工业 4.0”对钢铁特别是型钢这样的传统产业的巨大影响和未来生产方式的转变，紧跟世界科技发展的步伐，不失时机做好钢铁近期和中远期的发展规划举足轻重，历史的机遇稍纵即逝，过去我们已失去了几次机遇，这次决不能再失去了，否则就将成为历史的罪人。在保证国家在 2020 年实现工业化和 2050 年达到中等发达国家水平的总体战略目标下，我们要努力为国民经济各行业智慧工厂、智慧产品提供所需的高性能钢材，对我们型钢行业既是巨大挑战，也是机遇。面对这样光荣而艰巨的历史任务，我们要更新观念，启用新人，大刀阔斧地进行结构调整，规划好新的发展蓝图，才能完成这一历史任务，实现钢铁人从钢铁大国向钢铁强国的历史转变的世纪梦。

第三篇

新技术、新产品研究

世界钢轨生产技术及其发展前景*

一、我国钢轨的实物质量现状

我国现在生产的钢轨与国外先进国家生产的钢轨相比，主要存在如下问题：

(1) 几何尺寸偏差大，主要是轨高、不对称、平直度等方面，与国外先进水平比较见表1。

表1　钢轨几何尺寸偏差比较

项　目		尺寸公差/mm	达标率/%			
			攀钢	包钢	鞍钢	国外先进水平
轨高		≤±0.8	78	90	88	99
头宽		≤±0.5	85	73	80	100
底宽		≤±1	97	89	97	98
平直度	上	≤0.8	38~100	52~92	54	96
	下	≤0.2				
	水平	≤0.8				

(2) 钢质纯净度差，与国外先进水平比较见表2。

表2　钢质纯净度比较

项　目	国外先进水平	国外实物	国内
氢含量/%	$\leqslant 2\times10^{-4}$	2.5×10^{-4}	$(2\sim3)\times10^{-4}$
氧含量/%	$\leqslant 20\times10^{-4}$	20×10^{-4}	$(20\sim30)\times10^{-4}$
磷含量/%	≤0.02	0.025	0.04
硫含量/%	≤0.02	0.006~0.025	0.03
铝含量/%	≤0.01	0.005	
碳含量/%	≤0.06	0.05	0.15
锰含量/%	≤0.08	0.06	0.18
硫化物夹杂尺寸/μm	≤300		820

* 本文写于2008年，是为中国钢研科技集团结构材料研究所博士生撰写的讲稿。

续表 2

项　目	国外先进水平	国外实物	国内
氧化物夹杂尺寸/μm	≤200		540
氧化物直径尺寸/μm	≤13		30
A 类夹杂	≤1.5 级		3~4 级
B、C、D 类夹杂	≤1.0 级		3~4 级

（3）钢轨表面质量存在裂纹、脱碳、冷伤和轧痕等缺陷，与国外比较见表 3。

表 3　钢轨表面质量比较

项　目	国外标准	国内标准	检查方法	
			国内	国外
轧痕	≤0.35	≤0.5	人工	涡流
脱碳	≤0.5	≤0.5	人工	人工
冷伤	≤0.3	≤0.5	人工	涡流
裂纹	不许有	不许有	人工	涡流

（4）我国钢轨伤损情况。仅以 1999 年铁科院对我国钢轨的伤损轨检验情况为例。主要原因是：钢轨端淬火层碎裂掉块；冷伤；横向断裂；疲劳裂纹。

（5）我国钢轨生产厂检验出的废次品情况。造成废次品的主要原因是：钢质不良，包括结疤、裂纹、低倍不合、超声检验不合等；轧制不良，主要是中间轧废、轧痕、尺寸不合、弯曲和挂伤等；精整不良，主要是冷伤、矫痕、未缓冷等。

二、我国在钢轨生产工艺设备方面与发达国家的差距

我国在钢轨生产工艺设备方面与发达国家的差距见表 4。

表 4　我国在钢轨生产工艺设备方面与发达国家的差距

项　目	国外先进工艺	我国现状
铁水	铁水预处理	
炼钢	转炉或电炉	转炉
炉外精炼	LF 炉	LF 炉
真空脱气	VD	RH 或 VD
铸坯	连铸	连铸
加热	步进式炉	连续式炉

续表 4

项目	国外先进工艺	我国现状
清理	高压水除鳞	高压水除鳞
轧制	万能轧机万能法	横列轧机孔型法
矫直	平立复合矫直	水平辊矫
补矫	四面压力矫	两面压力矫
加工	带硬质合金的锯钻机床	带硬质合金的锯钻机床
表面检查	在线涡流探伤	人工检查
几何尺寸检查	在线激光检查	人工样板检查
内部质量检查	在线多探头超声波探伤	在线人工超声波探伤
工艺	长尺生产工艺	短尺生产工艺
冷却	长尺步进式冷床冷却	短尺拉钢式冷床冷却
缓冷	钢坯缓冷	钢轨缓冷
轧机调整	计算机在线调整	人工调整
生产管理	计算机在线统计、计划、产品货、财务结算等	人工计算机统计
质量监控	计算机在线监控	人工监控

三、世界钢轨生产工艺的发展趋势

世界钢轨生产工艺的发展趋势是:

(1) 采用炉外精炼和真空脱气工艺，以确保钢坯的内在质量，控制钢中的残余元素和气体含量，保证钢质的纯净度。

(2) 采用连铸大方（矩）坯，这主要是为了改善钢坯的低倍组织。

(3) 采用步进式加热炉加热钢坯，可以控制加热炉内气氛，有效防止钢坯脱碳和加热温度不均。

(4) 采用高压水除鳞，最大限度地减少因氧化铁皮造成的轧痕等。

(5) 采用万能轧机万能法孔型设计，计算机在线调整。

(6) 采用长尺轧制、长尺冷却、长尺矫直工艺。

(7) 采用在线的质量检查中心，对钢轨通过超声波、涡流和激光检查其内部质量、表面质量和几何尺寸。

(8) 采用带硬质合金的锯钻机床进行钢轨加工。

四、世界钢轨钢的技术发展趋势

(1) 20 世纪钢轨钢的成分基本上是属于珠光体类型的，其中包括普通高碳钢、合金钢和热处理钢三类。

（2）在20世纪后期，日本、美国的研究人员开始对过共析钢进行研究。发现在增加钢的碳含量后，可以使珠光体的原子移动到更快冷却速度和温度略高侧，碳含量为0.9%~1.0%的过共析钢可以承受极大的珠光体转变，而不形成如马氏体等有害的结构。根据这一实验结论设计了过共析钢，其成分和性能如下：C含量0.9%~1.0%，Si含量0.5%，Mn含量1.0%，P含量0.003%，S含量0.007%，Cr含量0.20%；屈服强度865~890MPa，抗张强度1300~1350MPa，延伸率10%~11%。

（3）英国人研究了马氏体钢和贝氏体钢，发现其性能优于珠光体钢。他们认为珠光体钢的性能已达到极限，再提高的范围很有限，仅仅是在理论值与生产值之间有所提高，但这种提高是有限的。他们开发的马氏体和贝氏体钢轨钢，在性能上比珠光体钢有很大提高，其屈服强度、抗张强度达到珠光体钢经过热处理后的性能，在断裂韧性、耐磨性和疲劳性能上比珠光体钢有明显提高，特别是其抗冲击性能比珠光体钢轨钢有成倍提高。

五、世界在钢轨轧制技术上的进步

（1）钢轨的现代孔型轧制技术，是德国的蒂森公司在1932年研究开发成功的，这种方法虽然对改善由于钢水凝固时产生的树枝状晶所形成的腿部质量有一定帮助，但因其变形过程中的不均匀性会造成钢轨断面对称性、轨高、底宽和腹高等尺寸精度不够。这种方法其后虽经多次改进，但因设计原理上的固有缺陷，其在钢轨断面的尺寸精度上很难达到高速铁路对钢轨断面的精度要求。

（2）随着法国高速铁路的开发，铁路部门对钢轨断面精度提出了更高的要求，法国钢铁集团的斯坦莫达斯先生在1964年发明了钢轨万能法轧制技术，这一技术的问世，立刻得到世界钢铁界的关注和铁路部门的好评，并且很快被各国的钢轨生产企业所采用。这一技术从那时起，经过近40年的生产实践和研究改进，达到了目前的水平。

1）法国斯坦莫达斯先生最初的万能法工艺是采用BD1+BD2+UF1+UF2+UF3+E+UF。这种工艺轧制的钢轨断面尺寸精度可以达到：轨高0.22mm、底宽0.24mm、头宽0.19mm、腰厚0.16mm。

2）日本在1970年购买了法国万能法技术，并在此基础上又进一步改进。新日铁的万能法工艺是：BD1+BD2+UF1+E1+UF2+E2+UF。

3）后来随着计算机技术的应用和连轧技术的成熟，使采用更少的万能道次轧制钢轨成为可能。所以在20世纪80年代以后建厂的企业大多数是采用了如下布置：BD1+BD2+UF1+E+UF。如美国的惠林匹兹堡厂、南非的伊斯科、澳大利亚的希尔、加拿大的悉尼均是采用此工艺。

世界钢铁工业的发展趋势与轧梁工艺*

一、世界钢铁工业的发展趋势

当今世界钢铁工业的发展趋势是装备大型化、产品专业化、质量洁净化、生产连续化和经营集团化。世界钢铁工业的改组、改造和重组在加快，其目的是要让钢铁工业通过这三改，满足世界经济全球化的要求。经济全球化主要表现在三个方面：资本流动全球化、市场全球化、生产全球化。通过资产的重组，达到最有效地利用国内和国际两种资源、两个市场，提高企业生产经营活动效益和效率的目的。

世界钢铁市场的竞争也是围绕着高附加值、高性能产品展开的。一是板材，如汽车板、家电板（镀锌、彩涂）、锅炉板、桥梁板、不锈板和管线板等；二是线棒材，如汽车用的齿轮钢、轴承钢、弹簧钢、阀门钢等合金钢棒材，以及钢帘线用线材、斜拉桥、悬索桥用高强镀锌钢丝、高强螺栓等高清洁度线材；三是型材，主要是H型钢和钢轨。

我国这几年来大量进口的也是这些品种。为何会出现这种情况？究其原因是：

（1）我们在规划工作中缺少前瞻性，对几年后国内外市场对钢材的需求情况没有摸准就匆匆上马。如大冶的钢管项目、长城钢厂的三化管项目，宝钢武钢的一期工程均没有想到要生产汽车和家电板，仅按一般商业用板规划产品大纲，结果造成还要上三期工程。鞍钢的1780mm就接受了这些教训，做到高起点，目标是高级轿车板。

（2）由于资金短缺，为了急功近利买二手货，结果投产后达不到预期目标。如本钢的热连轧、攀钢的热连轧，在我们当时审查其可行性研究报告时就知道先天不足，还是硬着头皮上，现在攀钢后期改造花的钱比一期还多。

（3）过去我们对项目的建设是只重视硬件，即主体设备，忽视软件的引进和超前开发。如宝钢的钢帘线、轿车用的圈簧（淬火、回火）引进设备未能如期达产。

（4）我国与国外先进国家的钢铁工业在整体水平上还有5~10年的差距。这

* 本文写于1998年，是为鞍钢、包钢、攀钢、武钢等企业技术人员撰写的讲课稿。

主要反映在装备工艺水平、精炼比、实物质量等方面，如钢轨、汽车板、硅钢、高精度棒线材等。

（5）与钢铁相关的行业技术进步很快，这些行业的产品已经进入世界市场，如我国的电冰箱、空调、洗衣机等家电产品对钢材的实物质量要求越来越高。其生产工艺的进步，采用机器人、自动化生产线、多工位高速冷镦机等先进设备，要求所用钢材具有“三高”即高性能、高强度、高精度，如计算机用耐指纹钢板、轿车润滑油桶用镀锡板、机械行业用高精度棒线材。

如果说：“八五”“九五”是我国钢铁工业技术改造的第一、二次高潮，这次“十五”的改造则是第三次高潮，前两次有所失误还情有可原，这次是不能再失误了，这是非常关键的五年，因为根据我国加入 WTO 的承诺，我国大部分行业的大部分品种在 2005 年后都要彻底对外开放，那时是没有任何国家保护了，要看企业自己的真本事了。

二、21 世纪中国钢铁工业的发展战略和市场定位

根据我国的总体发展战略，到 21 世纪中叶我国将达到世界中等发达国家水平。根据这一发展目标，钢铁工业的发展战略是与国民经济同步发展，加快技术改造和结构调整的力度，提高钢铁企业的国际竞争能力，大力开拓国际市场，积极参与国际化经营，要实现从钢铁大国向钢铁强国的转变。

在今后一段时间内我国的钢铁工业仍然是以满足内需为主，因为我国尚未完成工业化进程，预计要 2030 年前后才能完成。在这一段时间里，国内对钢铁产品的需求增长是比较迅速的。此后钢铁的数量增长将逐步减少，而过渡到重点发展品种质量。现在我国钢铁工业的情况是经过“十五”的改造，普钢行业的板、管品种和质量需求能基本满足，而型钢的生产工艺相对比较落后，相关行业的发展，如钢轨、H 型钢等技术改造滞后，必须抓紧“十五”这几年时间，迎头赶上。

三、世界钢轨生产技术的发展

世界主要轨梁（大型）厂采用万能法生产工艺设备情况如下：

（1）新日铁八幡厂（该厂轧机原为横列式布置，1971 年完成万能法改造）：工艺布置为 BD1+BD2+UIE1+U2E2+UF（半），即 1—1—2—2—1 布置形式；轧制道次为 7、3、3、1、1；主要产品有 30kg/m、37kg/m、40kg/m、50kg/m、60kg/m 等断面 50m 长钢轨和 H 型钢（100~400mm×200~700mm）等；钢轨采用连铸钢坯，尺寸为 245mm×360mm×10200mm，坯重 6.85t；H 型钢采用异型坯，尺寸为 430mm×298mm×11330mm，坯重 5.95t；生产能力为 7 万吨/月。

（2）南非依斯克公司（1978 年）：工艺布置为 BD1+BD2+U1E1+UF（半），

即1—1—2—1布置形式；轧制道次为5、3、3、1；主要产品有重轨、大型；坯料为连铸大方坯，断面尺寸为360mm×170mm。

(3) 美国匹兹堡厂（1981年）：工艺布置为BD1+BD2+U1E1+UF（半），即1—1—2—1布置形式；轧制道次为9、3、3、1；主要产品有54kg/m、60kg/m、67kg/m钢轨、吊车轨和H型钢；坯料为连铸大方坯，断面尺寸为310mm×330mm；年产60万吨。

(4) 澳大利亚希尔公司（1982年）：工艺布置为BD1+BD2+U1E1+UF（半），即1—1—2—1布置形式；轧制道次为7、3、1、1；主要产品有50kg/m、60kg/m重轨。

(5) 巴西吉拉斯公司（1980年）：工艺布置为BD1+BD2+U1E1+E2U2E3+UF（半），即1—1—2—3—1布置形式；轧制道次为7、3、3、1、1；主要产品有50kg/m、57kg/m、60kg/m、68kg/m重轨和75kg/m吊车轨，以及H型钢等；所用钢坯为连铸大方坯，断面尺寸为350mm×260mm。

(6) 加拿大悉尼钢厂（1989年）：工艺布置为BD1+BD2+U1E1+UF（半），即1—1—3布置形式；轧制道次为5、7、3；主要产品有50kg/m、54kg/m、60kg/m、68kg/m钢轨和H型钢等；采用连铸大方坯，断面尺寸为280mm×400mm；年产量为50万吨。

(7) 法国萨西乐公司（1964年）：工艺布置为BD1+BD2+U1E1+U2E2+U3E3+UF（半），即1—1—2—2—2—1布置形式；轧制道次为5、3、1、1、1、1；主要产品有50kg/m、54kg/m、60kg/m、68kg/m长尺为80m钢轨和H型钢等；所用坯料为连铸大方坯，断面尺寸为360mm×445mm；年产量80万吨。

(8) 意大利PSP（Profile Sizing Process）型钢定径工艺：工艺布置为BD1+U1E1U2+UF，即1—3—1布置形式；轧制道次为7、3、1；主要产品有H100~1000、钢轨；坯料为异型坯。

(9) 波兰卡特维兹厂（1983年）：轧机布置为BD1+BD2+BD3+E1U1+UF，即1—1—1—2—1布置形式；轧制道次为3、3、3、3、1；产量为120万吨/年，其中钢轨65万吨（可生产1100MPa高强轨，钢轨断面最大75kg/m），H型钢55万吨（H200~550）。

不同工艺布置对产品尺寸的影响（以法国为例）如表1和表2所示。

表1 工艺流程1（7机架）的产品尺寸 (mm)

项目	轨高	腿宽	头宽	腰厚
标准	172	150	74.33	16.50
实际	172.07	149.89	74.31	16.55
标准离差	0.22	0.24	0.19	0.16

表2 工艺流程2（5机架）的产品尺寸 （mm）

项　目	轨高	腿宽	头宽	腰厚
标　准	172	150	74.33	16.50
实　际	172.08	150.17	74.25	16.65
标准离差	0.25	0.26	0.18	0.17

加拿大悉尼厂实物精度（50kg/m 轨）为：轨头 70.015~70.035mm，腰厚 15.65~15.85mm，腿宽 131.65~131.95mm，轨高 153.10~153.35mm。

四、国外采用万能工艺生产钢轨出现的问题分析

样品总量为 53277 个。

（1）废品 3137 个，占 5.88%。其中：低倍不合 695 个，占 22.1%；偏析 469 个，占 14.96%；扭转 109 个，占 3.5%；万能 1007 个，占 32.1%；裂纹 125 个，占 3.98%；矫直 44 个，占 1.4%；孔坏 118 个，占 3.76%；切头 570 个，占 18.17%。

原因构成：炼钢原因占 41%，万能原因占 40%，精整原因占 4.87%。

（2）改判 2788 个，占 5.23%。其中：低倍不合 208 个，占 7.46%；偏析 619 个，占 22.2%；裂纹 230 个，占 8.24%；折叠 390 个，占 13.98%；万能 627 个，占 22.48%；扭转 97 个，占 3.4%；不对称 126 个，占 4.5%。

原因构成：炼钢原因占 43.7%，万能原因占 40.88%，精整原因占 6.9%。

（3）万能厂设计理论成材率为 93%，实际为 90%。成材率损失：铁皮为 2.5%，切头为 3.4%，取样及轧废为 1.1%，合计 7%。

（4）电炉钢设计理论成材率为 95%，实际为 93.9%。

（5）连铸设计理论成材率为 97.5%，实际为 95.8%。

（6）偏析和条纹问题：

1）偏析问题：高碳钢的偏析为 C、Mn、P、S 等元素的偏析。

造成原因主要是在炼钢连铸过程中工艺控制不好，具体表现为：转炉在冶炼中采用“低拉碳工艺”，增碳剂混合不均；中间罐体积设计小；中间罐温度过高；无电磁搅拌；浇铸速度过快；二冷段冷却强度低；连铸机足辊间距过大。

改进措施：结晶器上电磁搅拌；改进结晶器设计，直型的结晶器更有利于夹杂物上浮；中间罐的尺寸要大，其容积应为炼钢炉的 30%，使钢水在罐内停留时间延长，有利于夹杂物上浮；严格控制中间罐钢水过热度，一般不超过钢的液相线温度 20℃；严格控制浇铸速度，一般不大于 0.5~0.8m/min；减小连铸机足辊间距，确保铸坯几何断面形状正确；控制好二冷段冷却强度。

2）条纹问题：在成品钢轨的低倍检查中主要发现 4 种分布情况，即在腰部中心靠近腿部、在腰部中心靠近头部、在轨头和轨底角部、在腰部中心线的上部

和下部。

加拿大国家研究中心用电子散射 X 射线分析仪测定在条纹处存在 CR 偏析，条纹的微观结构是细珠光体+上贝氏体，其硬度为 620HB。我国检查还发现有马氏体组织。澳大利亚国家钢铁研究院在设计 Cr-Mo 合金钢种成分时就指出：当冷却速度大于 0.7℃/s 时，就有出现马氏体和贝氏体组织的可能。其发现成分为 C 0.73%、Mn 0.90%、Si 0.19%、Cr 0.86%、Mo 0.08%的钢轨钢在冷却速度大于 0.7℃/s 时，其组织为 75%P+20%B+5%M。

造成条纹的原因可能有如下因素：在 Cr-Mo 合金钢中的成分偏析；在轧制过程中冷却速度过快。

（7）关于万能工艺生产中出现的主要问题：

1）加热温度不均，造成钢轨几何尺寸超差，主要是轨底尺寸。工艺要求同一支钢坯的温差不应大于 30℃，开轧温度控制在 1050℃以下。

2）BD2 轧机轴向固定不好，使供给 U1E1 的轧件尺寸超差，造成成品钢轨不对称或腿端出现圆角。

3）U1、E1、UF 三架轧机之间的导卫装置设计不合理，造成鱼鳞状刮伤。

4）打印机不好使，造成无印。

5）热锯锯口地板低，造成弯头。

6）冷床前预弯机调整不好，造成冷却后钢轨弯曲过大。

7）平立联合矫直机压力过大，造成钢轨矫断。

五、万能法孔型的主要特点

（1）轧件在万能孔中承受的是压应力，可改善钢轨横向与纵向的性能、表面质量和降低轧辊消耗。

（2）万能法孔型设计是采用对称设计，可以克服普通孔型设计不对称等毛病。

（3）由于有轧边孔，有利于对头宽、腿宽的控制和腿端、轨头踏面圆弧几何形状的改善，从而提高尺寸精度。

六、世界 H 型钢轧制工艺的最新发展

轧制工艺和轧机布置方面：从格林轧法（H）发展到蝶型轧法（X-H），从多机架（单道次）万能法发展到仅用三万能的可逆轧制技术（连轧），使厂房长度大大缩短，万能轧机机架数减少，投资降低。典型企业主要有中国马钢、中国台湾东和厂、英国莱肯贝厂、卢森堡阿尔贝德厂。

坯料方面：主要采用方、矩形坯（300mm 以下），异形坯（700mm 以下），板坯（1100mm 以下）。

钢板桩生产技术*

一、钢板桩在工程中的应用

钢板桩断面具有很高的抗弯抗扭性能和良好的抗腐蚀性，使其在工程中获得广泛应用，主要用于船坞、堤岸、码头、围堰、防护堤、海上采油、地下铁道、轨道交通、发电厂、水库大坝、地下矿井、大型建筑基础等重要设施。

世界上生产钢板桩的主要国家有：日本、卢森堡、美国、法国、前苏联等，其中日本和卢森堡生产的钢板桩品种多、产量大。

二、钢板桩的品种

1900 年世界开始生产钢板桩，钢板桩的形状有板形、U 形、工字形、箱形和圆管形等。通过近百年的研究和改进，到目前为止在世界上应用比较广泛的钢板桩品种有：

（1）板形钢板桩（ROMBAS），如图 1 所示，其特点是腹板平直、锁口处强度较高，适用于格形围堰等建筑，多用于挡土墙、挡水墙等圆形和半圆形结构。

图 1　板形钢板桩

（2）U 形钢板桩（LARSSF），如图 2 所示，其特点是刚度高、惯性矩大，适用于永久性建筑，也适用于临时性建筑，可反复拆装使用，这种钢板桩在国内外获得广泛使用。U 形钢板桩的锁口形状有套桶形、握手形和圆形。套桶形锁口在打桩时咬合紧密，密封性能好，易于轧制。握手形锁口密封性也很好，但生产困难。圆形锁口密封性差，目前已淘汰。世界上采用最广的是套桶形锁口。

（3）Z 形钢板桩（BERVAL），如图 3 所示，其特点是断面力学性能良好、单位重量具有的截面模数大、经济性好，但因其断面形状复杂，轧制比较困难，在存放及运输过程中易变形等因素，生产较少。

---

* 本文写于 2001 年，是作者在国内钢板桩技术研讨会上的发言。

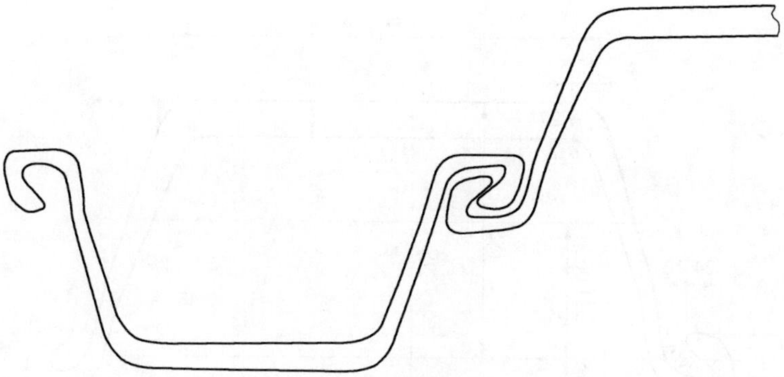

图 2 U 形钢板桩

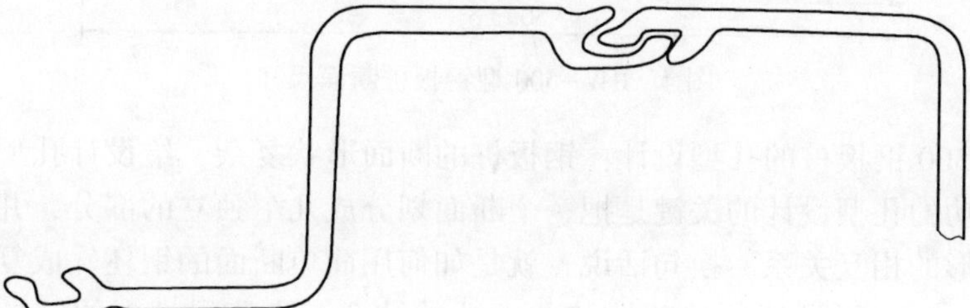

图 3 Z 形钢板桩

三、我国钢板桩与日本钢板桩规格性能比较

我国钢板桩与日本钢板桩规格性能比较见表 1。

表 1 我国钢板桩与日本钢板桩规格性能比较

国家	型号	宽度/mm	高度/mm	腰厚/mm	单重/kg · m^{-1}	断面模数/cm^3	经济系数
中国	BⅣ-500	500	185	16	90. 8	424. 8	13. 42
	AⅣ-400	400	170	15. 5	77. 3	343	10. 56
日本	FSP ⅤL	500	200	24. 3	108	520	14. 58
	FSPⅣ	400	170	15. 5	71. 1	362	11. 35
	FSPⅣA	400	185	16. 1	74	400	12. 16

四、BⅣ-500 型钢板桩的轧制

20 世纪 70 年代，包钢轨梁厂开发并成功生产了 BⅣ-500 型钢板桩。其断面尺寸如图 4 所示。生产是在轨梁轧机上进行的，包钢的轨梁轧机由 950mm 开坯轧机、800mm 粗中轧机和 850mm 万能轧机组成。坯料采用的是初轧机提供的异形坯。钢种是 10MnPNBR，一种耐海水腐蚀钢。

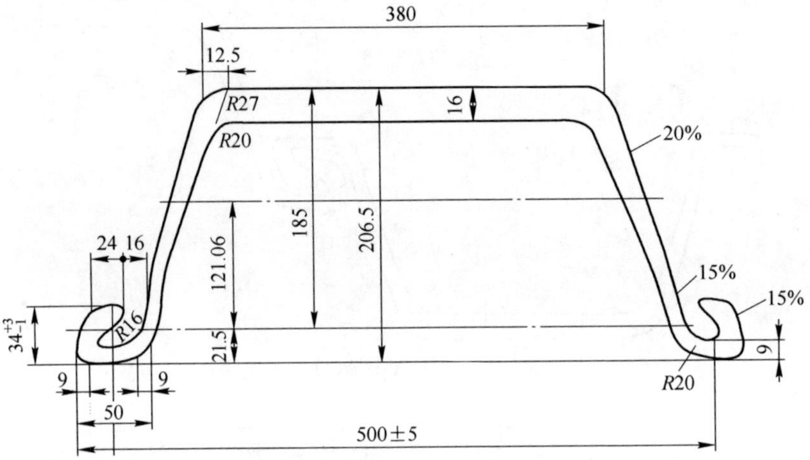

图 4　BⅣ-500 型钢板桩断面尺寸

BⅣ-500 钢板桩的孔型设计：钢板桩的断面形状复杂，给设计孔型带来很大困难。成功的孔型设计的关键是把一个断面划分成几个独立的部分，并研究各部分之间变形的相互关系。换句话说，就是如何用简单断面的钢坯轧成复杂的钢桩成品断面，这需要设计的技巧性和艺术性的结合。为获得理想的钢板桩断面形状，特别是锁口的尺寸，采用 3—2—2—1 的孔型系统，即在 950mm 开坯机上设计了 3 个异形孔，在 800mm-1 架和 800mm-2 架轧机上设计了各 2 个帽形孔，在 850mm 万能轧机上设计了 1 个万能成品孔，四架轧机上共轧制 12 道次。

导卫装置的设计：轧制钢板桩不仅需要精确的孔型设计，还离不开正确的导卫装置设计与安装，合理的导卫装置设计和安装，是保证轧制过程稳定和钢板桩锁口尺寸精度的关键。为保证轧件能对正孔型，在入出口处设计安装了上压板和下托板。

成品质量的检查：成品质量合格率为 95. 8%，一级品率为 80%。

存在的主要问题是：锁口存在耳子；锁口间隙波动仍较大；成品定尺率还有待提高。

现代钢轨生产技术与工艺*

世界铁路发展自20世纪60年代进入了一个崭新的时代，具有高技术的铁路运输在世界范围内获得越来越多的认同。特别是以法国的TGV、德国的ICE和日本的“子弹头”列车为代表的新型客运列车和重载列车的出现，向世人展示了现代化高技术铁路迷人的风采和广阔的发展前景。

一、世界高技术铁路的发展现状

（一）高速客运铁路

全世界已经建成并投入运营的高速铁路国家有10个，线路总长6393km；在建高速铁路16条，总长度达到3165km。日本高速铁路设计时速为250~260km，实际运营时速为220~240km。法国早期高速铁路设计时速为300km，实际运营速度为270~300km，近期建成的北方线和东方线设计时速为350km，实际运营速度已突破300km。西班牙、韩国、中国台湾高速铁路的设计时速都为350km，其运营时速将突破300km。世界各国的高速列车如图1~图9所示。

图1　日本新一代700系高速列车

（1999年投入运行，最高运行时速285km）

高技术铁路运输有着比航空、公路运输更具潜力的发展优势和生机。高速铁路是个庞大的系统工程，它集合了钢铁冶金、机械加工、车辆制造、电子技术、

---

* 本文写于2008年，是给全国铁路工务系统讲课的材料。

图 2　日本“21 世纪之星”高速列车

（试验时速 350km）

图 3　法国 TGV“欧洲之星”高速列车

（最高运行时速 300km）

图 4　意大利 ETR500 高速列车

（最高运行时速 300km）

图 5　德国 ICE3 高速列车

（最高运行时速 330km（交流制）和 220km（直流制））

图 6　运行中的西班牙 AVE 列车

图 7　日本新干线高速列车使用的列车车轴及钢轨

图 8　日本磁悬浮列车

图 9　德国磁悬浮列车

自动化控制技术、电力牵引技术等学科的成果，是一个国家技术经济综合实力的代表。其突出特点是：高速、高效、安全和舒适。21 世纪陆路运输中高技术铁路将大展宏图，特别是用于城市间旅客运输的高速铁路、以地下铁路为代表的城市轨道交通系统、用于运距超过 400km 的大宗货物运输重载铁路、用于短途旅客和小批量货物运输的高速铁路。

（二）重载铁路

世界上重载铁路最大轴重已达 35. 7t，正在积极研究 39t 轴重的可行性。目前美国、加拿大、澳大利亚等重载铁路的轴重普遍达到 32. 5 ~ 35. 7t；瑞典、巴西的重载列车轴重已提高到30t；南非重载列车轴重提高到了26t(窄轨)；俄罗斯正在将重载货车轴重提高到27t，并加紧研究35t轴重的轨道部件。

重载列车牵引质量普遍在2万吨左右。美国、加拿大等重载单元列车牵引质量普遍由1.5万吨向1.8万吨发展；南非、澳大利亚的重载单元列车牵引质量已超过2万吨；澳大利亚BHP重载铁路已成功进行重载8.2万吨铁矿石的重载单元列车试验。

重载列车如图10所示。

图10　重载列车

(三) 城市轨道交通系统

世界有40多个国家和地区的132个城市共建成5000km地铁和3000多千米轻轨铁路，每年运送旅客达260亿人次之多。地铁是解决城市内交通的主要手段，在发达国家每年城市的轨道交通承担了城市旅客运输量的60%~87%。如伦敦约80%的人是坐地铁上班，法国巴黎的地铁承担了公共交通70%的运量，东京地铁承担了客运量的87%，莫斯科地铁承担了客运量的68%。

我国目前有北京、天津、上海、广州、南京等城市建成地铁，在建的还有武汉、西安、成都、重庆等。根据我国国民经济发展和城市人口的增长，人口超过100万的城市有32个。这些城市都需要发展轨道交通来解决交通问题，可见我国的轨道交通市场有多么大。

(四) 我国铁路正在实现跨越式发展

截至2005年年末，全国铁路营业里程为75438km，其中国家铁路62200km，按国土面积计算的每万平方公里路网密度为75.58km；复线里程25566km，复线率33.9%；电气化铁路里程20151km，电气化率26.7%；重载铁路里程8830km。

按照我国铁路发展规划，预计到2020年将建成京沪高速铁路，北京—沈阳—哈尔滨（大连）、北京—广州—深圳、上海—杭州—长沙、徐州—郑州—

兰州、青岛—太原客运专线，以客为主的上海—武汉—成都和杭州—宁波—厦门快速客运通道，初步形成以北京、上海、广州、武汉为中心，以京沪、京广、京哈、陇海、浙赣、青太、沪汉蓉及杭甬厦“四纵四横”客运通道为骨架，以相关客货混跑线路为连接线，总规模达到3万千米的快速客运网。

二、世界钢轨生产工艺的发展趋势

随着铁路技术的进步，特别是火车速度的提高对钢轨的几何尺寸、表面质量、平直度和内部质量的要求越来越高，这就要求钢轨生产工艺实现“五精”，即精炼、精轧、精矫直、精加工、精检验才能满足。

目前，世界上主要采用两种现代钢轨生产工艺：长流程工艺和短流程工艺，这两种工艺除炼钢以前有所不同外，后续工序是相同的，如精炼、脱气、连铸、万能轧制、长尺冷却、矫直、在线检测（超声波、涡流、激光等）。

（1）采用炉外精炼和真空脱气工艺，以确保钢坯的内在质量，控制钢中的残余元素和气体含量，保证钢质的纯净度。

（2）采用连铸大方（矩）坯，主要是为了改善钢坯的低倍组织。

（3）采用步进式加热炉加热钢坯，可以控制加热炉内气氛，有效防止钢坯脱碳和加热温度不均。

（4）采用高压水除鳞，最大限度地减少因氧化铁皮造成的轧痕等。

（5）采用万能轧机万能法孔型设计，计算机在线调整。

（6）采用长尺轧制、长尺冷却、长尺矫直工艺。

（7）采用在线质量检查，通过超声波、涡流和激光检查钢轨内部质量、表面质量和几何尺寸。

（8）采用带硬质合金的锯钻机床进行钢轨加工。

（9）采用控制轧制、控制冷却和在线热处理等技术，使钢轨具有最佳的组织、性能和成分。

三、世界钢轨钢技术的发展趋势

20世纪钢轨钢的成分基本上是属于珠光体类型的，其中包括普通高碳钢、合金钢和热处理钢三类。20世纪后期，日本、美国的研究人员开始对过共析钢进行研究，发现在增加钢的碳含量后，可以使珠光体的原子移动到具有更大冷却速度和温度略高侧，碳含量为0.9%~1.0%的过共析钢可以承受极大的珠光体转变，而不形成如马氏体等有害的结构。根据这一实验结论设计了过共析钢，其成分和性能如下：$w(C)=0.9\%\sim1.0\%$，$w(Si)=0.5\%$，$w(Mn)=1.0\%$，$w(P)\leq0.003\%$，$w(S)\leq0.007\%$，$w(Cr)=0.20\%$；屈服强度865~890MPa，抗张强度1300~1350MPa，延伸率10%~11%。

在研究马氏体钢和贝氏体钢时发现其性能优于珠光体钢，并认为珠光体钢种的性能已达到极限，再提高的范围很有限，仅仅是在理论值与生产值之间有所提高，但这种提高是有限的。目前开发的马氏体和贝氏体钢轨钢，在性能上比珠光体钢有很大提高，其屈服强度、抗张强度达到珠光体钢经过热处理后的性能；其断裂韧性、耐磨性和疲劳性能比珠光体钢有明显提高，特别是其抗冲击性能比珠光体钢轨钢有成倍提高。

贝氏体钢轨钢成分和性能为：$w(C)=0.38\%$，$w(Si)=0.33\%$，$w(Mn)=1.20\%$，$w(P)\leqslant 0.018\%$，$w(S)\leqslant 0.08\%$，$w(Cr)=1.17\%$，$w(Mo)=0.20\%$，$w(V)=0.07\%$；屈服强度 812MPa，抗张强度 1080MPa，延伸率 17%。

马氏体钢轨钢成分和性能为：$w(C)=0.66\%$，$w(Si)=0.24\%$，$w(Mn)=0.73\%$，$w(P)\leqslant 0.02\%$，$w(S)\leqslant 0.015\%$；屈服强度 1030MPa，抗张强度 1208MPa，延伸率 16.4%。

四、世界在钢轨轧制技术上的进步

钢轨的现代孔型轧制技术是德国的蒂森公司在 1932 年研究开发成功的，这种方法虽然对改善腿部质量有一定帮助，但这种方法因其变形过程中的不均匀性会造成钢轨断面对称性、轨高、底宽和腹高等尺寸精度不够。法国钢铁集团的斯坦莫达斯先生在 1964 年发明了钢轨万能法轧制技术，这一技术的问世立刻得到世界钢铁界的关注和铁路部门的好评，很快被各国的钢轨生产企业所采用。这一技术从那时起，经过近 40 年的生产实践和研究改进，达到了目前的水平。

钢轨粗轧异形断面与成品轨断面间的关系如图 11 所示。钢轨在万能孔型中的加工如图 12 所示。

法国斯坦莫达斯先生最初发明的万能法工艺是 BD1+BD2+U1+U2+U3+E+UF。日本在 1970 年购买了法国万能法技术，并在此基础上又进一步改进，新日铁的万能法工艺是 BD1+BD2+U1+E1+U2+E2+UF。后来随着计算机技术的应用和连轧技术的成熟，使采用更少的万能道次轧制钢轨成为可能。所以在 20 世纪 80 年代以后建厂的企业大多数采用了 BD1+BD2+U1+E+UF 工艺，如美国的惠林匹兹堡厂、南非的伊斯科、澳大利亚的希尔、加拿大的悉尼等。

影响钢轨质量的主要因素有：

（1）废品：炼钢原因占 41%，万能原因占 40%，精整原因占 4.87%。

（2）改判：炼钢原因占 43.7%，万能原因占 40.88%，精整原因占 6.9%。

五、关于钢轨钢的偏析问题

高碳钢的偏析主要是 C、Mn、P、S 等元素的偏析，造成原因主要是在炼钢连铸过程中工艺控制不好，例如转炉在冶炼中采用“低拉碳工艺”，增碳剂混合

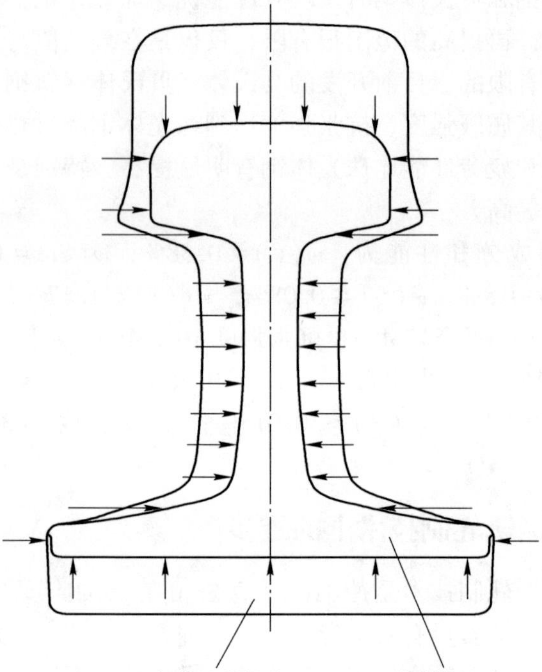

图 11　钢轨粗轧异形断面与成品轨断面间的关系

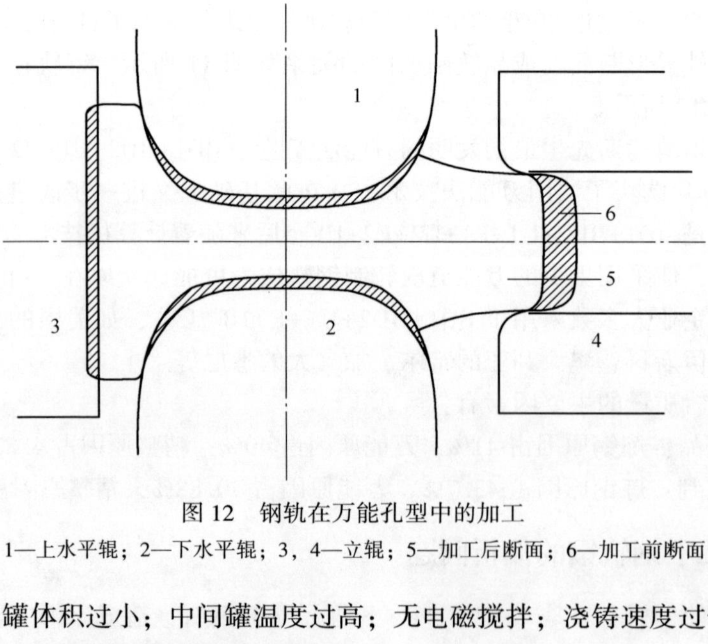

图 12　钢轨在万能孔型中的加工

1—上水平辊；2—下水平辊；3，4—立辊；5—加工后断面；6—加工前断面

不均；中间罐体积过小；中间罐温度过高；无电磁搅拌；浇铸速度过快；二冷段冷却强度低；连铸机足辊间距过大等。

六、我国钢轨生产现状

攀钢、包钢、鞍钢、马钢、武钢已完成对钢轨和车轮生产工艺的技术改造，五大钢厂技术改造后，在钢轨和车轮技术装备方面达到国际先进水平，可以成批生产100m长高速铁路用轨，已经具备为我国京沪高速铁路提供钢轨的能力。钢轨质量产量有较大提高，不仅能满足国内铁路建设的需要，而且可以出口。

2006年我国生产重轨198万吨，其中75kg/m 6.58万吨，60kg/m 128.5万吨，50kg/m 38.5万吨，快速客运用轨11.78万吨；生产车轮和轮箍18.85万吨；生产车轴坯3.4万吨；生产轻轨91.4万吨。

2007年我国生产重轨177万吨，同比减少21万吨，下降10.6%；生产轻轨111万吨，同比增加19.6万吨，增长21.5%；生产车轮、轮箍19万吨，同比增加0.15万吨，增长0.8%。

我国钢轨生产需要改进的方面：

（1）工艺的稳定性不够，造成钢轨质量稳定性不理想。如几何尺寸精度、钢质的纯净度、性能的波动、表面质量等，还需要进一步摸索改进工艺制度。

（2）100m长尺轨的定尺率还不高，有待提高。

（3）我国的钢轨钢种相对较少，缺乏系列化。钢种开发滞后铁路的发展要求。

（4）对轮轨关系的研究还不够深入，特别是在车速300km/h和重载条件下轮轨关系的研究，对我国今后开发新钢种是非常重要的基础性研究工作。

（5）对在高速条件下钢轨与列车系统对周围环境影响的研究还需加强。要加快开发低噪声车轮和空心车轴。

（6）要加强铁路用轨核心技术的研究，满足铁路重载运输对钢轨强韧性的新要求。

全球管道物流运输现状与未来*

一、全球管道运输的现状

目前，世界上长输管道的总长度已超过了200万公里，而我国现在仅有长输管道不足2万公里（包括海上天然气管道约900公里），不到世界长输管道总长度的1%。

全世界目前在建和计划建设的管道总里程数约1.3万公里，表现出强劲的增长势头。欧洲、中东、非洲、南太平洋、远东、中美洲、南美洲等地区均有大规模的管道工程项目。

采用管道运输和分送固、液、气体已经有几百年的历史了，现有的城市自来水、暖气、煤气、石油和天然气输送管道、排污管道可以看作是管道物流的原始形式。但这些管道输送的都是连续介质。

发展城市地下物流以及管道物流是一个新的思路，把管道物流从今天只能配送液体、气体等物质向配送固体物质（包括日用品的运输供应和城市垃圾的外运等）延伸，把地面上以车辆配送为主要形式的物流转向地下和管道中，是一个具有划时代意义的研究与发展领域。通过实施地下管道物流，可以极大地减少城市环境污染。

二、我国物流运输现状

物流运输是国民经济的命脉，目前我国主要运输装备及其核心技术水平与世界先进水平尚存在较大差距；运输供给能力不足；综合交通体系建设严重滞后，各种交通方式缺乏综合协调；交通能源消耗与环境污染问题严峻，全面建设小康社会对交通运输提出了更高的要求，交通科技面临重大战略要求。

快捷与高效节能环保是交通运输的重要指标，是现代交通运输方式实现可持续发展的基本条件。快捷式交通运输是发展方向。坚持节能减排是我国的基本国策，加快建设资源节约型、环境友好型社会，促进经济发展与人口、资源、环境相协调，是贯彻落实科学发展观、走新兴工业化道路的必然要求。

---

* 本文写于2009年。

三、管道运输的特点

管道运输系统是一种既古老又新颖的物流运输方式。人类传统的运输方式，长期以来是以公路、铁路、航空和水运为主要格局，随着世界经济的发展、物流量的增加，传统的运输方式越来越暴露出其问题和不足，如运量有限、能源消耗高、环境污染严重、投资大。

管道运输有着其他运输方式无法比拟的优势：

（1）运量大。一条管道可以年运输百万吨到千万吨，甚至可以高达亿吨。

（2）占地少。管道可以埋在地下，其永久占地仅为公路的3%，铁路的10%左右，可节约大量土地。

（3）建设周期短。与同样运量的铁路运输相比，其建设周期要缩短三分之一以上。

（4）建设成本低，能耗少。同样运力管道运输能耗仅为铁路运输的七分之一，管道运输与水路运输及铁路运输的成本比为1∶1∶1.7，而且管道直径越大，运距越远，其成本越低。

（5）管道运输安全、可靠、环保，不受气候等因素影响。

四、固体货物管道运输的几种方式

（1）气力输送管道（Pneumatic Pipeline）：Halske Company 在柏林建立了德国第一个管道邮政网，管道直径为 65mm，该系统在其全盛时期的管道总长度为297km，使用达 100 余年。

（2）浆体输送管道（Slurry Pipeline）：美国的 Black Mesa 煤浆输送管道总长438km，管道直径为 456mm，每年从亚利桑那州的一个煤矿运输 460 万吨的煤到内华达州的一个发电厂，该管道系统从 1970 年一直成功地运行到现在。

（3）囊体运输管道（Capsule Pipeline）：一是前苏联的“Transprogress”系统，该系统采用直径为 1220mm 的钢制运输管道，可输送单个的集装箱或者装有集装箱的运输车；二是建于美国 Georgia 州的“Tubexpress”系统。

（4）Cargocap 地下管道物流配送系统：这一系统应该是目前管道物流系统的最高级形式，通过这种系统可以实现 36km/h 的恒定运输速度。这种地下管道快捷物流运输系统，将和传统的地面交通和城市地下轨道交通共同组成未来城市立体化交通运输系统。

目前全球的管道运输承担着很大比例的能源物资运输任务，包括原油、成品油、天然气、油田伴生气、煤浆等。其完成的运量常常大大高于人们的想象（如在美国接近于汽车运输的运量）。

近年来，管道运输也被进一步研究用于解决散状物料、成件货物、集装物料的运输，以及发展容器式管道输送系统。

五、磁悬浮技术在管道运输中的应用与发展

一是以德国为代表的常导电式磁悬浮，二是以日本为代表的超导电动磁悬浮，这两种磁悬浮都需要用电力来产生磁悬浮动力。而第三种就是永磁悬浮，它使用特殊的永磁材料，不需要任何其他动力支持。永磁悬浮与其他磁悬浮相比有五大特点：一是悬浮力强；二是经济性好；三是节能性强；四是安全性好；五是平衡性稳定。

（一）真空磁悬浮管道运输

美国佛罗里达州机械工程师戴睿·奥斯特于 1999 年将真空管道磁悬浮运输概念落实到图纸上并在美申请了发明专利。真空管道高速交通，就是建造一条与外部空气隔绝的管道，将管内抽为真空后，在其中运行磁悬浮列车，由于没有空气摩擦的阻碍，列车将运行至令人瞠目结舌的高速。而且管道是密封的，可以在海底及气候恶劣地区运行而不受任何影响。

目前世界上有美国、瑞士、中国等国家在研究真空管道磁悬浮技术。美国搞的是高真空管道交通，大气压甚至只有外界的百万分之一，但成本很高。瑞士则把真空管放在地下隧道中，这同样增加了很大的成本。而我国的方案是管道内只要降到 0.5 个大气压，就可以大大减少空气对于机车的阻力，这样就大大降低了成本。

（二）磁管道运输

现代交通运输发展的重要要求是提高交通运输的快捷、节能、环保指标。通过近十年来国内外的研究与实验，目前基本证实了磁管道是一种新型的快捷与节能环保运输工具，磁管道技术系统的发展，必然对国际和国内高新技术产生积极影响。磁管道运输技术及其产业化，是国际交通运输产业前沿技术之一，是交通运输产业中高新技术领域里具有前瞻性、先导性和探索性的重大技术，是未来运输产业高技术更新换代和新型产业发展的一个重要基础，是国家交通运输产业高技术创新能力的一种体现。

磁管道技术是由绕在管道壁上的同步电机线圈来实现的，电极与运矿车上的一些永久性磁铁相互作用产生推进力。磁管道运输系统不仅可以实现中短距离的集疏运输，还可以很好地适应矿井运输中普遍存在的复杂地形，具有攀登陡峭坡度的能力，而且可使占地最小化，并缩短到达地面的运距。其突出特点是运能大、时速快、运行平稳，易于实现自动控制；无噪声，不排放有害的废气，有利于环境保护；可节省建设经费；运营、维护和耗能费用低。

管道运输的图示见图1～图5。

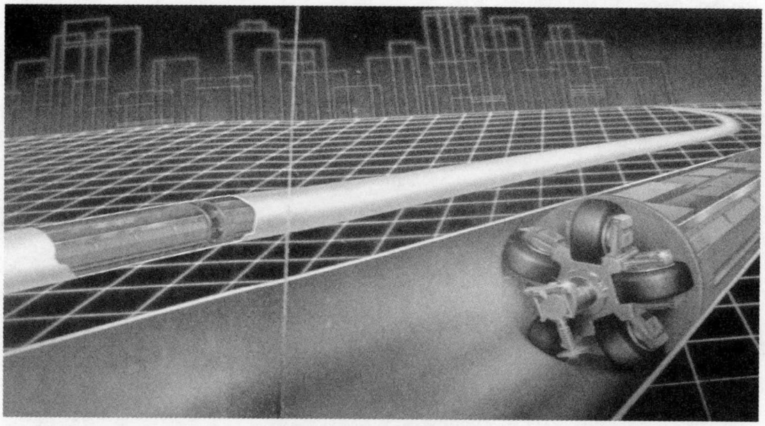

图1　管道运输图示一

图2　管道运输图示二

图3　管道运输图示三

图 4　管道运输图示四

图 5　管道运输图示五

第四篇

转变增长方式研究

我国钢铁物流现状和“十一五”发展展望*

一、我国钢铁工业发展现状（截至2006年）

（一）产量

（1）粗钢产量4.1878亿吨，同比增长18.5%，占世界总产量的33.8%。

（2）生铁产量4.0416亿吨，同比增长19.8%。

（3）钢材产量4.6685亿吨，同比增长24.5%。

（4）钢材的表观消费量4.4235亿吨，同比增长16.3%。钢材消费增长低于产量增长，达8.2个百分点。

（5）2006年产粗钢最多的省是：河北、江苏、辽宁、山东和山西，其产量分别是9096万吨、4202万吨、3798万吨、3714万吨和1938万吨。这5省增钢量占全国粗钢增加总量的58.1%。

（6）2006年产钢材最多的省是：河北、江苏、山东、辽宁，其产量分别是8467万吨、5816万吨、4088万吨、3986万吨。

（7）2006年产粗钢最多的企业是：鞍本集团、宝钢集团、唐钢集团、沙钢集团和武钢集团，其粗钢产量分别是2255万吨、2253万吨、1905万吨、1462万吨和1376万吨。

（8）2006年全国粗钢产量中：1000万吨以上的特大型企业占32.5%，500万吨以上的大型企业占18.8%，500万吨以下的中小企业占48.7%。

（9）2006年12月我国铁、钢、材的日产水平为118.2万吨、122.8万吨和141.7万吨，具备年产生铁4.3亿吨、粗钢4.6亿吨和钢材5.2亿吨的能力。

（二）产品结构

产品结构进一步优化，板材比达41.9%，占钢材增量的51%，高于钢材的平均增幅7.1个百分点。长材比48.1%，占钢材增量的40.1%，低于钢材平均增幅4.9个百分点。

（1）国产钢材国内市场占有率达95.82%，同比提高了2.6个百分点，创历史新高。

---

* 本文写于2007年，是为中国钢铁工业协会物流工作委员会撰写的工作报告。

（2）钢材进出口呈现新格局。2006年我国净出口钢材2450万吨、钢坯867万吨，按粗钢计算，出口粗钢5480万吨，同比增加2590万吨，增长了89.6%；进口粗钢2006万吨，减少872万吨，下降30.3%，进出相抵，全年净出口粗钢3473万吨，占全年粗钢增量的53%。

（3）22个钢材大品种中，自给率超过100%的有16个，分别是钢轨、大型型钢、中小型钢、棒材、钢筋、线材、特厚板、中板、热轧薄板、中厚宽带钢、热轧薄宽带、热轧窄带钢、冷轧窄带钢、无缝管、焊管等。

（4）冷轧薄板、冷轧薄宽带钢、冷轧电工钢、镀锌板、冷轧不锈板、镀锡板等自给率尚未达到100%，分别为98.22%、85.19%、78.51%、94.70%、95.90%、93.45%。

2001~2006年我国钢材生产情况见表1。

表1　2001~2006年我国钢材生产情况

年度	产量/万吨	进口量/万吨	出口量/万吨	表观消费量/万吨	增长量/万吨	增长率/%
2001	15745	1722	474	16993	2871	20.3
2002	19218	2449	545	21122	4129	24.3
2003	24082	3717	696	27103	5981	22.1
2004	29902	3930	1423	32409	5306	16.4
2005	37513	2582	2502	38043	5634	17.4
2006	46685	1851	4301	44235	6192	16.3

（三）2006年钢铁原料生产和进口情况

（1）焦炭产量28054万吨，同比增长17.4%。
（2）铁矿石产量58817万吨，同比增长38.0%。
（3）铁合金产量1433万吨，同比增长30.9%。
（4）进口铁矿石3.263亿吨，同比增长18.6%。
（5）进口锰矿620.7万吨，同比增长35.6%。
（6）进口铬矿432.1万吨，同比增长42.9%。
（7）进口铁合金61.6万吨，同比增长66.6%。
（8）进口废钢538.3万吨，同比减少46.9%。

（四）我国钢铁原料和产品物流情况

我国钢铁原料进出口的物流量每年在3.5969亿~3.7亿吨。钢材：进口1851万吨，出口4300.7万吨；钢坯：进口37.0万吨，出口903万吨。综上所述，我国每年仅钢铁原料和成品钢材的海运物流就在4.306亿~4.4亿吨。这样大的海运物流市场，我国钢铁原料的运输主要还是靠租用外轮完成，而海运价格还长期被外商所控制。

二、钢材深加工现状

我国钢材深加工比例低，钢材本身的附加值没有得到提升，与下游行业的发展结合还不够紧密，使用钢材的综合成材率和劳动生产率还比较低。

据了解，世界发达国家钢材的综合深加工比可达50%以上，其中：线材达60%，棒材达到40%，管材达30%，板材达70%左右。而我国一般钢材的深加工仅为10%~15%。由于钢材深加工比例低，所以我国钢材的成材率和使用效率较低。

三、2006年我国钢铁物流状况

2006年我国社会物流总额达59.6亿元，保持较快增长，按现价计算同比增长24%。物流业的运行质量进一步提高，物流业固定资产投资增长较快，物流基础条件进一步改善。特别是民营资本进入物流业加快了我国物流市场的发展，尤其在钢铁物流信息服务方面，出现了北京兰格钢铁网、沈阳智虹资讯等较好的一批物流信息企业。

物流业存在的主要问题是：物流业网络化、社会化、专业化程度较低，物流作业成本高。

“十一五”是我国钢铁行业发展的重要机遇期，钢铁行业面临结构调整改变增长方式的历史任务，钢铁物流也面临用现代信息化带动现代化、用现代物流改造传统物流的新挑战。特别是要以超前意识从发展大市场、大物流的视野，实施整条供应链管理战略，降低成本、提高效率，增强钢铁行业的国际竞争力。

“十一五”钢铁物流的任务是培育现代化钢铁大市场、大物流。

（1）推广现代化物流管理技术，促进企业内部物流社会化，实现企业物资采购、生产组织、产品销售和再生资源回收的系列化运作。

（2）培育专业化物流企业，积极发展第三方物流。

（3）建立物流标准化体系，加强物流新技术开发利用，推进物流信息化。

（4）加强物流基础设施整合，建设大型物流枢纽，发展区域性物流中心。

四、改进钢铁行业物流工作

改进钢铁行业的物流方式是今后提升钢铁行业竞争力的主要措施之一。钢铁行业的物流主要包括三个方面：原料、燃料物流，生产物流和成品物流。在原料、燃料物流和生产物流方面近十年来我们取得了一定进步，但在成品物流即钢材加工配送方面，与发达国家比较还有一定差距。

据不完全统计，我国钢铁和流通企业建立的钢材加工配送生产能力在1500万吨，主要是从事冷热卷的开平、剪切，建筑钢材的焊接网，为焊管、家电、摩托车、自行车、建筑、金属制品等行业服务。

外商在我国建立的独资或合资的钢材加工配送中心生产能力在800万吨，主要从事高附加值产品的加工，如对冷轧板、硅钢板、马口铁、H型钢、不锈钢、汽车板或棒材的开平、剪切、铆焊等。

五、发展钢材加工配送

我国钢铁和流通企业建设的钢材加工配送中心起步晚、规模小、设备档次低、专业化生产线少，与最终用户缺少长期的战略合作关系，特别是为造船、汽车、家电、机械、石化、集装箱、铁路、公路、桥梁和成套设备配套服务的生产线少，不少是刚刚起步。

在过去的十年里，我国的钢材加工配送主要是外商独资或合资建设的钢材加工配送中心。审视我国物流的发展，我们必须站在全球化的高度，布局设厂，规划我们在全球经济下的物流经济体系。这些钢材加工配送中心主要是为家电、汽车、计算机等行业服务，外商的钢材加工配送中心通过其高效低成本服务，已占据我国相当一部分高附加值钢材加工市场，并出口到世界。

根据产业政策发展要求，即“规范市场，维护市场稳定。鼓励钢铁企业与用户建立长期战略联盟，稳定供需关系，提高钢材加工配送能力，延伸钢铁企业服务。”搞好我们钢铁行业的物流规划，积极推进钢材加工配送等现代化物流体系建设。这是钢铁行业结构调整的重要内容，机不可失，时不再来。

钢铁行业推进物流现代化，搞好钢材加工配送工作的几点建议：

（1）加工配送中心的建设要与我国下游发展相协调。特别是汽车、家电等专业化非常强的行业，钢材加工配送具有特殊要求，对加工设备的性能要求很高。

（2）加强钢材加工配送中心布局的区域协调。

（3）加强钢材加工配送中心之间的信息沟通。

下大力气加强原料物流工作：

（1）进一步加快铁路港口等基础设施建设，发展铁路重载运输和海船直达运输，解决压车压船问题，提高运输效率，降低运输成本。

（2）钢铁行业与我国和国际上有信誉的船东扩大战略合作，加快发展我国自己的远洋运输船队，解决铁矿石运输长期受制于人的局面，降低海运成本。

现代钢铁物流园区与钢材加工配送中心建设的探讨与实践*

一、国外物流产业发展趋势

（1）第三方物流在国际物流业的发展比重越来越大。据有关部门统计，在北美、欧洲和日本等发达国家和地区，70%以上的企业在通过第三方物流系统从事生产贸易经营活动。

（2）电子商务已广泛应用于物流业，使物流业的工作流程化、连续化、信息全球化，电子物流已成为21世纪现代物流业的发展大趋势之一。

（3）物流技术装备也日益完善，形成了以系统技术为核心，以信息技术、运输技术、配送技术、自动化仓储技术、库存控制技术、包装技术等专业技术为支撑的现代化物流装备技术新格局。信息化、自动化、智能化、集成化于一体的物流综合作业模式已成为今后的发展方向。

（4）物流全球化的趋势明显。随着经济全球化的大潮，国际采购、本地生产、全球分销格局的形成，带来了企业对国际物流的需求。国际物流的巨头透过投资、合作融资等形式把游资投入到物流的各个重要环节，如港口、码头、公路、物流园区、保税仓库等终端，建立了国际物流畅通的流通渠道，初步完成了全球物流的新体系建立。

（5）现代物流进入供应链管理阶段。现代物流开始与生产、采购、销售及信息结合，形成了整体运营优势。由优秀的生产商、原材料供应商、产品批发商、零售商、物流服务及金融、保险、信息咨询等优势企业组成供应链产业集群，才能保持竞争力。现代企业的竞争已从单个企业之间的竞争转向供应链之间的竞争。

（6）现代物流越来越重视增值服务。随着国际经济全球化，对企业的经济效益和效率提出了更高的要求。降低生产成本特别是物流成本是当务之急。专业化和集约化已成现代化工业生产的基础要求，为满足这些要求，就要求物流企业为下游企业提供裁剪、冲压、包装、焊接、机加工等增值服务。

（7）现代物流的发展进一步与高科技和信息技术相结合。现在信息平台、

---

* 本文写于2007年，是为中国香港钢铁物流年会撰写的论文。

电子数据交换系统（EDI）、事物处理系统（TPS）、管理信息系统（MIS）、决策支持系统（DSS）、销售时点信息系统（POS）、地理信息系统（GIS）、全球卫星定位系统（GPS）、智能交通系统（ITS）等信息处理技术已开始广泛应用于现代物流管理中。有了信息技术，物流与商流、资金流融为一体，从而提升了生产、流通和消费的综合效益。

二、我国物流园区发展情况

我国已经建设了上百个物流园区。从功能上看，国内的物流园区主要有四种类型：

（1）区域型物流园，主要满足区域对物流的需要。

（2）商贸型物流园区，主要功能是为所在地区提供特定商品的交易和运输服务。

（3）运输枢纽型物流园区，即在运输枢纽中心建立物流园区，从事运输组织和服务，以实现规模化运输。

（4）综合型物流园区，物流园区具备物流组织、商贸流通、仓储配送和产品深加工等多种功能。

在“十一五”期间我国物流业发展迅速，物流业的增加值将达到16%左右，预计到2010年社会物流总额将超过80万亿。

我国专业化钢铁物流园区现状：

（1）我国专业化的钢铁物流园区发展较慢，全国为数不多，全国各地大量存在的是仅仅提供钢材买卖的传统钢材市场，其中少数市场有些简单的钢材加工。钢厂自己搞的钢材深加工生产线尽管设备先进，但由于未形成产业链集群，一般效益并不理想。

（2）我国的钢材深加工比重低。钢材本身的附加值没有得到提升，与下游行业的发展结合还不够紧密，使用钢材的综合成材率和劳动生产率还比较低。世界发达国家钢材的综合深加工比可达50%以上，其中线材达60%，棒材达到40%，管材达30%，板材达70%左右。

（3）我国一般钢材的深加工比仅为20%~25%。由于钢材深加工比例低，所以我国钢材的成材率和使用效率较低。

今后钢铁物流的任务是培育现代化钢铁大市场、大物流。

（1）推广现代化物流管理技术，促进企业内部物流社会化，实现企业物资采购、生产组织、产品销售和再生资源回收的系列化运作。

（2）培育专业化物流企业，积极发展第三方物流。

（3）建立物流标准化体系，加强物流新技术开发利用，推进物流信息化。

（4）加强物流基础设施整合，建设大型物流枢纽，发展区域性物流（园）

中心。

(5) 大力发展钢材加工配送服务。

我国物流业发展面临国外对手竞争，根据我国加入世界贸易组织的承诺，2004年12月11日后物流的大部分领域将全面对外开放，跨国公司将据此扩大业务。在物流市场我们面临外商企业的竞争和挑战，如何尽快提高我国钢铁行业的竞争力，除了要加强产品结构调整和行业结构调整外，还有很重要的一个方面，就是搞好钢材加工配送服务，积极推广现代物流体系建设，与下游行业同步发展，最大限度地满足下游行业结构调整和产品调整的需要。

现代物流业是有待挖掘的“金矿”。现代物流业是指原材料、产成品从起点至终点及相关信息有效流动的全过程。它将运输、仓储、装卸、加工、整理、配送、信息等方面有机结合，形成完整的供应链，为用户提供多功能、一体化的综合性服务。现代物流业是一个新型的跨行业、跨部门、跨区域、渗透性强的复合型产业。现代物流业涉及国民经济行业具体包括：铁路运输、道路运输、水上运输、装卸搬运及其他运输服务业、仓储业、批发业、零售业。

我国物流业现状：

(1) 成本高。目前发达国家物流成本占GDP的9.5%~10%，一般商品物流费用占商品总成本为10%~32%，物流企业占物流市场份额的57%~80%；而我国分别是16.7%~20%、50%~60%和18%左右。

(2) 效率低。有专家估算，我国仅汽车空驶率就高达37%，相当于150万辆载重汽车来回空跑。

(3) 传统流通方式仍占相当比例。资料显示，美国、日本等国家使用第三方物流企业的比例已达30%以上，而我国工业企业把原材料物流交给第三方物流的仅占18%，把销售物流交给第三方的仅占16%。

三、我国物流业存在的突出问题

(1) 全社会物流运行效率偏低，社会物流总费用与GDP的比率高出发达国家1倍左右。

(2) 社会化物流需求不足和专业化物流供给能力不足的问题同时存在，“大而全”“小而全”的企业物流运作模式还相当普遍。

(3) 物流基础设施能力不足，尚未建立布局合理、衔接顺畅、能力充分、高效便捷的综合交通运输体系，物流园区、物流技术装备等能力有待加强。

(4) 地方封锁和行业垄断对资源整合和一体化运作形成障碍，物流市场还不够规范。

(5) 物流技术、人才培养和物流标准还不能完全满足需要，物流服务的组织化和集约化程度不高。

四、国家物流规划目标

到2011年，培育一批具有国际竞争力的大型综合物流企业集团，初步建立起布局合理、技术先进、节能环保、便捷高效、安全有序并具有一定国际竞争力的现代物流服务体系，物流服务能力进一步增强；物流的社会化、专业化水平明显提高，第三方物流的比重有所增加，物流业规模进一步扩大，物流业增加值年均递增10%以上；物流整体运行效率显著提高，全社会物流总费用与GDP的比率比目前的水平有所下降。

（1）优化物流业发展的区域布局：重点发展九大物流区域，建设十大物流通道和一批物流节点城市。

九大物流区域分布为：以北京、天津为中心的华北物流区域，以沈阳、大连为中心的东北物流区域，以青岛为中心的山东半岛物流区域，以上海、南京、宁波为中心的长江三角洲物流区域，以厦门为中心的东南沿海物流区域，以广州、深圳为中心的珠江三角洲物流区域，以武汉、郑州为中心的中部物流区域，以西安、兰州、乌鲁木齐为中心的西北物流区域，以重庆、成都、南宁为中心的西南物流区域。

十大物流通道为：东北地区与关内地区物流通道，东部地区南北物流通道，中部地区南北物流通道，东部沿海与西北地区物流通道，东部沿海与西南地区物流通道，西北与西南地区物流通道，西南地区出海物流通道，长江与运河物流通道，煤炭物流通道，进出口物流通道。

全国性物流节点城市包括：北京、天津、沈阳、大连、青岛、济南、上海、南京、宁波、杭州、厦门、广州、深圳、郑州、武汉、重庆、成都、南宁、西安、兰州、乌鲁木齐共21个城市。区域性物流节点城市包括：哈尔滨、长春、包头、呼和浩特、石家庄、唐山、太原、合肥、福州、南昌、长沙、昆明、贵阳、海口、西宁、银川、拉萨共17个城市。

（2）物流园区工程：重要物流节点城市、制造业基地和综合交通枢纽，在土地利用总体规划、城市总体规划确定的城镇建设用地范围内，按照符合城市发展规划、城乡规划的要求，充分利用已有运输场站、仓储基地等基础设施，统筹规划建设一批以布局集中、用地节约、产业集聚、功能集成、经营集约为特征的物流园区。

（3）制造业与物流业联动发展工程：加强对制造业物流分离外包的指导和促进，支持制造企业改造现有业务流程，促进物流业务分离外包，提高核心竞争力。培育一批适应现代制造业物流需求的第三方物流企业，提升物流业为制造业服务的能力和水平。制定鼓励制造业与物流业联动发展的相关政策，组织实施一批制造业与物流业联动发展的示范工程和重点项目，促进现代制造业与物流业有机融合、联动发展。

物流园区规划应遵循的原则是：

（1）与国家和所在地区社会经济发展相适应；

（2）与国家和所在地区市场需求相协调；

（3）根据物流园区的功能定位合理确定规模；

（4）物流园区的建设要适度超前发展；

（5）结合产业链建设，发展专业化物流园区；

（6）坚持环境保护生态优先和可持续发展。

几个典型钢铁物流园区主要包括以下几种：

（1）综合物流园区；

（2）专业化物流园区；

（3）与生产企业密切协作的物流园区；

（4）与最终用户密切协作的物流园区。

钢铁、国力与经济未来发展及对策*

一、全球经济态势

受美国金融危机的打击，今年年初又经受了欧洲债务危机影响，世界经济尚未恢复又受挫折，特别是对市场信心受到重创，需求不足，尽管世界各国都及时采取措施，如加息、扩大政府投资、加强对金融机构的监管等，使世界经济初见成效，主要经济体的制造业开始升温，订货增加，各国采购经理指数显示乐观态势，但受多种因素影响，预计今年全球的经济增长将比年初预计的有所降低。

（1）2010~2011年世界经济预测：我国经济处于回升，但主要是靠大量投入拉动经济增长，资源、能源、环境等条件都不许再继续这种粗放式发展经济，但经济转型的条件还未成熟，处于关键时刻，面临难题很多。世界经济面临诸多考验，对世界经济走势各国经济学家看法不一，有人认为是V型，也有认为是U型，还有认为是W型等。

（2）金融危机对钢铁生产的影响：全球2003~2007年粗钢消费增幅25.58%，这主要归功于金砖四国巴西、俄罗斯、印度和中国。2007年世界粗钢年产量13.45亿吨，创历史最高纪录。2007年下半年开始的金融危机，对钢铁的生产消费产生巨大冲击，2008年、2009年随着金融危机的影响扩大，全球粗钢产量分别下降了1.42%、8%，特别是2009年粗钢产量仅中国、印度呈现增产外，其他国家都出现不同程度的负增长。减产最多的国家是美国、日本和德国等。

（3）欧洲债务危机再次冲击全球经济：5月14日希腊等国债务危机引起的欧洲股市暴跌，创2008年10月以来的新低，重创市场信心，并引发了信任危机，特别是对存在严重债务的几个国家：希腊、葡萄牙、西班牙和爱尔兰。其中：希腊的债务占GDP的124.9%，赤字占GDP的13.6%；西班牙的债务占GDP的66.3%，赤字占GDP的11.2%；爱尔兰的债务占GDP的82.9%，赤字占GDP的14.3%；葡萄牙的债务占GDP的84.6%，赤字占GDP的9.4%。欧盟对加入国的标准是赤字占GDP<3%，债务占GDP<60%。经济学家认为这是一场不亚于次贷危机的挑战，其今后态势取决于德国和法国的态度，以及欧盟的7500

---

* 本文写于2010年，是作者在中信技术经济研讨会上的发言。

亿欧元对希腊援助是否能见效，如果失败将引发世界经济的二次探低。对欧洲债务危机的影响不可低估。

二、认真研究世界经济趋势

（1）2010年度世界各国或地区的国际竞争力见表1。

表1　2010年度世界各国或地区的国际竞争力

国家或地区	排　名	国家或地区	排　名
新加坡	1	英国	22
中国香港	2	法国	24
美国	3(1)	日本	27
瑞士	4	印度	31(50)
加拿大	7	巴西	38(60)
德国	16	意大利	40
中国	18(30)	俄罗斯	51(57)

（2）世界各国外汇和黄金储备见表2。

表2　世界各国外汇和黄金储备

国　家	外汇储备/亿美元（占比）	黄金储备/万盎司（占比）
中国	15282(19.1%)	1929(2.02%)
日本	10036(12.5%)	2460(2.57%)
美国	495(0.62%)	26149(27.39%)
法国	303(0.32%)	8012(8.39%)
德国	385(0.40%)	10971(11.49%)
意大利	351(0.36%)	7882(8.26%)
俄罗斯	4114(5.14%)	1670(1.75%)
英国	415(0.43%)	997(1.04%)
巴西	1928(2.41%)	108(0.11%)
世　界	80000	95461

（3）人均总收入（2010年）见表3。

表3　人均总收入（2010年）

排　名	国家和地区	人均国民总收入/美元
1	卡塔尔	90149
2	卢森堡	79411

续表 3

排　名	国家和地区	人均国民总收入/美元
3	挪威	52964
4	新加坡	52840
5	文莱	48714
6	美国	47702
7	中国香港	44840
8	瑞士	43903
9	荷兰	
10	澳大利亚	
	中国	2360（2007 年）

（4）2008 年 GDP 比较见表 4。

表 4　2008 年 GDP 比较

国　家	GDP/亿美元	占全球比例/%	人均 GDP/美元	全球排名
中国	43262	7. 14	2940	107
加拿大	14001	2. 31	41730	
日本	49093	8. 10	38210	
美国	142043	23. 44	47580	
俄罗斯	16078	2. 65	9620	
全　球	605870		8613	

（5）自然资源情况见表 5。

表 5　自然资源情况

国家	耕地面积/万平方公里		森林面积/万公顷		人均淡水/立方米
	数量	占比/%	数量	占比/%	
中国	14330	9. 48	19729	5. 0	2132
美国	17445	11. 54	30309	7. 68	9282
日本	436	0. 29	248	0. 621	3365
印度	15965	10. 58	6770	1. 71	
俄罗斯	12178	8. 05	80879	20. 51	30350
全球	151214		394265		

（6）世界各国的综合实力见表 6~表 8。

表 6　2008 年世界 500 强企业分布

国　家	个数	国　家	个数
中国	43	加拿大	14
日本	68	韩国	14
美国	140	荷兰	12
法国	40	西班牙	12
德国	39	澳大利亚	9
英国	26	全　球	500

表 7　世界 500 强前 20 强的分布

排序	名　称	国家	排序	名　称	国家
1	壳牌石油	荷兰	11	日本邮政	日本
2	艾克森美孚	美国	12	通用电器	美国
3	沃尔玛	美国	13	中石油	中国
4	英石油	英国	14	大众	德国
5	雪佛龙	美国	15	国家电网	中国
6	道达尔	法国	16	德克夏银行	比利时
7	康菲石油	美国	17	艾尼	意大利
8	荷兰国际	荷兰	18	通用	美国
9	中石化	中国	19	福特	美国
10	丰田汽车	日本	20	安联	德国

表 8　500 强中的钢铁及矿山企业

钢铁企业	排　序	钢铁企业	排　序
安塞乐米塔尔	28	纽克	386
蒂森克虏伯	74	盖道尔	400
日本钢铁	194	神户	429
浦项	199	沙钢	444
宝钢	220		
塔塔	258	矿山企业	排　序
中钢	372	必和必拓	120
河钢	375	力拓	134
中冶	380	淡水河谷	205

日本经济研究中心根据国际化程度、企业规模、教育程度、金融状况、政府

效率、科技开发和基础设施等多项指标评出世界竞争力排序：中国香港第一，新加坡第二，美国第三，日本第十四，韩国第十七，中国第三十五。

《银行家》评出的全球金融业十强为：汇丰、美国银行、SANTANDER（西班牙）、富国、花旗、巴黎、高盛、CHASE（美国）、BRADESCO（巴西）、巴克来。全球500家银行总值7160亿美元。

中国社会科学院2010年世界经济黄皮书与安全报告：根据对领土、自然资源、人口、经济、军事、科技综合评估，评出综合国力排序为：美国、日本、德国、加拿大、法国、俄罗斯、中国、英国、印度、意大利、巴西。

中国基尼系数进入危险范围：中国基尼系数1978年为0.18，1988年为0.38，2006年为0.49，目前大于0.5。按照国际评论认为：基尼系数0.3~0.4为安全，0.4为警戒线，0.6以上则为危险。联合国150多个国家基尼系数超过0.49的有10个，除中国外，主要是非洲、拉美国家。

企业经营环境排序见表9。

表9　企业经营环境排序

国家或地区	排　序	国家或地区	排　序
新加坡	1	加拿大	8
新西兰	2	澳大利亚	9
中国香港	3	挪威	10
美国	4	日本	15
英国	5	德国	25
丹麦	6	法国	31
爱尔兰	7	中国	89

万美元GDP能耗情况（2006年）见表10。

表10　万美元GDP能耗情况（2006年）

国　家	能　耗	国　家	能　耗
中国	8.89	德国	1.73
日本	1.03	意大利	1.58
韩国	3.20	西班牙	2.04
加拿大	3.33	澳大利亚	2.52
美国	2.06	俄罗斯	18
巴西	2.91	乌克兰	28.32
法国	1.91	世　界	3.03

每百万人中研究和技术人员数量见表11。

表 11　每百万人中研究和技术人员数量

国　家	研究和技术人员数量	国　家	研究和技术人员数量
中国	852	德国	3359
日本	5511	法国	3352
韩国	3756	俄罗斯	3227
美国	4651	英国	2995

CO_2 排放情况见表 12。

表 12　CO_2 排放情况

国　家	总　量	人　均
中国	5547	4. 3
日本	1230	9. 6
俄罗斯	1503	10. 5
法国	377	6. 2
德国	784	9. 5
英国	546	9. 1
美国	5776	19. 5

每立方米空气中颗粒物含量：世界为 50. 1，中国为 73. 1，日本为 29. 6，美国为 21. 3，法国为 13. 5，德国为 18. 6，俄罗斯为 17. 7。

三、我国经济与钢铁生产现状

中国城市化进程在加快：目前，我国城市化率为 45%，发达国家为 70%~80%，我们与发达国家还有很大差距。按每年城市化率提高 1%计算，我们每年需要接纳 2000 万农村劳动力进城转为居民，这无疑是一个巨大的发展空间和压力，相当于 2 万亿元的市场。农民进城后的就业、生活和衣食住行问题，给我国经济发展既带来动力，又带来压力，按目前的思路是难以承受的。

中国对世界市场的依赖比重在增加：我国 GDP 中进出口比重已达到 60%；我国铁矿进口量占国内需求量超过 59. 2%；我国原油进口量占国内需求量超过 51. 3%；我国技术对外依存度达 60%。

存在严重通货膨胀的可能性：经济回升，需求趋缓，国内外资金流动性充裕，物价上涨存在货币基础；水、电、油、气调价出台，将带动物价全面上涨；农产品食品价格也将呈上涨态势。

房价过高存在巨大泡沫：城市化进程过快；天价土地；工资/房价比不合理，百姓难以承受。

钢铁生产状况见表 13~表 20。

表 13　2009 年世界粗钢产量

序号	国　家	2009 产量/百万吨	2008 产量/百万吨	增长率/%
1	中国	567.8	500.3	13.5
2	日本	87.5	118.7	-26.3
3	俄罗斯	59.8	68.5	-12.5
4	美国	58.1	91.4	-36.4
5	印度	56.6	55.1	2.7
6	韩国	48.6	53.6	-9.4
7	德国	32.7	45.8	-28.7
8	乌克兰	29.8	37.3	-20.2
9	巴西	26.5	33.7	-21.4
10	土耳其	25.3	26.8	-5.6
全　球		1219.7	1326.5	-8.0

表 14　2009 年我国钢铁生产回顾

项　目	产量/万吨	上年产量/万吨	同比增加/万吨	同比增长率/%
粗钢	56784	50031	6753	13.5
生铁	54374	46928	7446	15.9
钢材	69243	58434	10809	18.5
焦炭	34501	31214	3286	10.5
铁矿石	88017	80805	7211	8.9
铁合金	2209	1835	373	20.4

表 15　2009 年主要钢材品种

品　种	产量/万吨	增长率/%	品　种	产量/万吨	增长率/%
重轨	442	35.7	中厚宽带	8383	13.2
大型	947	6.7	热薄宽带	3033	24.3
中小型	4118	33.2	冷薄宽带	2187	15.9
棒材	5565	16.7	热窄带	4574	27.6
钢筋	12150	27.1	冷窄带	674	20.4
线材	9585	20.9	镀层板	2013	13.5
厚板	1874	-3.2	涂层板	504	9.9
中板	3487	-2.7	无缝管	2178	3
冷薄板	1641	20.4	焊管	3102	22.1

表 16　2010 年 1~8 月我国钢铁生产概况

项　目	产量/亿吨	同比增长率/%	全年预计/亿吨
粗钢	4.25	15.3	6.2
生铁	4.36	12.6	6
焦炭	2.57	15.3	3.8

表 17　2010 年 1~6 月主要钢材品种产量

品　种	产量/万吨	增长率/%	品　种	产量/万吨	增长率/%
重轨	273	-7.01	中厚宽带	5164	36.9
大型	484	9.94	热薄宽带	1888	48.4
中小型	2174	16.2	冷薄宽带	1452	52.5
棒材	3402	33.3	热窄带	2707	26.8
钢筋	6409	13.7	冷窄带	394	37.9
线材	5285	18.3	镀层板	1387	55
厚板	1311	21.7	涂层板	254	38
中板	2090	23.4	无缝管	1196	15.8
冷薄板	1045	31.8	焊管	1593	17.9

表 18　2010 年 1~6 月主要钢材品种出口

品　种	出口/万吨	增长率/%	品　种	出口/万吨	增长率/%
重轨	19.66	7.2	热薄宽带	172.9	9.16
大型	116.6	24.06	冷薄宽带	114	7.85
中小型	15.75	0.72	热窄带	31.86	1.18
棒材	132.9	3.91	冷窄带	18.7	4.75
钢筋	10.66	0.017	镀层板	254.9	18.38
线材	134.8	2.55	涂层板	131.6	51.8
厚板	78.8	6.01	无缝管	176	14.7
中板	162.2	7.76	焊管	133.5	8.3
冷薄板	22.5	2.15	电工钢	6.9	2.5
中厚宽带	432.6	8.37	合计	2357	5.91

表 19　专业板材生产有所提高

品　种	产量/万吨	产量增长/万吨	同比增长率/%
造船板	835.4	202.5	32
锅炉容器板	131	20.3	18.3

续表 19

品　种	产量/万吨	产量增长/万吨	同比增长率/%
桥梁板	43.8	-3.9	-8.2
集装箱板	72.2	54.6	309.6
管线板	230	24.9	12.1
汽车板	142.2	40.3	39.5

表 20　2010 年 1~6 月主要钢材品种进出口　（万吨）

品　种	进口	出口	品　种	进口	出口
重轨	9.74	19.66	热薄宽带	43.2	172.9
大型	21.1	116.6	冷薄宽带	195.8	114
中小型	2.07	15.75	热窄带	6.13	31.86
棒材	21.4	132.9	冷窄带	16.4	18.7
钢筋	2.67	10.66	镀层板	219.7	254.9
线材	34.4	134.8	涂层板	19.5	131.6
厚板	14.3	78.8	无缝管	12.6	176
中板	44.6	162.2	焊管	10.9	133.5
冷薄板	31.4	22.5	电工钢	48.8	6.9
中厚宽带	61.4	432.6	合　计	843.7	2357

四、产能过剩问题值得严重关注

据有关部门统计分析：我国钢铁产能过剩 2 亿吨，煤炭过剩 4 亿吨，汽车过剩 300 万辆，水泥、电力、纺织等行业的产能也存在过剩问题。造成产能过剩的原因主要是长期以来固定资产投资比重过大。在过去的 30 年，固定资产投资高于 10%的有 24 年。2001 年固定资产投资 3.7 万亿元，占 GDP 的 37%；2008 年固定资产投资 17.2 万亿元，占 GDP 的 50%以上。钢铁行业的产能过剩问题更为严重：2008 年底，粗钢产能 6.1 亿吨，在建 5000 万吨，总产能将达 6.6 亿吨。2009 年还有 4000 万吨新增产能，总计粗钢产能 7 亿吨，更增加了结构调整的难度和市场供大于求的矛盾。

五、钢铁行业淘汰落后产能是历史的必然

近来国家发布了一系列关于钢铁行业结构调整和淘汰落后产能的文件，这些文件对钢铁企业生产经营规范条件，包括产品质量、环境保护、能源消耗、资源综合利用、工艺装备、生产规模等方面作出了具体要求。

生产规模规定：2009 年普钢企业粗钢产量在 100 万吨及以上，特钢企业粗钢

产量在30万吨及以上，且合金比要大于60%。

企业装备要求：2005年以前的高炉有效炉容在400m^{3}以上，转炉、电炉炉容在30t以上；2005年以后建设的高炉炉容要在1000m^{3}以上，转炉在120t以上，电炉在70t以上。

企业环保要求：吨钢污水排放量低于2m^3，吨钢粉尘排放量低于1kg，吨钢SO_2排放量低于1.8kg。

按照上述要求2010年预计要淘汰落后产能：炼铁3000万吨，炼钢825万吨。

六、低碳经济与高碳的钢铁生产

低碳经济是指在可持续发展理念指导下，通过技术创新、制度创新、产业转型、新能源开发等多种手段，尽可能地减少煤炭石油等高碳能源消耗，减少温室气体排放，达到经济社会发展与生态环境保护双赢的一种经济发展形态。发展低碳经济，一方面是积极承担环境保护责任，完成国家节能降耗指标的要求；另一方面是调整经济结构，提高能源利用效益，发展新兴工业，建设生态文明。这是摒弃以往先污染后治理、先低端后高端、先粗放后集约的发展模式的现实途径，是实现经济发展与资源环境保护双赢的必然选择。

（1）低碳经济是以低能耗、低污染、低排放为基础的经济模式，是人类社会继农业文明、工业文明之后的又一次重大进步。低碳经济实质是能源高效利用、清洁能源开发、追求绿色GDP的问题，核心是能源技术和减排技术创新、产业结构和制度创新以及人类生存发展观念的根本性转变。

（2）“低碳经济”提出的大背景，是全球气候变暖对人类生存和发展的严峻挑战。随着全球人口和经济规模的不断增长，能源使用带来的环境问题及其诱因不断地为人们所认识，不止是烟雾、光化学烟雾和酸雨等的危害，大气中二氧化碳（CO_2）浓度升高带来的全球气候变化也已被确认为不争的事实。

（3）2007年12月3日，联合国气候变化大会在印尼巴厘岛举行，15日正式通过一项决议，决定在2009年前就应对气候变化问题新的安排举行谈判，制订了世人关注的应对气候变化的“巴厘岛路线图”。该“路线图”为2009年前应对气候变化谈判的关键议题确立了明确议程，要求发达国家在2020年前将温室气体减排25%~40%。“巴厘岛路线图”为全球进一步迈向低碳经济起到了积极的作用，具有里程碑的意义。

（4）我国政府承诺：到2020年，我国单位GDP的碳排放比2005年下降40%~45%，作为约束性指标纳入国民经济和社会发展中长期规划，并制定相应的国内统计、监测、考核办法。据摩根士丹利预测，中国潜在的节能市场规模达8000亿元。传统行业的既有发展模式将遭到严峻挑战。除了传统的钢铁、水泥、电力、铝业等排放大户外，航空业也将可能遭受挑战。

（5）我们需要打造新的低碳产业链来解决这一问题，目前我国产业链的价值分布是向资源型企业倾斜的，低碳经济的发展将改变这一分布。

（6）首先是缩短能源、汽车、钢铁、交通、化工、建材等高碳产业所引申出来的产业链条，把这些产业的上、下游产业“低碳化”。其次是调整高碳产业结构，逐步降低高碳产业特别是“重化工业”在整个国民经济中的比重，推进产业和产品向利润曲线两端延伸：向前端延伸，从生态设计入手形成自主知识产权；向后端延伸，形成品牌与销售网络，提高核心竞争力，最终使国民经济的产业结构逐步达到低碳经济的标准要求。

七、世界经济和钢铁未来展望

（1）世界经济复苏是一个复杂缓慢的过程，还有许多不确定因素。

（2）世界经济存在二次探底的可能性，特别是欧洲债务危机对世界经济产生的影响还难以准确估计，导致这次金融危机的根源还未消除，金融体系尚未恢复正常。

（3）世界制造业尚未恢复正常运转，对钢铁石油能源的需求还未达到正常年景水平。

（4）国际钢铁协会最近对2010年世界各国钢铁消费预测乐观，将出现正增长。

（5）全球每天约有2万亿美元热钱在到处流动，用于贸易的钱仅5%，其余全用于股市、房市、石油、铁矿等投机，造成经济发展的不确定性增大。

八、低碳经济的到来给企业带来新的生机

（1）低碳经济是以低能耗、低污染、低排放为基础的经济模式，是人类社会继工业文明之后又一次的重大革命。其实质是能源高效利用、清洁能源开发、绿色GDP。

（2）国家环保部在环保核查行业通知中指出：火电、钢铁、水泥、电解铝、煤炭、冶金、建材、化工、石化、制药等14个行业中不能通过环保核查的企业，将不能申请上市，也不能申请再融资。

（3）世界自然基金会提出2014年是实现低碳经济的最后期限，否则人类将失去机会。

（4）紧跟低碳产业未来发展，抢占机会，将为先知先觉者带来巨大商机。而传统的三高一低企业将要在这场绿色革命中，被限制被淘汰。世界500强企业正在紧跟低碳产业发展，通过改进工艺、发展绿色产品和绿色经营，抢占未来发展的制高点，这是这些企业一致的战略目标。

(5) 金融危机对全球经济的影响是长远深刻的，它将改变世界经济增长模式，促进经济结构调整，同时发现新的经济增长点，有可能引发第四次产业革命。据不少专家预言，第四次产业革命将是一次能源革命。人类历史上的前三次产业革命是蒸汽机、汽车和计算机。随着工业规模的扩大、世界资源的减少和地球环境污染的加剧，提出了低碳经济的概念，世界各国都在研究与低碳经济相适应的发展和消费模式。

(6) 钢铁行业作为传统产业，到目前为止仍然是以碳冶金为基础的传统生产模式。钢铁工业排放的 CO_2 占人类总排放的 5%，而中国占近 12%，2003~2006 年中国能源消耗相当于前 25 年的总和，2007 年的 CO_2 的排放量居世界第一，在 21 世纪前 8 年的全球 CO_2 排放量中，2/3 来自中国。

(7) 世界各国为减少 CO_2 的排放纷纷制定 CO_2 减排路线图。欧洲 15 国制定了“超低 CO_2 制钢”计划，日本制定了“低 CO_2 排放钢铁工业路线图”。同时，积极推进氢冶金这一新一代的钢铁生产技术产业化。

(8) 今后钢铁工业结构调整的主要任务之一是节能减排。我国的单位能耗与国际先进水平相比有 15%~20%的差距，仍有较大的减排空间。钢铁工艺也面临从传统的长流程转为短流程和直接还原新工艺。任务之二是淘汰落后工艺和设备。任务之三是提高产业集中度。任务之四是大力发展现代物流。

中国钢铁工业与能源需求对策研究*

一、世界钢铁行业发展的态势

概括起来是6句话：装备大型化、产品专业化、质量洁净化、生产连续化、经营集团化和市场全球化。这6句话反映了当今世界钢铁工业的发展趋势。

世界正在成为一个统一的大市场。审视我国钢铁行业的发展，分析我国钢铁行业的竞争力，必须站在经济全球化的高度，充分考虑我国目前的国情——自然资源紧缺、生态资源脆弱的现实，客观地分析规划在全球经济化形势下我国钢铁行业所处态势，科学地确定今后的发展战略。

世界钢铁业并购加快，钢铁行业面临进一步的结构调整。米塔尔钢铁公司用350亿美元并购了阿塞洛钢铁公司后，一举成为世界最大的钢铁公司，其粗钢产能达到1.5亿吨，占世界的12.2%；扁平材产能占世界的16.9%；长型材产能占世界的8%，成为世界钢铁行业的头号霸主。塔塔钢铁公司以62亿英镑收购克鲁斯钢铁公司后，使其从世界排名第56位跃居到第5位，粗钢产量从400万吨提高到2500万吨。

21世纪初世界钢铁工业处于历史上又一个快速发展阶段。世界粗钢产量1970年仅5.95亿吨，到1990年达7.7亿，20年间仅增长29.41%；2000年登上8.48亿吨新台阶后，世界经济连续快速增长，2004年世界钢产量突破10亿吨，比2000年增长了17.92%；2006年达到12.39亿吨，比2005年增长了8.8%，创历史最高水平，比10年前增长了65.3%，比5年前增长了45.7%。2006年世界粗钢产量排名前三位的国家是：中国4.188亿吨，日本1.162亿吨，美国0.985亿吨。2006年我国粗钢产量4.188亿吨，占世界粗钢总产量的33.8%，10年来我国的钢产量增长了313.8%。

世界主要钢铁生产大国见表1。

表1　世界主要钢铁生产大国

项　目	中国	日本	美国	俄罗斯	韩国	德国	印度	乌克兰	意大利	巴西
2006年排序	1	2	3	4	5	6	7	8	9	10

---

* 本文写于2007年，是为全国煤炭订货会撰写的论文。

续表 1

项　目	中国	日本	美国	俄罗斯	韩国	德国	印度	乌克兰	意大利	巴西
2005 年排序	1	2	3	4	5	6	7	8	10	9
2006 年产量/百万吨	418.8	116.2	98.5	70.6	48.4	47.2	44.0	40.8	31.6	30.9
2005 年产量/百万吨	355.8	112.5	94.9	66.1	47.8	44.5	40.9	38.6	29.4	31.6
增长率/%	17.7	3.3	3.8	6.8	1.3	6.1	7.6	5.7	7.5	-2.2

世界主要钢铁生产企业见表 2。

表 2　世界主要钢铁生产企业

排名	企业名称	国家	粗钢产能/百万吨	占世界比重/%
1	米塔尔钢铁公司集团	英国	96.91	7.15
2	阿塞洛钢铁公司集团	卢森堡	68.30	5.04
3	JFE 钢铁公司集团	日本	40.40	2.98
4	新日铁公司集团	日本	39.38	2.90
5	浦项钢铁公司集团	韩国	32.55	2.40
6	上海宝钢集团	中国	29.45	2.17
7	美国钢铁公司集团	美国	24.38	1.80
8	柯鲁斯钢铁集团	英国	22.57	1.66
9	里瓦钢铁公司集团	意大利	22.37	1.65
10	盖尔道钢铁公司集团	巴西	19.63	1.45
全世界总粗钢产能/亿吨			13.56	100

世界主要产钢地区见表 3。

表 3　世界主要产钢地区

地区	粗钢产量/百万吨							2006 年增长率/%
	2000 年	2001 年	2002 年	2003 年	2004 年	2005 年	2006 年	
欧洲	308.9	304.8	308.7	320.3	339.7	333.7	354.4	6.2
北美洲	135.4	119.9	122.9	126.2	134.0	127.6	131.5	3.0
南美洲	39.1	37.4	40.9	43.0	45.9	45.3	45.3	0
非洲	13.8	14.9	15.8	16.3	16.7	17.9	18.5	3.3
中东	10.8	11.7	12.5	13.4	14.3	15.3	15.4	0.8
亚洲	331.9	353.9	394.9	442.4	510.1	591.1	665.7	12.6
澳洲	7.8	7.9	8.3	8.4	8.3	8.6	8.7	1.1
全世界	847.7	850.5	904.0	970.0	1068.9	1139.6	1239.5	8.8

二、我国钢铁工业的发展进入了一个新的时期——迈进世界钢铁先进国家行列

这一时期的特征是：

（1）产能由供不应求向产能过剩转变；

（2）资源由基本平衡向严重制约转变；

（3）贸易由净进口向净出口转变；

（4）盈利空间由大向小转变；

（5）钢铁市场由卖方市场向买方市场转变。

主要产品自给率大幅度提高：

（1）22 个钢材大品种中，自给率超过 100%的有 16 个，分别是钢轨、大型型钢、中小型钢、棒材、钢筋、线材、特厚板、中板、热轧薄板、中厚宽带钢、热轧薄宽带、热轧窄带钢、冷轧窄带钢、无缝管、焊管等。

（2）冷轧薄板、冷轧薄宽带钢、冷轧电工钢、镀锌板、冷轧不锈板、镀锡板等自给率尚未达到 100%，分别为 98.22%、85.19%、78.51%、94.70%、95.90%、93.45%。

（3）我国钢材的综合自给率达 105.54%。

高附加值品种快速增长见表 4。

表 4　高附加值品种快速增长

品　种	生产量/万吨	进口量/万吨	出口量/万吨	消费量/万吨	增长率/%
冷不锈薄板	168.2	47.67	40.47	175.43	11.43
镀锌板	1253.83	357.24	287.07	1324.00	13.42
镀锡板	144.62	29.37	19.24	154.75	-3.91
彩涂板	226.52	30.36	50.84	206.04	-3.76
冷轧硅钢	264.25	95.15	22.77	336.63	8.21
油井管	281.56	34.84	108.88	207.52	2.92

我国钢材消费情况见表 5。

表 5　我国钢材消费情况

年份	产量/万吨	进口量/万吨	出口量/万吨	表观消费量/万吨	增长量/万吨	增长率/%
2001	15745	1722	474	16993	2871	20.3
2002	19218	2449	545	21122	4129	24.3
2003	24082	3717	696	27103	5981	22.1
2004	29902	3930	1423	32409	5306	16.4

续表 5

年份	产量/万吨	进口量/万吨	出口量/万吨	表观消费量/万吨	增长量/万吨	增长率/%
2005	37513	2582	2502	38043	5634	17.4
2006	46685	1851	4301	44235	6192	16.3

“十五”期间我国钢铁工业的发展主要是靠投资拉动的，投资规模之大是史无前例的。2001~2005 年“十五”期间，钢铁工业总投资 6865 亿元，占全国固定资产投资的 2.32%，是“一五”到“九五”48 年钢铁总投资的 1.3 倍，其中引进国外设备投资 210 亿美元，约合人民币 1722 亿元左右，占钢铁总固定资产投资的 25%左右。这些投资形成的是 2.65 亿吨炼铁新产能、2.64 亿吨炼钢新产能和 2.68 亿吨轧钢新产能。

通过“十五”的大规模引进设备，我国钢铁工业已有一批世界上最先进的炼铁、炼钢和轧钢装备。

但是应该看到，我国的钢铁行业的能耗仍然比较高，钢铁行业对环境污染的问题还未得到彻底解决，节能减排是钢铁行业今后的重要的任务。

三、钢铁行业能耗情况

我国及世界钢铁行业能耗情况见表 6~表 16。

表 6 钢铁行业能耗（标煤）情况（重点企业）

年 份	综合能耗	可比能耗	烧结	炼铁	焦化	转炉	轧钢
2000	920	781	68.5	466	160	29	118
2001	876	747	68.6		153	28	107
2002	815	698	67.0	455	150	24	101
2003	780	709	66.4	464	148	23	96
2004	761	701	66.3	466	142	26	92
2005	747	714	64.8	456	141	36	88
比较/%	-20.3	-8.6	-5.9	-2	-11	25	-25
占总能耗/%			12.1	59.3	6.5	3.6	10.3

表 7 世界各国钢铁工业能耗情况

项 目	美国	德国	日本	中国	世界平均水平
吨钢综合能耗（标煤）/kg	676	765	719	747	
铁钢比	0.392	0.649	0.738	0.968	0.567
电炉钢比/%	55	31	26	13	56

表 8　我国钢铁行业主要能耗设备

设　备	世界先进水平	我国主体水平
焦炉	炭化室高度 6m 以上	4. 3m
高炉	2000~5500m^3	300~3000m^3
转炉	150~350t	50~200t
电炉	100~150t	20~100t

表 9　重点大中型钢铁企业高炉生产能力构成

炉容/m^3	生产能力/万吨	所占比例/%
100 及以下	81	0. 02
101~299	1215	3. 64
309~999	15972	47. 74
1000~1999	5632	16. 83
2000~2999	7009	20. 95
3000 及以上	3551	10. 62

表 10　重点大中型钢铁企业转炉生产能力构成

炉容/t	生产能力/万吨	所占比例/%
11~49	8411	24. 90
50~99	9969	29. 52
100~299	14488	42. 90
300 及以上	908	2. 68

表 11　重点大中型钢铁企业电炉生产能力构成

炉容/t	生产能力/万吨	所占比例/%
1~10	45	1. 02
11~49	1020	23. 10
50~99	1778	40. 25
100 及以上	1574	35. 63

表 12　我国高炉能耗情况

高炉容积/m^3	入炉焦比	喷煤比	燃料比	利用系数	风温/℃
200	459	124	558	3. 55	1005
500	425	128	553	3. 32	1057
1000	404	133	540	2. 89	1096
2000	375	142	517	2. 31	1174

续表 12

高炉容积/m^3	入炉焦比	喷煤比	燃料比	利用系数	风温/℃
3000	305	186	491	2.56	1159
4000	278	204	482	2.21	1245

表 13　我国钢铁行业各工序能耗

指　标	采矿	选矿	焦化	烧结	球团	炼铁	炼钢	热轧	冷轧
工序能耗（标煤）/kg·t^{-1}	7.6	15	136	65	39	440	49	81	120
电耗/kW·h·t^{-1}	15	30	38	36	34	66	77	83	165

表 14　近年新投产高炉等设备情况　（座/万吨）

年　份	高炉	转炉	电炉	球团	烧结	焦化
2005	17/2406	47/5114	2/132	6/1120	8/2427	7/555
2006	17/2150	25/2284	4/320	3/274	7/2066	8/528
2007	12/842	7/1058	1/100	3/260	7/517	2/100

表 15　钢铁行业对煤炭的需求测算　（万吨）

年　份	喷吹用煤	炼焦用煤	动力用煤	合　计
2006	6200	39580	3000	48780
2007	6930	42500	3200	52630
2008	7650	43900	3500	55000

表 16　2007 年 1~8 月我国钢铁行业生产情况　（万吨）

品　种	产　量	同比增长	日产水平	年产预测	2008 年产量预测
粗钢	32052	4829	134.14	48100	53000
生铁	30753	4319	131.62	46200	51000
钢材	36697	7126	155.72	55000	
焦炭	21298	3569	90.19	31900	33000
铁矿石	44217	7940	199.97	66000	

四、利用国内外两种资源是钢铁行业发展的长期战略方针

我国正处在工业化进程的重化工业时代，人口多、土地少、人均自然资源匮乏是我国的国情，我国钢铁工业的发展受到资源、能源、环境等因素的约束。

我国的矿产资源总量大，但人均少，仅为世界平均水平的 32%，特别是钢铁生产的主要矿产品铁矿、锰矿、铬矿等更是资源短缺。2000~2005 年间，我国进口铁矿石达 9.0525 亿吨，用进口铁矿冶炼的生铁占我国生铁产量的比重在逐年提高，从 2000 年的 34%，已提高到目前的 53%左右，今后还要进一步提高。除

了铁矿石进口外，我们炼钢所需的锰矿、铬矿和镍矿，对海外的依存度也在逐年增加。

我国的煤炭资源丰富，是可以满足钢铁和国民经济需要的。但我国的炼焦煤资源有限，且煤种储量不均，应加以保护，要逐年减少焦煤和焦炭出口，保护我们仅有的优势资源。根据目前煤炭行业提供的数据显示，今后我国的炼焦煤进口将呈现逐年增多的态势。

五、进一步降低消耗是钢铁行业结构调整的重要任务

（1）降低钢铁行业一次能源的消耗，提高对二次能源的利用。

（2）焦化工序能耗（标煤）从 2005 年的 142kg/t，到 2010 年降低到 125kg/t。

（3）烧结工序能耗（标煤）从 2005 年的 64.8kg/t，到 2010 年降低到 59kg/t。

（4）高炉工序能耗（标煤）从 2005 年的 456.8kg/t，到 2010 年降低到 440kg/t。

（5）转炉工序能耗（标煤）从 2005 年的 25kg/t，到 2010 年降低到 12kg/t。

（6）轧钢工序能耗（标煤）从 2005 年的 90kg/t，到 2010 年降低到 88.5kg/t。

大力推广节能新技术：开发焦化新一代的 CDQ 能源转换技术和煤气余热回收及煤气调湿技术；普及高炉煤气 TRT 发电技术；推广烧结矿余热回收技术；推广炼钢负能炼钢技术；推广钢坯热装热送技术；推广余热回收技术。

六、转变经济增长方式是当务之急

钢铁行业作为传统产业和基础产业，已不能继续过去那种以牺牲资源、环境为代价，以高投入扩张来换取行业的高速发展之路，必须尽快转变经济增长方式，走科技含量高、经济效益好、资源消耗低、环境污染少、人力资源优势得到充分发挥的新型工业化道路。彻底改变钢铁的“高投入、高消耗、高排放、不协调、难循环低效率”的传统发展模式，大力发展循环经济、高效利用资源、保护生态环境，实现节约发展、清洁生产、可持续发展。

我国与国外先进国家的钢铁工业在整体上还有 5～10 年的差距，主要反映在装备工艺水平、核心技术的自主研发和高性能高附加值产品的实物质量等方面。全面提高钢铁行业的竞争力主要包括：对钢铁核心技术的研发能力；对新型钢铁材料的研发能力；对大型钢铁设备的制造能力；对世界钢铁市场的占有能力；对引进技术的消化吸收再创造能力；对降低成本提高劳动生产率的管理能力；对自然资源的占有能力和有效利用能力。

钢铁工业要大力推进自主创新战略，转变增长方式*

——关于开发钢材新品种的建议

积极开发高附加值高性能产品，满足国民经济各部门需要，自主创新是企业发展的原动力。市场的竞争说到底是科技实力的竞争。钢铁方面主要表现在高附加值高性能钢材品种的竞争，积极开发高附加值高性能产品是促进产业升级、提高钢铁产业国际竞争力的必经之路。我国钢铁工业经过“九五”“十五”的技术改造，整体素质得到进一步提高。目前我国已拥有世界上一流的炼铁、炼钢和轧钢工艺与设备，在热轧薄板、冷轧薄板、中厚板、无缝钢管、焊管、H 型钢、连续小型、高速线材等钢材品种，无论是产量还是性能，已接近世界先进水平。随着钢铁产品在世界市场的比重的增大，与世界钢铁的贸易将进一步扩大，中国钢铁行业在为中国国民经济服务的同时，将进一步走向世界，将在经济全球化中发挥更大作用。

世界钢铁市场的竞争是围绕在高附加值高性能的产品展开的，一是板材，如汽车板、家电板（镀锌、彩涂）、锅炉板、桥梁板、不锈板和管线板等；二是线棒材，如汽车用的齿轮钢、轴承钢、弹簧钢、阀门钢等合金钢棒材，以及高清洁度的线材，如钢帘线用线材，斜拉桥、悬索桥用高强镀锌钢丝、高强螺栓等。

现在，我国与国外先进国家的钢铁工业在整体上还有 5～10 年的差距。主要反映在装备工艺水平、核心技术的自主研发和高性能高附加值产品的实物质量等方面。

近十年来钢铁主要用户行业的结构调整和技术升级很快，这些行业的产品已经进入世界市场，其对钢材的要求已与世界接轨，如我国的家电（电冰箱、空调、洗衣机）产品对钢材的实物质量要求越来越高。特别是随着其生产工艺的进步，采用机器人、自动化生产线、多工位高速冷镦机等先进设备，要求所用钢材具有“三高”即高性能、高强度、高精度，如计算机用耐指纹钢板、轿车润滑油桶用镀锡板、机械行业用高精度棒线材。

我国钢铁工业还缺少具有自己知识产权的核心技术，技术创新能力也显不足。钢铁市场的竞争主要表现在高性能高附加值产品的技术竞争。在这方面我国

---

* 本文写于 2006 年。

钢铁工业近年来虽然有了一定程度的进步，但必须看到：在重大装备的关键设备和核心技术方面，高附加值产品如高档汽车板、高牌号的取向硅钢、高钢级的管线钢等品种还需从国外进口。

为加快我国钢铁工业新产品开发，加快产品和产业升级的步伐，下面将从主要用钢行业对钢材品种需求与我们生产的差距做一分析，供大家共同研究。

一、线棒材

（一）PC钢绞线用线材（YB/T 170、ISO16120-4）

预应力钢绞线国外要求3600m无接头，盘重为3000kg。目前，预应力钢绞线的原料是采用直径6.5~12mm的线材，今后会要求提供直径在14~16mm的线材。由于这类产品投资少，国内这类产品的生产能力已大大超过了市场需求，生产的品种应由普通松弛级向低松弛级转变。目前，这类产品与国外的差距是强度偏低，通条均匀性差，应力松弛值比国外大，伸直性差。拉拔中出现锥型断裂，起因是存在网状晶界渗碳体或其他夹杂。

性能要求：尺寸公差：±0.15mm，P及S含量小于0.025%，N含量小于$60\times10^{-4}\%$，断面收缩率大于32%，强度2000MPa，日本已达2300MPa，断线小于1次/百吨。

PC及所需线材产量见表1。

表1　PC及所需线材产量　（万吨）

年　份	2003	2004	2005
PC绞线生产能力	75	100	135
PC绞线产量	70	91	110
PC线材产量	83.1	100	143

国内SWRH82B硬线产量见表2。

表2　国内SWRH82B硬线产量　（万吨）

年份	沙钢	宝钢	首钢	武钢	兴澄	包钢	其他	合计
2003	37	15	15	10	3	2.1	1	83.1
2004	43	15	23	8	3	2	1.5	95.5
2005	55	3	25	10	10	20	20	143

（二）紧固件用棒线材（JIS G3506、JIS G3507、ASTM 510A）

冷镦钢线材是用于制造紧固件螺栓、铆钉、螺丝和各种机电零配件的原料，广泛用于汽车、机械、建筑、电器、轻纺等领域。冷顶锻螺钉具有操作简便、工效高、造型美观、成本低的优点，有着广阔的市场前景。我国仅机械工业系统就有紧固件生产厂近千余家，年需要高强度冷顶锻钢线材在100万吨以上。

我国的冷镦钢用线材直径为5.5~16mm，1997年我国消费量在55万吨，2000年在80万吨，2005年在120万吨以上。

冷镦工艺可分为4类：非热处理型（低碳系列）、调质型（中碳、低合金、合金钢系列）、表面硬化型（ML18Mn、ML22Mn、ML20Cr）、非调质型（微合金钢系列）。

世界紧固件市场分布：第一是北美，占全球的34.3%；第二是西欧，占31.7%；第三是亚洲，占28.4%。目前世界紧固件的年产量在1300万吨，主要出口大国是日本、韩国和中国。紧固件市场按用户分：第一是汽车，占23.2%；第二是维修及建筑，占20%；第三是电子工业，占16.6%。按螺纹分类：外螺纹占52%，内螺纹占19%，无螺纹占18%，其他组合件占7%，航空太空紧固件占4%。

世界紧固件最大生产商为TEXTRON公司和ITW公司（在美国），法国的GFI公司和美国的FAIRCHILD公司专门生产航空太空紧固件，为波音、空中客车等飞机提供紧固件。我国紧固件年产量在300万~320万吨，用材400万吨。我国开发的M6、M8、M10、ASTM1018、ASTM1022、ML20、ML35、SWRCH35K、SCM35等钢号，还不能满足对高精度、高强度紧固件的要求。

对紧固件用钢材质量要求：尺寸为直径5.5~40mm的线棒材（GB 14981）；组织为铁素体+珠光体，精粒度5~7级；表面为脱碳层小于直径的1%；非金属夹杂物为B类（氧化物）和D类（硫化物），小于0.15mm，同条性好，硬度均匀；冷镦和压扁试验，在1/2*H*、1/3*H*条件下，不产生裂纹。

冷作硬化型非调质钢（LF10MnSiTi、LF20Mn20），用作8.8级高强度螺钉，强度在550~700MPa，冷拉后可达800~900MPa。耐高温、高压和耐腐蚀的SNB5~7、SNB16(JIS 4107—94) SNB21~24(JIS 4108) 等钢种。抗延时断裂用钢，其强度为1200MPa的钢种HNDS2用于制造12.9级螺栓。强度在1500MPa的45CrNiMoTi钢种，其性能优于回火马氏体。

（三）易切削钢

常规的易切削钢多加入微量铅（0.04%~0.30%），但其对环境污染，使人们开发无污染的易切削钢的愿望增强，日本神户制钢研究开发了铋易切削钢。

铋易切削钢的原理：

（1）有润滑作用，在切削时的温升，使被加热到熔点以上的铅熔析，成为刀具与切削间的润滑剂，减小了摩擦阻力。

（2）熔融金属脆化作用，熔融的铋使金属脆化，降低了金属的剪切强度，使切削易裂提高了断开性。

（3）铋作为应力集中源，可减小切削阻力，增加切削断开性。

（4）铋的原子序号（83）与铅（82）临近，其相对原子量为 208.98（铅为 207.19），密度为 9.78g/mm³（铅为 11.34g/mm³），熔点为 271℃（铅为 327℃），两者的物理性能相似，但铋在人体中的蓄积量很低。

铋易切削钢的成分与性能见表 3。

表 3　铋易切削钢的成分与性能

钢种		化学成分（质量分数）/%								硬度 HV_{10}
		C	Si	Mn	P	S	Cr	Pb	Bi	
新钢种	F1	0.29	0.19	0.70	0.017	0.021	0.12	—	0.03	256
	F2	0.30	0.22	0.74	0.013	0.020	0.12	—	0.10	255
原钢种	基体	0.31	0.19	0.72	0.013	0.013	0.10	—	—	246
	L1	0.30	0.19	0.74	0.011	0.021	0.13	0.06	—	253
	L2	0.29	0.18	0.68	0.014	0.015	0.19	0.22	—	258

钢种		抗拉强度/MPa	伸长率/%	断面收缩率/%	冲击功/J·cm⁻²	
					纵向	横向
新钢种	F1	806	20.5	68.5	218	32
	F2	804	20.9	69.7	210	31
原钢种	基体钢	790	22.2	70.3	230	41
	L1	798	21	69.3	213	35
	L2	807	20.4	67.0	209	32

易切削钢的种类：易切削碳钢、渗碳钢、调质钢、不锈钢等，近来又开发了易切削的模具钢、高锰钢、耐热钢、高工钢等。

易切削钢的经济效益显著，如用易切削钢 Y40Mn 替代 45 号碳结钢加工零件，可使加工效率提高 50%，刀具的寿命延长 4 倍，还可提高零件的表面光洁度。

世界易切削钢产量、品种：日本在 100 万~130 万吨，是特钢厂的主导产品。美国 AISI 标准易切削钢有 31 种（低碳 18 种，易切不锈 9 种）；日本 JIS 标准易切削钢 14 种（中低碳 9 种），不锈 9 种；独联体易切削钢有 20 种，包括硫系列 6 种、硅系列 3 种、硫-铅系列 11 种。

最近美国一公司开发出用铋代铅的易切削钢，如 C-0.09、Mn-1.25、P-0.09、S-0.45、Bi-0.17。

主要工艺：日本大同知多厂采用 70t 电炉+IJ+LF+RH+CC（弧型 2 流连铸，

断面 370mm×480mm）。日本爱知知多厂采用 80t 电炉+VSC+LF+RH+CC（断面 370mm×480mm 或 185mm×185mm）。德国 GMH 采用 125t 直流电炉（EBT）+LF+VD+CC（断面 200mm×240mm）。西班牙 SIDENOR 采用 70t 电炉+LF+VD+CC（断面 155mm×155mm）。这些工艺的特点是可以使钢中的硫化物形态改变为纺锤型均匀分布。

我国的易切削钢生产现状：目前年产量在 5 万~6 万吨，而市场需求量在 40 万~50 万吨，我国生产的易切削钢是按 GB 8731—88 生产的，有 9 个钢种。

（四）轴承钢

2004 年我国生产轴承钢 158 万吨，增长了 15.56%，主要生产企业生产情况见表 4。

表 4　2004 年主要生产企业生产情况

项　目	东特	兴澄	永通	锡钢	上五	冶钢	西宁	本钢	石钢	南钢
产量/t	442169	307926	214730	210617	137347	119757	37817	30054	27246	14684
同比/%	35	-8.5	21.6	5.6	-7	26	-18	38	85	100
排名	1	2	3	4	5	6	7	8	9	10

国际市场：美国占 23%，欧盟占 21%，日本占 19%，俄罗斯占 6%，印度占 4%，中国占 10%。

二、钢管

（一）市场与产能

世界钢管生产能力 8500 万~9000 万吨，其中焊管为 6000 万吨。2004 年全球钢管产量为 7845 万吨，其中无缝钢管 2359 万吨，占钢管总量的比例为 28.2%，焊接钢管产量为 5486 万吨，占 71.8%。据统计，全球生产钢管的设备利用率仅为 53%，如果扣除中国的增量，全球其他地区的钢管产量并未增加，国际钢管尤其是无缝钢管主要生产能力集中在全球几个大集团控制之下（见表 5）。

表 5　世界铜管主要生产企业生产情况

集团名称	2004 年产量/万吨	2004 年产能/万吨
德兴集团	263	330
瓦鲁瑞克—曼内斯曼	270	300
日本住友	110	190
俄罗斯冶金集团	170	239

主要生产国有：中国、日本、美国、俄罗斯、乌克兰、德国、意大利、英国、法国、阿根廷。

（二）石油开采用钢管

我国近年来由于钢铁工业结构调整和技术进步，在石油用无缝钢管的生产上取得较大进步，主要表现是石油用无缝管的国产化率大幅度提高，进口减少，出口增加，无缝钢管已成为我国出口大于进口的品种，高附加值高性能产品比重增加。

但是，随着我国石油开发向深井、超深井和海上采油进军，对油井管的要求越来越高，特别是对高强度、特殊扣的油井管需求增加。在这方面，尽管我国石油专用管企业已开始研制，但从数量和扣型上还无法满足石油工业的需要，每年还需要进口 20 万~30 万吨。

我国进口的石油管情况如表 6 所示。

表 6　我国进口的石油管情况

钢　种	规格/mm	扣　型	进口国
J55、N80、PII0 等	ϕ140、ϕ178、ϕ245	FOX、VAM、TM、SEC、SM-80S、NK-3SB、NS-CC 等	日本、阿根廷、德国等

我国使用特殊扣钢管的油田有：大庆、长庆、塔里木和海上采油，今后有扩大使用的趋势。我国的油田采用非 API 套管的数量也在增加，如辽河油田、大港油田等都采用比 API 标准高的其他标准钢管。

我国目前特殊扣油套管的生产处于开发阶段，但从石油工业的发展趋势看，对油套管有特殊要求的油田、天然气田的比重会增大到60%以上，预计今后国内对非 API 油井管的需求将达到 25%~30%。特别是要加快开发如下非 API 特殊扣的油井管是今后重要工作：

（1）抗 H_2S、抗 CO_2 套管；

（2）抗腐蚀、抗挤压的如“TS”“TSS”等油井套管；

（3）抗挤毁的“T”“TT”型套管；

（4）抗热应力的“H”型套管；

（5）抗海水浸蚀的厚壁套管；

（6）无磁性油套管。

目前我国国内油井管生产与市场消费存在生产品种不全、钢级比例失调、特殊扣依赖进口等问题。据统计，国内生产的 J、K 级占 65%左右，N 级占 34%，P 级以上不足 1%，具体情况见表 7。

表 7　我国各级油井管消费与生产情况

钢　级	J、K	N	P
消费/%	43	44	13
生产/%	65	34	1

我国目前不能生产的石油用管的品种中，主要是套管中高钢级、特殊扣、耐腐蚀管，油管中高钢级的合金管，钻杆中短钻杆、加重钻杆和方钻杆等，还有就是钻铤用管中的无磁钢管等，详见表 8。

表 8　我国目前不能生产的石油用管情况

品　种	规格/mm×m	钢级及性能要求
套管	ϕ114×6.35	S110 高抗挤压、气密封
	ϕ127×9.19	S110 高抗挤压、气密封
	ϕ127×9.19	P110E
	ϕ139×10.54	P110TM
	ϕ139×9.17	P110TM
	ϕ139×9.17	NK110HC/3SB
	ϕ139×9.17	NK140HCB
	ϕ178×11.51	KC150L 特殊扣
	ϕ178×10.36	KC110TFOX
	ϕ178×10.36	S110B 高抗挤压特殊扣
	ϕ178×13.72	S140 气密封
	ϕ245×11.99	NT95HEB
	ϕ245×11.99	S110B 高抗挤压
	ϕ245×40PPF×13Cr	80NK3SB
	ϕ250×15.88	V150B 高抗挤压
	ϕ250×15.88	气密封
	ϕ340×10.92	NT80HEB
	ϕ340×12.19	S110B 高抗挤压
	ϕ508×12.7	J55B
油管	ϕ73×5.51	P110FOX
	ϕ73×5.51	P220N
	ϕ73×5.51	KO-HPE13Cr95FOX
	ϕ101.6×8.38	KO-HPE13Cr95FOX
	ϕ89×6.45	KO-HPE13Cr95FOX

续表 8

品　种	规格/mm×m	钢级及性能要求
钻杆	短钻杆 ϕ89×2.5	
	短钻杆 ϕ89×1.5	
	短钻杆 ϕ127×2.5	
	短钻杆 ϕ127×1.5	
	加重钻杆 127	
	加重钻杆 89	
	方钻杆 133	
	方钻杆 89	
钻铤	121 螺旋	
	121	NC38 无磁钢
	159 螺旋	
	159	NC46 无磁钢
	178×71	NC50X31
	203×76×168	REC 螺旋
	279 螺旋	
	63.5×114.3×60.3 四方	
	89×12 四方	
	88.9×168 六方	NC31
	133.5×168.2	NC50

（三）输油、输天然气管道用钢管

为降低成本，世界各国在研制开发高压输气用薄壁钢管，目前已研制成功 X120 的高强度管线钢。为施工安全和焊接质量，要求这种钢具有良好的母材，焊缝及热影响区具有很好的低温韧性和高的伸长率与低的屈强比。日本新日铁公司的“HTUFF”技术较好地解决了上述问题。“HTUFF”既可控制热影响区细晶粒超高韧性技术，使热影响区晶粒细化，同时通过采用 TNCP 技术，使钢材母体获得双相钢组织，从而解决均匀的延伸和低的屈强比要求。目前已生产的具有上述性能的 X60~X100 管线钢生产的 UOE 管已使用在有关工程上。

为解决热影响区的组织细化和减少马氏体及奥氏体问题，采用 TiO 颗粒可抑制奥氏体晶粒长大的机理，开发了含 TiO 的钢。对控制马氏体和奥氏体的生成，主要靠降低碳含量实现，一般来说当碳含量降低到 0.04%以下后，其 MA 的生成大大减少。为改善钢的热影响区性能，研制出低碳锰铌钛系列的管线钢，适当添加镁，其化学成分见表 9。

表9　低碳锰铌钛系列管线钢化学成分　（%）

钢　种	C	Si	Mn	P	S	Nb	Ti	其他	Ceq	Pcm
X60	0.05	0.11	1.56	0.005	0.002	0.02	0.01	Ni、Cu、Mg	0.35	0.15
X80	0.06	0.26	1.81	0.005	0.002	0.04	0.01	Ni、Mo、Mg	0.41	0.17
X100低碳	0.03	0.20	1.96	0.005	0.002	0.04	0.01	Ni、Cu、Cr、Mo、V	0.60	0.22
X100中碳	0.06	0.22	1.96	0.007	0.002	0.04	0.01	Ni、Cu、Mo	0.46	0.19

三、储油罐用钢板

储油罐用的壁板和底板主要靠进口，采用日本高强度板（SPV490）。一座10万立方米的储油罐需用钢材1948t，其中高强度板789t，占40.5%。

国家战略石油储备库一期工程需要30万吨钢材，其中高强度钢板12.1万吨。2006年开工的舟山、大连、黄岛几个储油罐建设希望多用国产板。

2006~2010年国家战备储油罐二期建设10万立方米的储油罐150座，需要钢材29万吨，其中高强板12万吨。同时还要在全国各地建设储油基地，预计需要高强板30万吨左右。

四、模具钢

2005年我国模具行业产值达600亿元，位居世界第三，仅次于日本、美国。但国内自配率不到80%，低档过多，中高档自配率不足60%，是模具净进口国。

国内可以生产精度2μm的精密多工位级进模，工位数达160个，寿命1亿~2亿次。在大型塑料模具方面可以生产1219mm（48in）电视模具、6.5kg大容量洗衣机模具，以及汽车保险杠、仪表盘模具等；精密模具可以生产照相机模具、小模数齿轮模具等。塑料模具占模具需求的30%，主要是工程塑料模具，汽车、电子和建筑等行业增长很快，占整个模具市场需求的50%。一台电冰箱需要模具350副，价值400万元；一台洗衣机需要模具200副，价值300万元；一台空调需要模具20副，价值150万元；汽车需要几千副模具，价值近亿元；摩托车需要近千副模具，价值1000多万元。

今后发展趋势：汽车覆盖件模具，占模具总量的40%；精密冲压模具，仪器仪表电子用，精度在5μm；大型塑料模具，占40%。

五、造船用钢板

“十五”期间我国造船产量年均增长幅度45%，全国规模以上645家船舶企业工业总产值和销售收入增长速度为31%和35%。船用低速柴油机和甲板机械已与世界水平相当，已可生产20万~30万吨的油轮和海洋平台。液化石油气船2007年将下水。12300t的重载滚装船（可装载坦克200辆和汽车100辆）制造成功。超大油轮（VLCC）和10000箱集装箱船也已开始生产。2003年世界造船业发展迅速，新船年订货量在5000万载重吨以上，手持订单在22000万载重吨左右，造船产量超过6300万载重吨，创历史最高纪录。现有全球船舶保有量超过90000万载重吨。世界未来造船发展方向是“一大、二高、三新”，即大吨位，高技术含量和高附加值，新技术、新工艺、新船型。

船用钢板品种规格多，精度要求高，按0.5mm或1mm晋级。如一艘T3000船，需要9852张钢板，重量45013t。一艘30万吨VLCC船用钢材规格达600多个。

六、轻工行业所需板材

近十年来，我国轻工行业通过引进技术设备，已完成与世界市场接轨，主要轻工产品出口大幅度增长，特别是家电产品，我国的产品已占据世界市场的半壁江山。家电产品目前是按照国际定单组织生产，其对钢材的性能规格等要求非常严格，我们钢铁企业的技术改造是滞后于轻工行业。目前还有部分品种的钢材在性能、规格等方面不能满足其需要，主要有如下品种规格：

（1）家电用钢板，主要用做家电电机、冰箱，厚度为0.5~3mm的冷轧薄板，其对板厚公差要求严格。

（2）用于生产干电池外壳的冷轧板，厚度小于0.35mm，对钢材的晶粒度、夹杂物等要求严格。

（3）用于生产家庭用具（熨斗、烤面包机、灯具等）的冷轧板，厚度小于3mm，其对表面光洁度要求严格。

（4）用于生产工具（锯、刀、弹簧、办公用品等）的冷轧板，厚度0.3~3.2mm。

（5）用于镀锡板基板的冷轧板，厚度在0.5mm以下。

（6）用于生产搪瓷制品的深冲用冷轧板，厚度为0.5~3mm。

七、汽车行业用板材

（一）薄板

世界汽车的生产能力为7700辆，目前的生产量在5800万辆上下，汽车制造消费钢材达3000万吨。我国的汽车产量仅占世界总产量的5.17%。去年世界汽车的销售量为5400辆，今后几年世界汽车市场有进一步扩大的趋势。随着对轿车高级化、轻量化、安全性与舒适性要求的提高，对轿车用钢板的性能要求也在提高。我国的轿车市场也将出现对中高档轿车需求的增加。特别是随着我国几大汽车公司与国外著名轿车公司的联手，成立了上汽与大众、标致与东风、丰田与一汽、大宇与北汽等合资企业，标志着我国轿车工业将进入经济规模扩张发展时期，今后将大批量生产中高档轿车，其车型有 POLO、宝来 1.6、爱丽舍、中华、索纳塔、红旗、别克、尼桑新蓝鸟、标致 307、北京现代等。上述这些合资企业生产的中高档轿车对高质量汽车板的需求会进一步增加，主要是：

（1）高强度汽车板，即屈服强度大于 180MPa 的钢种，主要有烘烤硬化 BH 钢、双相 DP 钢、含磷 RP 钢、微合金 MA 钢、高强度无间隙固溶 IF 钢和近年开发的相变诱导塑性 TRIP 钢。

（2）超深冲汽车板，主要是无间隙固溶 IF 钢，以 IF 钢为基板生产镀锌板，使 IF 钢的应用进一步扩大。

（3）镀锌板，主要是高耐腐蚀的热镀锌板和电镀锌板，用于汽车车身，为改进耐腐蚀性对采用热镀锌铁合金镀层、热镀锌铝合金镀层的需求，以及电镀线生产锌镍合金、铅锌合金镀层的需求进一步增加。

（4）热轧酸洗平整板，主要用于生产轿车配套部件和卡车客车车厢。

高强度汽车板宝钢和武钢已生产过烘烤硬化钢，鞍钢和本钢也在积极开发试制工作。在超深冲汽车板方面，宝钢已批量生产 IF 钢，性能与德国、日本的产品还有一定差距。在镀锌板方面，宝钢、武钢、本钢和攀钢的镀锌线能力是可以满足汽车对镀锌板需求的，关键是镀锌板的性能质量还不能满足高质量汽车板的要求。

（二）汽车阀门钢

汽车阀门钢技术发展方向是改善其疲劳特性，主要措施是：

（1）提高钢的疲劳强度。提高钢材的强度，来提高钢丝的耐疲劳强度。

（2）减少非金属夹杂和表面缺陷。使用条件要求钢中的非金属夹杂控制在 10～50μm，非金属夹杂的组成为氧化铝（Al_2O_3）、尖晶石（MgO、MnO 或 $CaO-Al_2O_3$）、氧化硅（SiO_2）等高熔点硬质夹杂。为减少这些有害夹杂，通常采用钢包精炼工艺：

1）低氧含量法。常采用铝脱氧，但在脱氧后必须切断从熔渣、耐火材料和大气向钢液供氧，同时还必须采用真空处理来减少夹杂。在生产油回火钢丝 JIS SWOCV-VDE 钢时常采用铝脱氧，但其存在氧化铝夹杂和多以块状残留钢中，只适用于强度级别低的钢种。

2）采用硅脱氧。将非金属夹杂组成控制为以氧化硅为主成分的多元低熔点氧化物。以氧化铝在三元（$CaO-SiO_2-Al_2O_3$）系复合夹杂物中的量在 20% 左右为好；用硅脱氧钢中的［O］比低氧含量法高些，一般为 $20\times10^{-4}\%$。对比两者，超低氧含量法（0.033% Al、0.0007% O）与用硅脱氧（0.001% Al、0.019% O）

的钢丝疲劳寿命，后者优于前者，用硅脱氧成为生产阀门钢的主流工艺。

（3）强化表层采用喷丸处理和氮化处理。为改善其疲劳寿命，对钢材的表面施加高的残余应力，通过喷射大小不等的丸来消除残余应力。

汽车阀门钢的成分与性能见表 10。

表 10　汽车阀门钢的成分与性能

钢　种	标　准	化学成分（质量分数）/%						抗拉强度/MPa	备注
		C	Si	Mn	Cr	V	Ni		
琴钢丝	SWP-V	0.82	0.25	0.50	—			1600	1080
油回火钢丝	SWO-V	0.68	0.25	0.75	—			1700	A230
	SWOCV-V	0.50	0.25	0.80	1.00			1700	SAE5160
	SWOSC-V	0.55	1.45	0.70	0.70			1900	SAW9254
KHV10N	新钢种	0.59	1.95	0.85	0.90	0.10	0.25	2050	
SAW9254		0.55	1.45	0.70	0.70	—	—	1900	

（4）工艺的改变：20 世纪 60 年代采用电炉+脱气+模铸工艺，70 年代采用转炉+钢包精炼+脱气+模铸工艺，80 年代采用转炉+钢包精炼（硅脱氧）+脱气+连铸工艺。目前常用的轧制工艺为钢坯—热轧—去铁皮—铅浴淬火—拉拔—油回火—涡流探伤—冷卷—消除应力—冷研磨—渗氮处理—喷丸处理。

八、集装箱用钢板

由于集装箱运输具有方便、高效、安全、迅速等特点，所以从一开始就受到运输行业的重视和欢迎。其制造大约是从 1957 年起，首先在美国开始的，发展十分迅速。到 1989 年全球的集装箱产量已达 75 万 TEU（国际标准箱，1TEU = 20ft×8ft×8.6ft，1ft = 304.8mm），1996 年全球集装箱生产能力为 180 万标箱，产量为 106 万标箱。生产的集装箱主要为钢质干货箱，约占总生产能力的 88%，冷藏箱约占 6%，其余为专用箱和罐式箱。在过去的十年中，全球的集装箱保有量年均递增 11%，到 2000 年中期，世界集装箱保有量 1430 万标箱。其中远洋船舶用箱量为 1360 万标箱，内河运输用箱量 6.8 万标箱。

据有关部门预测，未来几年全球集装箱用量有望再递增 40%，到 2005 年，世界集装箱用量达到 2100 万标箱。其中普通干箱为 1670 万标箱，特种箱超过 100 万标箱，冷藏箱 120 万标箱。

集装箱的生产最早开始于美国、欧洲，后转向亚洲的日本和韩国。但随着这些国家劳动力成本的上升，集装箱的生产又向中国、印度尼西亚、马来西亚等国家转移。

我国集装箱生产是从 80 年代初期开始的，到目前为止集装箱生产企业有 50

家，其中生产国际海运箱的厂家35家，铁路箱厂5家，其他为冷藏箱及配套厂。这些生产企业绝大多数建造在沿海地区。我国的集装箱产量1993年达到25万标箱，超过了韩国，跃居世界第一。现在我国的集装箱生产能力达200万标箱，1996年实际产量65万标箱，占全球总产量的61%。1998年我国的集装箱产量为110万标箱，占世界产量的75.3%。2000年我国的集装箱产量为176.2万标箱，占世界产量的83%。2001年由于世界经济衰退，影响我国集装箱制造业，干货箱定货减少，而冷藏箱、罐箱有所增加，当年生产了129万标箱，仍为世界第一。我国主要生产的是钢质干货箱，也生产冷藏箱和专用箱等约100多个规格品种。我国集装箱用材料主要是木地板、钢材和油漆，这三大材料的国产化率还不高，其中木地板为10%，钢材为55%，油漆为75%。

据有关部门统计，1996年世界集装箱保有量为1027万标箱，年新需求量为110万标箱，增长率为8.5%。到2005年全球集装箱的需求量可达2100万标箱，年新增需求量为170万标箱，增长率为11%。目前全球的集装箱生产能力基本满足市场需求。

我国的集装箱生产在2005年基本保持稳定，略有上升。2000年产量为176万标箱，2005年为200万标箱。

（一）集装箱对钢材的需求情况

集装箱使用的钢材主要是热轧薄板、型钢和焊管等品种，其中1.6~6mm的薄板占用钢材总量的96%。集装箱用钢材主要是耐候板。基本要求是耐大气和海水腐蚀，强度要求高，抗张强度要求达到490MPa以上，同时要具备较好的韧性和焊接性能。对钢板的表面质量、厚度公差和平整度也要求很高。有关20ft和40ft箱用钢材情况如表11所示。

表11　20ft和40ft箱用钢材情况

钢板厚度/mm	40ft箱		20ft箱		部　位
	用量/kg	比例/%	用量/kg	比例/%	
1.6	721.6	25.6	731.8	44.8	侧门、门板、前墙板
2	641	22.7	4.2	0.3	侧门、门板、顶板
3	179.3	6.4	21.2	1.3	横梁、盖板、地板角钢
3.2	43.2	1.5	433.7	26.5	横梁、盖板、地板角钢
4	554	19.6	247	15.1	横梁、盖板、地板角钢
4.5	503	17.8	196	12	梁、门坎
6	178.7	6.3			前后角柱
合计	2820.7		1634		

注：对作为集装箱面板用的热轧板卷厚度为1.2~8mm，板宽在600~1600mm。对作为集装箱型钢用板厚度为4.5~8mm，板宽在210~280mm。

（二）我国集装箱钢板生产现状

我国的集装箱生产起步于1980年，经历了三个发展阶段：起步阶段、扩张阶段和提升阶段。1996年我国生产的干货箱产量居世界第一位。2001年高附加值的冷藏箱产量也位居世界第一位。现在，我国是世界上集装箱第一生产大国。

国际上集装箱钢板主要是采用热轧薄板，由于其对钢材的厚度、平直度、性能要求较高，目前我国能生产的企业不多，主要在几个条件较好具有热连轧机的企业生产，目前主要是宝钢、武钢、本钢、攀钢、太钢、珠江等企业。今后随着我国新建的高水平热连轧机的投产，将会有更多的企业能生产集装箱用钢板，如鞍钢、包钢、唐钢、马钢等也将具备生产集装箱钢板的能力。

目前产量主要集中在宝钢、武钢。宝钢是1994年首先在2050mm热连轧机上开发出厚度3mm以上的集装箱板。1996年其产量达26万吨。后又开发出2mm厚度的集装箱板。1997年产量达45万吨。1998年宝钢还开发了1.5mm×1180mm的集装箱板，当年产量为53.6万吨。1999年的集装箱板产量为85万吨。在宝钢三期工程完工后，宝钢有了2050mm和1580mm两条集装箱板生产线。其中1580mm轧机生产线在其平整机未投入使用之前主要生产厚度在2mm以上的品种。宝钢生产的集装箱板钢种主要有B460NQR、B490NQR、B480GQR等。2000年、2001年宝钢集装箱板的产量分别为23.8万吨、14.6万吨。

武钢是从1995年在1700mm热连轧机上生产集装箱板的，厚度是3mm以上。其产量由于受轧机条件所限，近年来增产不大，年产在2万~3万吨。2000年、2001年武钢集装箱板的产量分别为24万吨、12.4万吨。

鞍钢新钢铁的1780mm轧机2000年、2001年集装箱板产量分别是1.16万吨、1.2万吨。本钢的1700mm轧机2000年、2001年集装箱板产量分别是0.18万吨、0.35万吨。太钢的1549mm轧机2000年、2001年集装箱板产量分别为0.95万吨、0.8万吨。

（三）我国集装箱板进口情况

1994年以前，我国集装箱用板全部是进口板，其中日本新日铁的占70%，韩国占30%。从1996年开始，随着我国宝钢能自己生产集装箱板，进口量在逐年降低。1996年进口约71万吨，主要是薄规格的（1.6mm和2mm）。1997年进口约37万吨。1998年进口约32万吨。1999年进口约28万吨。2000年进口约25万吨。我国进口的日本集装箱用钢板成分和性能情况见表12。

表 12　我国进口的日本集装箱用钢板成分和性能情况

钢　种	牌号	化学成分/%							
		C	Si	Mn	P	S	Cu	Cr	Ni
结构钢	STKR41	<0.25			<0.04	<0.04			
	STKR50	<0.18	0.55	<1.50	<0.04	<0.04			
焊接结构钢	SM50A	<0.20	<0.55	<1.50	<0.04	<0.04			
耐大气腐蚀钢	CORTEN SPA-H	<0.12	0.25~0.75	0.2~0.5	0.07~0.15	0.04	0.25~0.55	0.3~1.25	0.65

钢　种	牌号	屈服强度/MPa	抗张强度/MPa	伸长率/%	弯曲实验
结构钢	STKR41	>245	>402	>23	
	STKR50	>324	>490	>23	
焊接结构钢	SM50A	>324	490~608	>22	180° $R=1.5$ 厚度
耐大气腐蚀钢	CORTEN SPA-H	>345	>480	22	180° $R=0.5$ 厚度

（四）世界主要集装箱板生产企业情况

集装箱板主要生产企业是日本新日铁和韩国浦项。这两家是世界集装箱业的指定供应商。他们全是采用传统的热轧工艺生产集装箱板。新日铁有两套热连轧机生产，一套是 2235mm 轧机，另一套是 2285mm 轧机。韩国浦项也有两套热连轧机生产集装箱板，一套是 2050mm 轧机，另一套是 2080mm 轧机。这四套轧机均可生产集装箱所需最薄厚度 1.6mm 的集装箱板。

（五）我国集装箱板生产存在的主要问题

（1）数量不足。由于我国的热轧薄板能力不足和热连轧机条件限制，我国的集装箱板主要靠宝钢、武钢供应，但数量难以满足要求，每年还需进口 30 万~50 万吨。

（2）产品质量上还存在一定问题。一是板形不好，平整度较差，表面质量与国外实物质量相比还有较大差距；二是力学性能不稳定，每批的强度和韧性波动大，给加工带来困难；三是多为正公差交货，而厂家希望负公差交货，以减轻集装箱自重。

（3）供应的品种规格不全。在集装箱板中，厚度为 1.6mm 和 2mm 的薄规格板需要量占 50%，目前国内还不能满足供应，基本是靠进口解决。造成这种情况的主要原因一是我国热连轧机的生产能力不足，薄规格的热轧板长期是供不应求；二是我国的热连轧机刚度不够，在生产高强度板时精度达不到要求。现有的

9 套热连轧宽带钢轧机，包括武钢、本钢、鞍钢、攀钢、上钢一厂、梅山、太钢和宝钢的轧机，从实际生产的热轧宽带钢厚度看，主要集中在宝钢、武钢和太钢几套轧机上，年产量在 60 万 ~ 90 万吨。如果再加上新投产的三套薄板坯连铸连轧机，能生产 2mm 以下产品的主要是珠江钢厂那一套，能力在 30 万吨左右。综上所述，可以说目前我国热宽带钢轧机生产薄规格的产品能力不足。另外我国生产薄规格的技术还不过关。这是因为在轧制薄带时还有几个问题尚未很好解决，主要是：轧制温度控制不好；生产过程不稳定；中间过渡材量控制不好，使板形和厚度控制困难。

（六）对今后我国发展集装箱板的建议

抓紧解决 1.6mm 和 2mm 薄规格集装箱板国产化问题。具体措施包括：

（1）解决宝钢一炼钢精炼能力不足的问题，应新增一套 RH 精炼装置。

（2）解决宝钢 2050mm 轧机平整能力不足的问题，应新上一套平整机，保证集装箱用板全部是平整状态交货。

（3）解决武钢生产的集装箱板板形不好的问题。

（4）抓紧武钢新轧机 2250mm 的投产，这套轧机是我国性能最好的轧机，应充分发挥其轧制薄规格板的优势，多产薄规格板。

（5）我国数套薄板坯连铸连轧机已相续投产，应发挥这些轧机在轧制薄规格薄板方面的优势，重点生产 2mm、1.6mm 的薄板。力争在 2005 年前，我国集装箱板能做到基本自给。

（6）开发高精度的过程控制数学模型，这是生产薄规格宽带的保证。

（7）减小精轧机工作辊直径，可以有利于减小轧制压力。

（8）要采取避免带钢在辊道上飞飘的措施。

（七）我国集装箱的种类规格和所需钢材品种

集装箱按其尺寸规格主要分为：10ft、20ft、30ft、40ft、45ft、48ft 和 53ft。集装箱按其用途又可分为 8 类，具体分类见表 13。

表 13　集装箱按用途分类

类　型	箱　型
普通干货箱	ISO/1D，ISO/1CC，20ft，ISO/1BB，ISO/1AA，45ft，48ft，53ft，20ft CPC，40ft CPC，20ft Seacell，40ft Seacell
挂衣箱	ISO/1CC，ISO/1AA
通风集装箱	ISO/1CC，ISO/1AA
敞顶干货箱	ISO/1CC/OT，ISO/1AA/OT，ISO/1AAA/OT
敞侧干货箱	ISO/1CC/OS，ISO/1AA/OS，ISO/1AAA/OS

续表 13

类　型	箱　型
冷藏箱	ISO/1CC，20ft HC，ISO/1AA，ISO/1AAA，45ft，20ft CPC，40ft CPC
罐式箱	ISO/1CC，ISO/1AA，ISO/1AAA
台式箱	ISO/1CC，ISO/1AA，ISO/1AAA

常用几种规格集装箱的外观尺寸明细见表 14。

表 14　常用几种规格集装箱的外观尺寸明细

箱　型	长度/mm	宽度/mm	高度/mm
20ft	6058	2438	2896
40ft	12192	2438	2591

集装箱主要部件所用钢尺寸、性能要求见表 15~表 19。

表 15　集装箱端门框专用槽钢尺寸和性能　(mm)

截面尺寸	高度	腿宽	腰厚	腰腿处圆角半径	腿端圆角半径	平均腿厚
公称尺寸	113	40	12	8	4	8
容许偏差	+0.8	+0	+0.7	+0.5	+0.25	+0.5
	−0.8	−1	−0.3	−0	−0	−0

表 16　对槽钢的力学性能要求

屈服强度/MPa	抗拉强度/MPa	伸长率/%	弯曲实验	
			弯曲角度/(°)	弯曲半径
>363	490~608	>19	180	厚度的 1.5 倍

表 17　集装箱用方（矩）形焊接钢管的品种规格　(mm)

边长	容许偏差	厚度	厚度偏差	圆角半径	容许偏差
50×50	±0.25	2.3	±0.3	4	±1
		3.2			
60×60	±0.25	2.3	±0.3	4	±1
		3.0			
		3.2	±0.35		
		3.5			
75×75	±0.5	3.2	±0.3	4	±1
		4.0	±0.4	5	
		4.5	±0.45		

续表 17

边长	容许偏差	厚度	厚度偏差	圆角半径	容许偏差
50×100	±0.5	2.3	±0.3	4	±1
		3.0			
		3.2	±0.4		
		4.0	±0.44	5	
100×100	±0.8	4.0	±0.4	6	±1
		4.5	±0.45		

表 18　所用钢种性能要求

钢　种	屈服强度/MPa	抗张强度/MPa	伸长率/%	弯曲角度/(°)	弯曲半径	日本钢号
耐大气腐蚀钢	>345	>480	22	180	厚度的 1.5 倍	CORTEN SPA-H

表 19　集装箱用顶板规格尺寸　（mm）

种　类	长　度	宽　度	高　度	板　厚
一型	2356	209	20	1.6~2.0
二型	2372	360	22	1.6~2.0

（八）我国集装箱出口情况

我国的集装箱工业在近十年来有了长足进展，出口量从 1993 年的 8.87 万标箱，增加到 2000 年的 110.7 万标箱，增长幅度达 13 倍以上，具体情况见表 20。

表 20　近年我国集装箱出口情况　（万标箱）

年份	1993	1994	1995	1996	1997	1998	1999	2000	2001
数量	8.87	21.78	40.1	34.94	33.01	56.97	63.96	110.7	91.6

九、建筑行业对钢材的需求市场前景

建筑行业是基础性先导产业，今后随着我国西部大开发和乡镇城镇化进程的加快，今后 10 年我国的建筑业将以比全国 GDP 高 3%~5%的速度发展，再考虑到我国的建筑在相当一段时间内仍是以钢筋混凝土结构为主，线材的市场前景是光明的，我国对线材的需求量还是增加的趋势，但增幅不会太大，预计到 2005 年我国的线材消费量在 3300 万吨左右。我国对线材的需求主要是以下几个方面：

（1）国家重点工程。我国尚未实现工业化，在今后的 15~20 年，国家将集中力量在能源、交通、水利、通信、冶金、矿山等方面建设一大批国家重点工程，如长江三峡、黄河小浪底水利枢纽，南水北调工程，京沪高速铁路，石化工程，以及一大批新的港口码头、机场、跨江跨海大桥，还有现代化的通信光缆干线网络等等都需要大量的优质线材。

（2）住宅建设。住宅建设在今后20年左右时间内将一直是我国国民经济的增长点和居民消费的热点。根据我国《城市住宅建设与房地产"九五"计划与2010年远景规划目标》，到2010年人均使用面积达到18m²，共需要建设住宅33.5亿平方米，平均每年要建设住宅3.35亿平方米，按每平方米需要钢材40kg计算，每年需要钢材在1340万吨。

（3）农村建设。占我国人口一半的农民对住房需求很大，再加上我国要进一步加强农村城镇化建设，我国今后将增加新城市230个，新增建制镇5000个，这些新的农村城镇建设也将带动以线材为代表的建筑钢材的需求。

我国建筑用线材与国外产品化学成分和尺寸精度方面的对比见表21和表22。

表21 化学成分对比

标准号	钢种	化学成分/%				
		C	Si	Mn	P	S
GB/T 701—1997	Q235	0.12~0.20	0.12~0.3	0.3~0.7	≤0.045	≤0.045
ISO/FDIS16120-2	C15D	0.12~0.17	≤0.3	0.3~0.7	≤0.035	≤0.035
ASTM A510M—1996	1015	0.13~0.18	据用户要求	0.3~0.6	≤0.04	≤0.050
JIS G3505—1996	SWRM15	0.13~0.18	无规定	0.3~0.6	≤0.04	≤0.04

表22 尺寸精度对比

标准号	直径偏差/mm	椭圆度/mm
GB/T 701—1997	±0.30	0.40
ISO8457/1—1989	±0.40	0.64
ASTM A510—1996	±0.40	0.60
JIS G3505—1996	±0.40	0.64

从化学成分看，我国的线材在标准上与国际标准、美国标准、日本标准相比，碳含量范围略宽，我国的碳含量低限和高限相差8个碳，而其他国家仅差5个碳。锰含量我国标准低限和高限差4个，而其他国家仅差3个。在杂质磷、硫含量上，我国标准所容许的最高值也高于其他国家标准。

在尺寸精度方面，我国标准比其他国家略严。

我国的GB/T 701—1997对建筑和拉丝用线材均有性能要求，而国际标准ISO/FDIS16120-2、ASTM A510和JIS G3505—1996无具体规定，按用户要求。

十、金属制品用线材

金属制品广泛应用于国民经济各部门，如煤炭、矿山、冶金、电力、石油、化工、铁路、交通、林业、渔业、轻工、航空、通信和 IT 等产业，在国民经济中占有重要位置。

我国的线材产量虽已位居世界第一，但其品种质量还不能满足线材制品行业的发展需要，尤其是在硬线和合金线材方面，矛盾还很大，主要表现在以下几个方面：

（1）高线比低。2001 年我国的高速线材产量为线材总产量的 57%，而世界发达国家在 80 以上，并且普遍采用无扭、控冷技术。高速线材轧机轧制的线材尺寸精确、内部组织及性能均匀、氧化铁皮少、盘重大，这些对提高线材制品性能具有特别重要的意义。

（2）硬线比、合金比低。目前我国生产的线材硬线所占比例仅为 10%左右，合金比仅为 4%。世界发达国家线材的硬线比在 20%以上，合金比在 8%以上。

（3）线材的规格少。我国优质碳素钢线材标准中尺寸范围是 ϕ5.5 ~ 19mm，但实际生产的线材产品 85%以上是 ϕ6.5mm 线材，ϕ5.5mm 和 ϕ8mm 以上线材产量少，制约了线材制品的开发，如大规格预应力钢丝、轴承钢丝、弹簧钢丝和铆螺钢丝等。

（4）线材的内在质量差。主要表现在成分不均、碳含量波动大、钢中有害杂质及气体含量高、表面脱碳等。

随着我国国民经济的飞速发展，汽车、交通运输、水利电力和基础设施的建设对钢帘线、高强度低松弛预应力钢丝和钢绞线、CO_2 气体保护焊丝、冷顶锻钢丝的需求在增加，对质量要求也更加严格，这些产品用的线材我国目前还未过关。以钢帘线为例，子午线轮胎由于具有耐磨、节油、缓冲性能好、行驶里程高、速度快、安全可靠及翻新次数多等优点，在世界上被广泛推广应用。在欧洲子午线轮胎达 95%，日本、美国达 90%，预计今后，可达 100%及 95%以上。我国为发展子午线轮胎先后引进了制造技术和设备，形成了 2000 万套以上轮胎生产能力。每年需要钢帘线 8 万吨。现在，我国的武钢、宝钢等企业都在研制钢帘线用线材，但至今尚未过关。我国企业提供的钢帘线用线材的钢种仅为 72A，这是日本 10 年前所开发的钢种。现在日本已研制出新的钢帘线用线材料钢种——共析钢和过共析钢。轮胎的子午化程度最高的当属欧洲，在 95%以上。我国目前仅为 10%。国外钢帘线的发展方向是开放式、高伸长、高强度、密集型、增大丝径、减少丝数、提高线密度、采用低铜含量镀层增强与橡胶的黏合力。近几年来世界各国都在改进钢帘线生产技术下工夫，日本、美国和法国在钢帘线生产技术方面处于领先垄断地位。我国的钢帘线生产起步较晚，大约是在 1993 年前后。

随着我国汽车工业大发展，带动了我国对钢帘线用线材的开发，但钢帘线生产技术要求高、工艺复杂、生产专业化程度高，仅在条件好的大钢厂进行了研究开发，但至今未彻底解决。高质量的钢帘线还需进口。1997 年我国的子午线轮胎产量为 1283 万条，消费钢帘线 4 万吨。2000 年我国的子午线轮胎产量为 1985 万条，消费钢帘线 7 万吨。2001 年我国子午线轮胎产量为 3000 万条，消费钢帘线 8 万吨。随着近几年汽车产量的增长，对子午线轮胎的需求高速递增，2004 年我国全钢子午线轮胎产量 1800 万条，半钢子午线轮胎产量 9100 万条。预计到 2010 年我国的子午线轮胎总产量将达到 2 亿条，需要钢帘线 60 万吨以上。

今后钢帘线技术发展趋势是向着高强度（3250MPa）、超高强度（3650MPa）发展，从而满足汽车工业降低车重、节约能耗的要求。

我国目前还不能生产的钢帘线用线材见表 23。

表 23　我国目前还不能生产的钢帘线用线材

钢种	化学成分/%							脱 C 层深度/μm	夹杂物直径/μm	直径/mm
	Ce	C	Mn	Al	P、S	N	∑Cu、Ni、Cr			
1070 普	0.7~0.8	0.68~0.78	0.4~0.7	<0.01	<0.04	<0.008	0.55	<70	<20	5~6
1080 高	0.83~1.0	0.78~0.95	0.4~0.6	<0.01	<0.04	<0.008	0.55	<70	<20	5~6
1080 轮胎钢丝	0.83~1.0	0.78~0.95	0.40~0.60	<0.03	<0.04	<0.008	0.55	<70	<25	5~6

对钢帘线用线材的质量要求是：

（1）表面非常光滑，无刮伤等表面缺陷。

（2）对氧化铁皮类型和重量有特殊要求，具有良好的除鳞性能。

（3）对化学成分要求：偏析控制在很小范围内；夹杂物很少。

（4）对钢的物理性能要求：通条性能稳定，20 公里内无杂质；断面很圆；高的伸长率，能在 1000m/min 下被拉细到 0.15mm；具有高的抗疲劳性能。

据中国贝卡尔特钢帘线公司对产于某钢厂的线材检验结果看：我国在这类盘条生产质量上还存在如下问题：

（1）BNT（普通轮胎钢丝）的氧化铁皮除鳞能力不好。

（2）BHT（高强轮胎钢丝）出现钛夹杂。

某钢厂 BNT 脱碳检验情况见表 24。

表 24 某钢厂 BNT 脱碳检验情况

炉号	A112 3731	A112 5101	A122 8141	A126 2431	A126 2681	A126 2441	A126 9001	901 1	A220 3571	A126 2671	A220 3581	A213 3211	A213 3441	A214 1181	A214 0901	A214 1151	0891	0911	0921	4221
罚分	118	62	78	13	35	21	35	23	3	11	10	30	160	10	5	40	5	5	4	13
最大深度/μm	73	98	175	60	100	60	90	80	50	80	95	60	158	60	50	115	40	75	40	60

BHT 盘条还不能满足要求，主要是设备技术能力不足，需要上一条大方坯连铸取代模铸，需要建设新的电磁搅拌系统和二次冷却系统以提高对偏析的改善。国际上能生产的国家有：日本、德国、英国、法国、韩国、巴西。在三、五年内我国还很难实现国产化。

十一、钢结构需要的耐火耐候钢

在现代建筑技术发展的今天，钢结构建筑可以说代表了当今发展的潮流。在工业发达国家，钢结构建筑从 20 世纪初就被人们所采用至今。在日本，钢结构面积已占总建筑面积的 40%以上。在美国，以工业化全装配轻钢结构系统建造的建筑占 56.7%。在建筑上钢结构的推广应用，促进了建筑用钢的发展，同时随着建筑技术的不断进步，也对建筑用钢提出了新的要求。

钢结构建筑具有重量轻、施工快、空间大、美观大方等优点，但其耐火性能差。普通建筑用钢（如 JIS G3106 的 SM400、SM490）在 350℃以上高温时屈服强度会发生陡降，低于其在室温强度的 2/3，不能满足更高的防火要求。如何提高钢的高温下强度，一直是钢铁技术的重要课题，这一课题在 2001 年美国发生“9 · 11”事件后，就更加让人们感到其重要性和迫切性。

在过去的数十年间，为了防止火灾对钢结构建筑造成灾难性破坏，通常的措施是往钢结构上喷涂很厚的防火涂层，但防火涂层使建筑的工程成本上升，工期延长，减少建筑物内的净空间。提高钢本身的耐火性能是防止钢结构建筑被火灾破坏的最有效途径，耐火耐候钢正是适应这一发展趋势的产物。

（一）钢的耐火性能标准

钢的耐火性是指平常钢是在常温下工作，仅要求其在遇到火灾时，在一定时间内具有抗高温的高的屈服强度，它与耐热钢是不同的，通常是采用低合金钢。耐热钢则是要求钢在长期的高温条件下工作，一般是采用高合金钢。日本的科技工作者通过对钢在不同温度下的强度变化，认为耐火钢的耐火温度设定在 600°C 最合理，并提出了耐火钢的技术参数：

（1）应具有良好的高温强度：其在 600℃时的屈服强度应大于其在室温时强度的 2/3。

（2）应能满足普通建筑用钢的标准要求，在室温下的力学性能等于或优于普通建筑用钢。

（3）应具有高的抗震性能，屈强比小于80%。

（4）应具有良好的焊接性能，优于普通建筑用钢。

（5）对于耐火耐候钢，还应具有良好的耐大气腐蚀性。

（二）国际上有关耐火耐候钢的性能情况

国外发达国家开发了系列的耐火钢品种，主要分为400MPa、490MPa、520MPa等级别，还开发了具有其他功能的耐火钢，如耐火耐候钢、抗震耐火钢、焊接耐火钢等。其具体性能见表25。

表25　耐火钢性能

强度级别	室温强度/MPa		600℃强度/MPa	0℃冲击功/J·cm^{-2}
	屈服强度	抗张强度		
400MPa	≥235	400~510	≥157	≥27
490MPa	≥325	490~610	≥217	≥27

（三）耐火耐候钢的成分设计

通过对耐热钢的研究，发现钼是提高钢高温强度最有效的元素，其可以提高钢的高温屈服强度与室温屈服强度之比，还可以降低钢的屈强比。钢中加入0.6%的Mo可使钢的高温与室温屈服强度比从40%提高到85%，使钢的屈强比从70%降低到50%。同样，加入Nb可以提高钢的高温强度，若同时加入，对提高钢的高温强度更有效。V、Ti对提高钢的耐高温性能与Nb、Mo相似。因此，耐火耐候钢有如下系列钢种：Mn-Mo-Nb系列、Mn-Mo-V系列、Mn-Mo-Nb-Ti系列。对于建筑用耐火钢基本是采用低碳Mn-Mo-Nb系列；对于400~490MPa级耐火钢，加入0.5%的Mo就够用，然后通过工艺控制，得到针状铁素体+贝氏体+细碳化物的组织，这是耐高温钢理想的组织。

（四）我国开发的耐火耐候钢的成分和性能

马钢开发的耐火耐候钢化学成分见表26。

表26　马钢开发的耐火耐候钢化学成分　（%）

C	Si	Mn	P	S	Cr	Mo	Nb	Ti	C_{EQ}	P_C
0.1	0.3	1	0.019	0.003	0.5	0.48	0.02	0.01	0.42	0.2

马钢开发的耐火耐候钢力学性能见表27。

表 27　马钢开发的耐火耐候钢力学性能

板厚/mm	取样方向	屈服强度/MPa	抗张强度/MPa	伸长率/%	0℃冲击功/J
25	纵向	384	587	26	250
25	横向	368	588	22	168
50	纵向	416	599	22	131
50	横向	383	584	24	107

武钢开发的耐火耐候钢 WGJ510C2，已通过省级技术鉴定，该钢种具有高耐火性、高耐候性、高 Z 向性能和良好的焊接性能。其耐火性能达到了 1080℃ 高温下 2. 5h 后其屈服强度仍大于室温下屈服强度的 2/3。武钢开发的耐火耐候钢，不仅具有耐火性能，还具有耐候性能，同时能承受大线能量焊接。为使其具有耐火性能，添加适量的 Mo，使之形成微细的碳化物，来提高其固溶强化作用。但如 Mo 含量过高又会恶化焊接性能，为此，还要添加适量的 Cr、V、Nb，同时要采取控制轧制，使其组织为铁素体+贝氏体。为使其具备耐大气腐蚀性，添加了适量的 Cu、P、Ni 等元素。为了让其具有承受大线能量焊接，添加了 V、Ti，促进针状铁素体的形成。

莱钢开发的耐火耐候 H 型钢，为我国高层建筑的发展提供了进一步发展的空间，莱钢首次开发成功的是断面为 H125×125 的 H 型钢。其成分与性能设计采用了微合金化，同时在轧制中采取了控轧控冷工艺。

我国高层建筑情况见表 28。

表 28　我国高层建筑情况

名　称	地点	高度/m	层数		建筑面积/万平方米	用钢量/t
			地上	地下		
京广中心	北京	208	3	57	13. 7	19000
深圳发展中心	深圳	165	2	48	5. 6	9000
北京国贸中心	北京	155. 2	2	39	8. 6	12000
上海锦江饭店	上海	153	1	46	4. 8	7500
上海希尔顿饭店	上海	144	1	43	5. 2	4000
上海国贸中心	上海	139	2	37	9	10740
上海瑞金大厦	上海	107	1	27	3. 2	3700
北京长富宫	北京	90. 9	3	26	5. 05	5300
北京香格里拉	北京	82. 7	2	24	5. 6	5300
上海金沙江饭店	上海	41. 4	1	14	1. 6	1100
金贸大厦	上海	365	3	88	17. 7	14000

续表 28

名　称	地点	高度/m	层数		建筑面积/万平方米	用钢量/t
			地上	地下		
帝王大厦	深圳	294.1	3	68	13.8	12000
赛格广场	深圳	278.6	4	70	15.8	6500
浦东金融大厦	上海	230	3	53	12	11000
国际航运大厦	上海	210	3	48	10	9500
森贸大厦	上海	198	3	48	11	8000
世界金融大厦	上海	165.5	3	43	8.3	3300
商品交易大厦	上海	157.7	3	43	8.5	6500
新金桥大厦	上海	157	2	38	4	7000
中保大厦	上海	154	3	38	7	7000
世界广场	上海	150	2	38	10	11000
上海证券大厦	上海	120.9	2	27	9.8	9000
大连森贸	大连	105	2	27	5	5000
九州大厦	厦门	90	2	25	6.26	5400
中国银行总行	北京	48.3	3	10	6.8	4000

对今后开发耐火耐候钢的几点建议：

(1) 目前，我国还没有耐火耐候钢的国家标准，制定规范的耐火耐候钢的标准是当务之急，应尽快成立由建筑和冶金专家组成的标准起草小组开展工作，力争尽快制定出我国的耐火耐候钢国家标准，以便指导冶金企业开发耐火耐候钢新钢种、新品种，推广耐火耐候钢在我国高层建筑上使用。

(2) 加强与国外建筑、冶金行业的技术交流，学习国外在开发研制耐火耐候钢方面的经验，推动我国耐火耐候钢的科研工作。

(3) 根据建筑用钢需要的是多品种钢材的组合要求，有关行业部门要加强对耐火耐候钢开发品种方面的协调，使我国能尽快成系列化生产耐火耐候钢，以满足建筑行业的需要。

第五篇

专题研究报告

国内外中厚板生产技术与造船市场研究*

一、我国中厚板生产的现状及市场需求

（一）国内主要钢材品种的生产和消费现状

2005年全国生产钢材37117万吨，净进口钢材529万吨，全国钢材表观消费量37646万吨。生产钢材中，板带材13341万吨，板带比35.9%；消费钢材中，板带材14738万吨，板带比39.2%。2005年全国钢材分品种生产与消费情况列于表1。

表1 2005年全国钢材分品种生产与消费情况

序号	钢材品种	生产量/万吨	进口量/万吨	出口量/万吨	表观消费量/万吨	消费比例/%
1	铁道用钢材	318.85	16.53	8.43	326.95	0.87
	其中：重轨	192.54	14.94	7.62	199.86	0.35
	轻轨	40.21	—	—	40.21	0.11
2	大型材	1330	43.28	70.35	1302.93	3.46
	其中：H型钢	300	23.94	44.26	279.68	0.74
3	中小型材	750	19.04	16.68	752.36	2.00
4	棒材	2530	31.97	114.65	2447.32	6.50
	其中：优型材	2100	—	—	2100	5.58
5	钢筋	8299.67	8.79	174.36	8134.10	21.61
6	盘条（线材）	6050.09	68.01	320.37	5797.73	15.40
型线材合计		19327	187.62	704.84	18809.39	50
7	特厚板	242.54	8.84	30.05	221.33	0.59
8	中厚板（卷）	6649.65	337.81	372.76	6614.70	17.57
	其中：厚钢板	1080.19	23.59	41.54	1062.24	2.82
	中板	1862.45	83.10	85.28	1860.27	4.94
	中板卷	3707.01	231.11	245.95	3692.17	9.81
9	热轧薄板带钢	1274.27	350.47	158.05	1466.69	3.90
	其中：薄板	257.92	14.44	31.69	240.67	0.64
	钢卷	1016.35	336.03	126.36	1226.02	3.26

* 本文写于2007年，内部研究报告。

续表 1

序号	钢材品种	生产量/万吨	进口量/万吨	出口量/万吨	表观消费量/万吨	消费比例/%
10	冷轧薄板带钢	1467.39	793.17	70.03	2190.53	5.82
	其中：薄板	817.80	137.16	16.97	937.99	2.49
	钢卷	649.59	656.01	53.06	1252.54	3.33
11	镀锌板（带）	717.27	393.54	76.06	1034.75	2.75
12	镀锡板（带）	180.00	49.09	12.06	217.03	0.58
13	涂层板（带）	373.95	39.83	9.15	404.63	1.07
14	其他镀层板(带)	—	76.37	2.96	73.41	0.19
15	电工钢板（带）	300.42	120.83	10.15	411.10	1.09
	其中：冷轧	200.42	120.83	10.15	311.10	0.83
	热轧	100.00	—	—	100.00	0.27
16	窄带钢	2135.11	72.90	103.66	2104.35	5.59
	其中：热轧	1717.05	18.18	50.10	1685.13	4.48
	冷轧	418.06	54.72	53.56	419.22	1.11
板带合计		13341	2242.85	844.93	14738.52	39.15
17	无缝钢管	1147.05	67.82	139.24	1075.63	2.86
18	焊接钢管	2600.00	40.57	165.13	2475.44	6.58
管材合计		3747	108	304	3551.10	9.43
19	其他钢材	703	42.76	198.1	547.25	1.58
钢材合计		37117	2581.62	2052.26	37646.21	100.00
板带比/%		35.9	86.9	41.2	39.2	
长型材/%		52.07	7.27	34.34	49.96	
管材/%		10.1	56.0	14.83	9.43	
板管比/%		46.0	91.1	56.0	48.6	

2005 年全国钢材消费总量为 38301 万吨，比 2004 年增加了 7071 万吨，年增长率 22.6%。若 2010 年钢材净出口 2000 万吨，则国内钢材产量需要 5 亿吨。根据目前现有产能和在建产能，满足届时需求是没有问题的。

2010 年国内钢材品种消费预测见表 2。

表 2　2010 年国内钢材品种消费预测

序号	钢材品种	数量/万吨	占总量比例/%	年均增长/%
1	铁道用钢材	500	1.04	9.3
	其中：重轨	250	0.52	4.6

续表2

序号	钢材品种	数量/万吨	占总量比例/%	年均增长/%
2	大型材	1600	3.33	4.2
	其中：H型钢	600~700	1.25~1.45	16~20
3	中小型材	1100	2.29	7.9
4	棒材	3300	6.87	5.3
	其中：优型材	3000	6.25	9.1
5	钢筋	10400	21.67	5.0
6	盘条（线材）	6800	14.17	3.2
长材合计		23700	49.38	
7	特厚板	360	0.75	4.5
8	中厚板（卷）	8140	16.96	4.5
9	热轧薄板（带）	3050	6.35	15.8
10	冷轧薄板（带）	3200	6.67	20.4
11	镀锌板（带）	2500	5.21	19.0
12	镀锡板（带）	250	0.51	2.87
13	涂层板和其他镀层板（带）	1100	2.29	22.2
14	不锈钢板（带）	900	1.88	
15	电工钢	500	1.04	4.0
16	窄带钢	3000	6.25	0
板带合计（含焊管料）		23000	47.92	
17	无缝钢管	1300	2.71	2.5
合　计		48000	100.00	

（二）我国中厚板生产与消费现状

2005年中厚板产量6893万吨（其中特厚板242万吨），进口349万吨，出口402万吨，消费6836万吨，占钢材消费总量的18.2%，其中特厚板221万吨，占0.59%。

随着产能增加和装备水平的提高，专用板品种的开发和生产都有较大提高，大部分品种可以实现国产化。

（1）造船板：可以生产各种规格和强度级别的造船板，包括4500mm的宽板和F级钢板、船用Z向钢板等高强度板。

（2）管线钢：可以大量生产X70板、卷材，并且已经试制成功X80板、卷材，X100板材已经初步通过鉴定。

（3）汽车大梁板：可以批量生产强度为610MPa的高强大梁板。

（4）压力容器板：可以批量生产10万立方米超大容器石油储罐用容器板及其他高压容器板，钢种为CF60~80，强度≥620MPa。

国内现有中厚板轧机情况列于表3。由于我国中厚板轧机发展相对滞后，2005年热连轧机组生产的中厚板比例高达53.7%以上。

表3　国内现有中厚板轧机情况

序号	企 业 名 称	轧机尺寸/mm	2005年年底能力/万吨
1	舞阳钢铁公司	4200	90
2	鞍钢厚板厂（新轧）	4300	110
3	鞍钢中板厂（新钢铁）	2500+2450	100
4	浦钢厚板厂	4200+3300	120
5	浦钢厂中板厂	2350+2350	80
6	首钢	3500	60
7	秦皇岛中板厂（改造新厂）	3434	60
8	济南钢铁厂厚板厂	3300+3500	150
9	济南钢铁厂	2300+2500	100
10	酒钢中板厂	2800	90
11	柳州钢铁厂	2800+2800	120
12	舞钢轧板厂	2800+2800	70
13	安阳钢铁公司	2800	100
14	安阳中板厂	3500	110
15	邯郸中板厂	3000（2800）	80
16	营口中板厂（改造）	2800+2800	70
17	天津中板厂（搬迁）	2450+2450	90
18	马钢中板厂	2300+2300	80
19	太钢五轧厂	2300+2300	30
20	临钢（改造新建）	3000+3000	30
21	南京钢铁厂	2350+2500	100
22	新余钢铁厂	2300+2500	100
23	新余新建中板厂	3800	80
24	韶关钢铁厂	2450+2500	95
25	韶钢中板厂	3500	100
26	重钢五厂	2350+2450	95
27	南京中板厂	3500	100
28	宝钢宽厚板厂	5000（+5000）	120
29	河北文丰	2800+3000	
30	湘钢新建中厚板	3800	90
31	河南永兴	3500	120

续表 3

序号	企 业 名 称	轧机尺寸/mm	2005 年年底能力/万吨
32	唐港（唐钢与民营合资）	3500+3500	100
33	福建三明	3000	100
34	江阴兆顺	2500	50
35	江阴西城	2500	80
36	临城（三辊劳特）	2300	40
合 计			3100

（三）我国近年来中厚板生产品种结构分析

我国近年来中厚板生产情况见表 4~表 9。

表 4　重点品种产量增长情况　（万吨）

项　目	2001 年	2002 年	2003 年	2004 年	2005 年	2006 年
中厚板卷	2011	2459	3545	4672	5547	6420
其中：不锈板			14.4	30.4	68.6	132.9
造船板			206	343.3	485.8	654.7
压力容器			67.7	84.2	101.5	129.3
桥梁板			12.3	25.8	45.6	73.2
集装箱板			78.9	201.2	131.9	217.5
管线钢			111.3	86.1	151.1	166.9
锅炉板			31.5	28.7	34.9	34.8

表 5　各类轧机中厚板产量构成情况

项　目	2001 年	2002 年	2003 年	2004 年	2005 年	2006 年
总产量/万吨	2512	2989	3545	4672	5547	6420
其中：中厚板轧机/万吨	1326	1528	1698	2062	2462	2769
占比/%	52.8	51.1	47.9	44.3	43.7	43.1
热连轧机/万吨	1186	1461	1846	2513	2886	3258
占比/%	47.2	48.9	52.1	53.9	51.2	50.8
炉卷轧机/万吨				85.1	288.4	393
占比/%				1.8	5.1	6.1

表 6　分品种分轧机产量构成情况

项　目	总产量		中厚板轧机		热连轧机		炉卷轧机	
	数量/万吨	占比/%	数量/万吨	占比/%	数量/万吨	占比/%	数量/万吨	占比/%
产量	6420	13.75	2769	43.1	3258	50.7	393	6.1
以下 7 种合计	1409.3	21.9	808	29.2	521	16.0	80	20.3

续表 6

项　目	总产量		中厚板轧机		热连轧机		炉卷轧机	
	数量/万吨	占比/%	数量/万吨	占比/%	数量/万吨	占比/%	数量/万吨	占比/%
不锈钢	132.9	2.1	15.8	0.57	100.5	3.1	16.6	4.2
造船板	654.7	10.2	591.7	21.4	35.2	1.0	27.8	7.1
锅炉板	34.8	0.5	34.3	1.2	0.03	0.0	0.5	0.1
压力容器板	129.3	2.0	118.8	4.3	4.4	0.1	6.0	1.5
桥梁板	73.2	1.1	37.2	1.3	24.4	0.7	11.6	2.9
集装箱板	217.5	3.4	0	0	217.5	6.7	0	0
管线钢板	166.9	2.6	10.2	0.4	139.2	4.3	17.4	4.42

表 7　2006 年我国进口中厚板情况分析

（1）按厚度分

合计/t	特厚板（大于 50mm）		厚板（大于 20mm 小于 50mm）		中板（大于 3mm 小于 20mm）	
	数量/t	占比/%	数量/t	占比/%	数量/t	占比/%
1026243	58852	5.73	213975	20.85	753416	77.32

（2）热轧中板按用处分

合计/t	普中板		不锈板		合金板		冷轧中板	
	数量/t	占比/%	数量/t	占比/%	数量/t	占比/%	数量/t	占比/%
753416	507368	67.3	27668	3.7	175675	23.3	42703	5.7

表 8　2006 年各种钢材的表观消费量及产量

项　目		大型	中小型	棒材	钢筋	线材	中厚板	热轧薄板	冷轧薄板	镀层板	涂层板	窄带	电工钢	无缝管	焊管
表观消费量	数量/万吨	734	2334	3562	7936	6666	7911	2100	2853	1541	206	4005	401	1303	1699
	占比/%	1.7	5.3	8.0	17.9	15	17.9	4.7	6.4	3.5	0.5	9	0.9	2.9	3.84
产量	数量/万吨	917	2386	3704	8303	7150	8535	2305	2604	1398	226	4102	329	1484	2008
	占比/%	1.9	5.1	7.9	17.8	15.3	18.3	4.9	5.6	3	0.4	8.8	0.7	3.2	4.3

注：2006 年我国钢材表观消费量 44235 万吨，产量 46685 万吨。

表 9　日本钢材品种比例结构

项目	钢轨	钢板桩	H 型钢	大型	中小型	棒材	螺纹钢	线材	中厚板	热轧薄板	冷轧薄板	电工钢	镀锌板	钢管
产量/万吨	43.1	71.7	423	147	154	231	1124	325	855	1450	725	174	1305	537

续表 9

项目	钢轨	钢板桩	H型钢	大型	中小型	棒材	螺纹钢	线材	中厚板	热轧薄板	冷轧薄板	电工钢	镀锌板	钢管
占比/%	0.5	0.9	5.3	1.9	1.9	2	14	4	11	18.1	9	2.2	16.3	6.7

注：2002 年钢材总产量 8030 万吨。

二、未来我国对中厚板的市场需求

预测 2010 年中厚板消费量为 8500 万~10000 万吨，占消费总量的 17.71%~20%，列第二位。到 2010 年，现有 36 套轧机中首钢 3500mm、太钢五轧和临钢三辊劳特等将被淘汰，有的将增建成双机架，能力增加，届时这些轧机的能力将增至 3280 万吨，到 2010 年在建形成能力的轧机有 10 套，能力 1590 万吨，中厚板轧机总能力 4870 万吨。届时加上热连轧机组中厚板能力 5000 万吨，总能力可达到 10000 万吨，可以满足需求。如要淘汰落后的 2800mm 轧机，总能力将显不足，需要新增能力。2010 年前新建中厚板轧机情况列于表 10。

表 10 2010 年前新建中厚板轧机情况

序号	企业名称	轧机尺寸/mm	能力/万吨
1	沙钢宽厚板厂	5000	180
2	天津钢厂东移中板厂	3500+3500	150
3	舞阳钢铁公司	3800+3800	150
4	秦皇岛中板厂（改造新建）	4300	120
5	浦钢厚板厂搬迁罗泾	4200	150
6	鞍钢（鲅鱼圈）	5000	180
7	营口中板（五矿营口合资）	4800(+4800)	150
8	青钢	4300	180
9	包钢	3800+4100	150
10	鄂钢	4300+4300	180
合计			1590

表 11 是我国钢材流向统计，从中可以看出，特厚板主要流向是：华东占 33.6%，中南占 24.3%，华北占 12.6%，出口占 13.4%；厚板主要流向是：华东占 36.9%，中南占 22.9%，华北占 12.6%，出口占 15.3%；中板主要流向是：华东占 42.4%，中南占 19.4%，华北占 13%，出口占 10.5%。需要指出的是，表 11 中统计范围是 67 家重点大中型钢铁企业 28063 万吨全部钢材品种，只占全国钢材总量的 60%。这些数据只能反映各钢材品种地区流动的一般趋势。

表 11 我国钢材流向统计

项目	合计/万吨	华北		东北		华东		中南		西南		西北		出口	
		数量/万吨	占全国/%	数量/万吨	占全国/%	数量/万吨	占全国/%	数量/万吨	占全国/%	数量/万吨	占全国/%	数量/万吨	占全国/%	数量/万吨	占全国/%
钢材合计	28063.2	4900.4	17.5	1828.7	6.5	10644.3	37.9	5009.3	17.8	1188.0	4.2	1996.2	7.1	2496.3	8.9
铁道用钢材	247.2	50.7	20.5	37.5	15.2	62.2	25.8	42.5	17.2	27.3	11.1	12.8	5.2	14.1	5.7
大型型钢	804.2	135.4	16.8	40.8	5.1	354.1	44.0	124.1	15.4	16.1	2.0	41.8	5.2	91.8	11.4
中小型型钢	368.6	31.4	8.5	85.0	23.1	156.2	42.4	56.55	15.3	6.3	1.7	27.9	7.6	5.1	1.4
棒材	2585.9	383.4	14.8	139.7	5.4	1155.8	44.7	506.6	19.6	84.4	3.3	203.2	7.9	112.9	4.4
钢筋	5688.1	1065.8	18.7	251.3	4.4	1297.1	33.9	997.8	17.5	492.1	8.7	723.9	12.7	230.2	4.0
盘条（线材）	4769.3	834.0	17.5	244.6	5.1	1808.0	37.9	768.5	16.1	246.6	5.2	380.8	8.0	486.7	10.2
其中：硬线材	709.4	29.5	4.2	81.3	11.5	312.7	44.1	100.1	14.1	3.3	0.5	53.0	7.5	129.5	18.3
特厚板	271.1	34.1	12.6	29.1	10.7	91.0	33.6	65.8	24.3	5.2	1.9	9.7	3.6	36.4	13.4
厚板	1327.1	167.7	12.6	80.6	6.1	489.0	36.9	303.3	22.9	25.6	1.9	58.1	4.4	202.6	15.3
中板	1901.9	247.9	13.0	133.3	7.0	802.8	42.4	369.3	19.4	41.5	2.2	106.4	5.6	200.6	10.5
热轧薄板	336.5	82.7	24.6	4.5	1.3	104.2	31.0	98.0	29.1	0.1	0.0	4.6	1.4	42.3	12.6
冷轧薄板	377.7	62.0	16.4	32.8	8.7	186.9	49.5	69.7	18.5	6.4	1.7	16.9	4.5	2.9	0.8
中厚宽钢带	3962.7	773.3	19.5	338.5	8.5	1354.1	34.2	731.6	18.5	105.4	2.7	173.1	4.4	486.8	12.3

续表 11

项　目	合计/万吨	华北		东北		华东		中南		西南		西北		出口	
		数量/万吨	占全国/%	数量/万吨	占全国/%	数量/万吨	占全国/%	数量/万吨	占全国/%	数量/万吨	占全国/%	数量/万吨	占全国/%	数量/万吨	占全国/%
热轧薄宽钢带	1008.1	161.6	16.0	77.5	7.7	384.3	38.1	196.7	19.5	8.8	0.9	27.9	2.8	151.2	15.0
冷轧薄宽钢带	1139.5	110.0	9.7	100.2	8.8	499.8	43.9	216.2	19.0	12.1	1.1	57.7	5.1	143.5	12.6
热轧窄钢带	1440.0	554.8	38.5	113.8	7.9	558.0	38.7	130.3	9.7	45.4	3.2	25.9	1.8	2.1	0.1
冷轧窄钢带	42.0	1.8	4.4	5.8	13.8	8.0	19.2	20.7	49.3	0.1	0.2	3.4	8.0	2.2	5.2
镀层板带	605.4	39.2	6.5	20.3	3.4	266.2	44.0	129.7	21.4	4.0	0.7	26.5	4.4	119.4	19.7
其中：镀锌板	533.2	33.3	6.2	19.5	3.7	228.5	42.8	116.7	21.9	4.0	0.8	24.4	4.6	106.8	20.0
镀锡板	64.0	4.6	7.2	0.8	1.2	34.3	53.6	11.4	17.9	—	—	0.5	0.8	12.3	19.3
涂层板带	116.3	12.0	10.3	1.7	1.5	60.3	51.8	12.6	10.9	1.1	0.9	11.5	9.9	17.0	14.6
电工钢板带	291.0	22.6	7.8	7.6	2.6	138.0	47.4	92.4	31.7	4.3	1.5	6.9	2.4	19.3	6.6
其中：冷轧电工钢板带	249.5	12.2	4.9	7.6	3.0	119.5	47.9	84.8	34.0	2.9	1.1	3.3	1.3	19.3	7.7
无缝钢管	705.1	129.5	18.4	74.5	10.6	223.2	31.7	48.9	6.9	61.6	8.7	45.4	6.4	121.9	17.3
焊接钢管	101.7	20.9	20.5	6.6	6.6	23.7	23.3	17.9	17.6	6.7	6.5	20.6	20.2	5.4	5.3
其他钢材	47.2	13.6	28.7	2.8	6.0	15.1	31.9	9.4	19.8	1.9	4.0	2.9	6.2	1.6	3.3

中厚板主要用于造船、桥梁、锅炉、容器、石油、化工、工程机械和国防等领域。中厚板的品种繁多，由于使用条件复杂，对性能要求严生产技术难度大。中厚板生产质量和品种开发，反映了钢铁工业技术水平。在整个钢材品种中，中厚板的比重在发达国家占钢材总产量的10%~16%。我国的中厚板生产随着近年来钢铁技术改造的加快，呈快速发展态势。特别是在我国造船业、石油工业的带动下，中厚板的生产和品种开发取得很大进步。我国的造船能力现已跃居世界第二位，造船能力和已接定单均超过韩国。随着世界船舶技术朝着大型、高速和多用途发展，对中厚板提出了更高要求。在船舶制造中，船体结构的85%为中厚板。

石油化工、机电等行业对压力容器需求增加，对耐低温、耐热的不锈复合和高强度中厚板的需求急剧增加；随着我国石油、天然气的开发，用于采油输气管线的中厚板需求量不断增加；未来我国规划中的西气东输和石油东送，对大口径管线钢的中厚板需求将成倍增长。工程机械对中厚板需求主要是用于制造煤炭机械、运输机械、矿山机械、农业机械、电站设备、港口设备等。国防工业的装甲运兵车、坦克、舰艇需要大量具有特殊性能的中厚板。我国近年对中厚板的需求见表12和表13。

表12　我国近年对中厚板的需求　（万吨）

品　种	2005年生产量	2006年生产量	2010年需求量
合　计	5547	6420	8500~10000
造船板	485.8	654.7	900~1000
容器板	101.5	129.3	150
锅炉板	34.9	34.8	65
桥梁板	45.6	73.2	130
不锈板	68.6	132.9	150
管线钢板	151.1	166.9	200
工程机械			25
铁路车辆			80

表13　我国造船业对造船板的需求

项　目	2001年	2002年	2003年	2004年	2005年	2010年
造船完工量/万吨载重	392	417	641	880	1212	2500
增长率/%	13.2	6.4	53.7	37.3	37.7	
船板产量/万吨	168	196	207	369	486	810
增长率/%	20	16.9	5.4	78	32	
船板消费量/万吨	156	168	253	341	439	650

续表 13

项　目	2001 年	2002 年	2003 年	2004 年	2005 年	2010 年
增长率/%	15.6	7.9	50.2	34.4	29.0	
船板进口量/万吨	8	31	60	33	22	20
船板出口量/万吨	20	59	64	61	69	180
船板消耗系数/%	0.4	0.4	0.4	0.39	0.36	0.26

2006 年我国造船完工量已超过日本，位居世界第二。预计在 2010 年我国将超过韩国，成为世界第一造船大国。预计 2010 年我国对造船板的需求将从 500 万吨增加到 900 万~1000 万吨。对造船板的品种需求，除高强度船板和梯形船板不能满足外，其余基本能实现自给。

三、我国中厚板轧机装备现状与发展前景

我国现有中厚板轧机 36 台（套），年生产能力 3100 万吨。平均每套轧机年产仅 86 万吨。其中：2800mm 及以下轧机 17 台（套），占 47.2%；3000mm 轧机 5 台（套），占 13.8%；3500mm 轧机 10 台（套），占 27.8%；4200mm 轧机 2 台（套），占 5.5%；5000mm 轧机 1 台（套），占 2.7%。双机架轧机 16 台（套），占 44.5%。在建中厚板轧机 10 台（套），新增能力预计 1600 万吨，平均年产将提高到 160 万吨，其中：5000mm 轧机 2 台（套），4300mm 轧机 6 台（套），3500mm 轧机 2 台（套）。预计到 2010 年我国拥有的中厚板轧机将达 46 台（套），生产能力将达 5000 万吨。

从以上分析可以看出：我国现有中厚板轧机装备主力机型是 2800mm，而 2800mm 轧机属于要淘汰类型，具有国际先进水平的轧机仅占 36%。从在建的轧机看基本属先进机型，到 2010 年我国的中厚板轧机装备水平将大大改善，属于国际先进水平的轧机将达到 50%以上。

应该肯定的是：经过“九五”“十五”的技术改造和结构调整，我国中厚板轧机的结构发生了很大变化。鞍钢厚板轧机和宝钢浦东厚板轧机是我国中厚板轧机中装备水平较好的，年生产能力在 100 万吨左右。其余的中厚板轧机的年生产能力在 30 万~80 万吨。中厚板轧机的加热炉，国外发达国家的厚板厂全部采用步进式加热炉，平均加热能力 250t/h，最大达 450t/h。我国推钢式加热炉的平均加热能力为 60~100t/h。仅有鞍钢厚板轧机等采用了步进式加热炉。多数仍是推钢连续式加热炉，但基本上采用了微机控制技术和节能技术。中厚板轧机我国已基本淘汰了落后的三辊劳特式轧机，形成了中厚板轧机以四辊轧机为主的新格局。不少轧机还安装了液压 AGC 和板厚自动控制系统。轧机最大的轧制力可达 60~80MN。真正达到国际一流水平的仅有宝钢 5000mm 轧机。中厚板轧机的精整生产线仍是以简单的喷淋冷却方式为主。钢板的剪切设备也是以圆盘剪和铡刀剪

为主。我国中厚板生产线的热处理设备是很落后的，有相当一批轧机无热处理设备和辊式淬火机。

在中厚板的质量上我们与国际先进水平比较见表14。

表14　在中厚板的质量上我们与国际先进水平比较

项　目	国内水平	国际先进水平
厚度精度/mm	±0.45~±0.3	±0.045
宽度精度/mm	±15~±5	±5
长度精度/mm	±20~±10	±10
表面质量	麻点、铁皮	光滑无缺陷
内在质量	P、S含量在0.03%以下	P、S含量为双零

在生产工艺方面：国外先进的厚板轧机都采用控轧控冷，替代常规热处理和低合金化生产高强板。我国的鞍钢等也在这方面取得突破，通过控温控轧生产低合金高强钢。在通过板形控制提高成材率和表面尺寸精度方面，日本一直走在前面，它们的无切边轧制、自动板形控制、差厚宽展轧制技术等，使中厚板生产实现了高精度轧制。

四、我国造船业与国外造船业现状

（一）我国造船业现状

我国的造船业通过改革开放，发生了巨大变化，造船产量从20世纪80年代的34.2万吨，发展到2006年的1452万吨，市场份额占世界的19%，出口的船舶品种从一般的油船、散货船发展到集装箱船、LPG船、化学品船、大型自卸船、VLCC船、LNG船等高技术、高附加值船舶，出口到50多个国家和地区。根据英国劳艾德船舶协会公布的数字，2006年我国手持的定单首次超过日本，位居世界第二位，仅次于韩国，表明我国的造船业已经进入了快速成长期，今后发展的空间和潜力巨大。

2006年国家公布的《船舶工业中长期规划》指出：未来10年是我国船舶工业发展的关键时期，要促进船舶工业快速发展，力争到2015年使我国成为世界最主要的造船大国和强国。为此，我国计划在2015年将超大型船厂从目前的9个增加到17个，大型船坞的个数从目前的7个增加到23个。同时，要钢铁行业发展船舶用钢材、焊材等相关产品，保证船舶工业发展的需要，钢铁行业要提高船舶用钢材的国内自给率。

根据我国船舶工业的发展规划，今后钢铁行业除要加强造船用钢材的产量和品种质量外，还计划在环渤海湾建设造船用钢加工配送中心（由鞍钢与大连船厂合作），在长江三角洲建设造船用钢加工配送中心（由宝钢与中船上海外高桥船厂合作)，在珠江三角洲由中船南沙造船基地，也需要建设造船用钢的加工配送中心，以满足造船工业的需要。

根据造船的需求，对船板的加工主要是：

(1) 将中厚板剪切成各种尺寸的船板料，通过套裁，可提高钢材的成材率3%~5%，经济效益是很好的。

(2) 根据船舶设计要求，将裁剪好的中厚板焊接成各种船上部件，提高船舶生产效率。

目前我国主要船厂所生产的船舶品种及用钢材情况见表15。

表15　我国主要船厂所生产的船舶品种及用钢材情况

船厂名称	主要船型	船板规格
江苏新世纪	散货船（2.7万~5.23万吨）、油轮（7.34万吨）	厚度6~120mm，宽度1300~3100mm。品种：A、B、D、E、AH32、AH36、DH32、DH36、EH32、EH36级
浙江船厂	散货船、油轮、集装箱船、化学品船	宽度1.53~2.03m，长度8~12m。品种：A、B、A36、DH36、BH36级
沪东船厂	散货船（7.45万吨）、油轮（7.2万吨）、集装箱船（4100~5600TEU）、液化气船（$8400m^3$、$10000m^3$）、化学品船（14000~15999t）	厚度6~100mm
江南造船	散货船（7.5万吨）、油船（13.7万吨）、军用舰艇	厚度5~100mm，宽度1400~3000mm，长度6000~12000mm。品种：A、B、D、E、A32、B32、A36、D36、ABS、LR
大连造船重工	油船（3.5万~7.2万吨）、化学品船（4.5万吨）、混装船（1.23万吨）、集装箱船（28000t）	厚度3~200mm，宽度1500~3200mm，长度6000~12000mm。品种：A、B、D、E、AH32、AH36、DH36、EH36
广船国际	油轮（3万吨）、客混船（1600m车道）、半潜驳（18000t）	宽度1400~3000mm，长度22500mm
上海外高桥	散货船（17.5万吨）、油船（10.5万吨）	厚度5~100mm，长度22500mm，宽度200~3500mm
大连新船重工	油船（11万~30万吨）、集装箱船（5668TBU）	厚度6~100mm，宽度200~3500mm，长度10000~12000mm。品种：A、AH32、D36、DH32、EH32、A32、A36、D32、E32、E36

当前世界航运和造船市场正处于历史上最兴旺期的高峰时期。我国船舶工业也将继续保持快速增长势头。2005 年全年造船完工量突破 1200 万载重吨，占世界市场份额达到 18%。造船完工量和手持订单量，占世界造船市场份额不断扩大。我国造船业骨干船厂实现批量造船，VLCC 超大型油轮、8000TEU 集装箱船、LNG 液化天然气船等高技术船舶研制有新的突破，造船效率和水平显著提高。在造船能力增加的同时，单船建造吨位也不断扩大，由 7 万吨级逐步扩大到以 15 万吨级以上船为主，单船吨位达到 30 万吨级。

我国造船行业将 2015 年造船产量达到世界第一位作为明确的发展目标，占世界市场的份额达到 30%。具体发展目标是：2010 年生产能力 2100 万载重吨，年产量 1500 万载重吨；2015 年形成生产能力 2800 万载重吨，年产量 2200 万载重吨。预测 2025 年生产能力将达到 3800 万载重吨，年产量 3000 万载重吨。

造船行业“十一五”规划重点是打造三大现代化造船基地，即环渤海造船基地、长江口造船基地、珠江口造船基地。

目前，除个别超宽超厚及有特殊要求的船板外，我国造船板的生产在品种规格和产品质量方面基本可以满足国内造船行业的需求。2005 年我国造船板消费量约 500 万吨，造船板生产量基本实现自给。

根据造船完工量及造船技术的进步，预测 2010 年造船板需求量为 850 万~1000 万吨。

（二）国外造船业情况

国外造船业情况见表 16 和表 17。

表 16　日本造船业装备情况

公司名称	工厂	船台尺寸（长×宽）/m×m	最大建造船吨位/万吨	吊车吨位/t	备　注
三菱重工	长崎	304.7×51	11.7		LNG 船、舰艇、集装箱船
	香烧	950×96	25	600×2	
	神户	298.9×58.9	9		
	下关	180×51	1.9		
石川岛播磨重工	东京	213×34.8	2.9		
	横滨	320×46.4	8.5	200、120	舰艇
	吴	487.8×76.8	17	600	VLCC 船
		321×62.4	8.8	200	
川崎重工	神户	276×44	2.9		舰艇
	坂出	362×59.5	6	300	LNG 船、VLCC 船
		398×72	17	150	

续表 16

公司名称	工厂	船台尺寸（长×宽）/m×m	最大建造船吨位/万吨	吊车吨位/t	备　注
日立造船	午鹤	238×34.4	4		
	有明	595.2×82	16.1	700	VLCC 船
三井造船	千叶	384×69	16.1	300	
	玉野	276.3×49.9	4		VLCC 船、LNG 船
		256.7×43.2	2.8		
住友重工	浦贺	200×27.8	1.6		舰艇
	横须贺	537.6×76.8	21	300	VLCC 船、散货船
钢管	鹤见	150×20	0.5		LNG 船
	津	474×72	17.3	200	VLCC 船
今冶造船	今冶	166×28	1.7		
	西条	420×89	16.1	800	VLCC 船
	丸龟	270×45	4	300	
		290×57	5.8	300	
	岩城	170×27.1	1.5		
	西造船	115.6×19.6	0.5		
大岛造船	大岛	270×47	8		散货船
佐世保	佐世保	375×56	22.5	150	散货船
名村造船	伊万里	450×70	11.8	300	VLCC 船
新来岛	大西	205×30	4	120	
		311×47	15	150	
	广岛	165×28.3	2.3	60	
		127.1×23.2	1.3	60	
	波止滨	128×20	1.3	60	
常石造船	常石	245×39.8	4.3		
		248×42	6		
	多津	364.8×56.6	9.1		
幸阳造船		378×59	11	800	
		350×56		800	
金指造船	丰桥	290×66	9	300	
	清水	160×23	0.4		
函馆造船	函馆	183.7×32.7	2.5		
明昌造船	水岛	270×45.6	8	240	

续表 16

公司名称	工厂	船台尺寸（长×宽）/m×m	最大建造船吨位/万吨	吊车吨位/t	备注
尾道造船	尾道	254.4×39.5	5.8	160	
	佐伯重工	166×28	2		

表 17　韩国主要造船企业技术构成情况

公司名称	船台尺寸（长×宽）/m×m	最大建造船吨位/万吨	吊车吨位/t	备注
现代重工（蔚山）	390×80	50	450×2	LNG 船
	500×80	70	30×2	15 万吨散货船
	640×92	100	450×2	16 万吨船
	380×65	40	200×1	10 万吨船
	260×65	20		
	260×43	16	150×1	特种船
	175×25	1.5	30×2	
	360×70	50	900×1	VLCC 船
	360×70	50	900×1	VLCC 船
大宇造船（巨济岛玉浦）	530×131	100	900×1	VLCC 船
	350×81	35	450×1	VLCC 船
三星重工（巨济岛玉浦）	283×46	15	200×1	
	390×65	30	250×2	VLCC 船
	640×97	100	450×2	VLCC 船
韩进重工（釜山影岛）	230×35	6	80×1	
	301×50	15	100×3	
	301×50	15	40×2	LNG 船
三湖重工（灵岩、三湖）	500×100	90	600×2	VLCC 船
	400×70	60	600×1	
STX 造船（镇海）	198×19	0.7		
	187×19	0.7		
	160×18	0.7		
	320×74	25	240×2	
现代尾浦造船（蔚山）	380×65	15	240×2	
	300×76	15	80×1	
	380×65	15		

（三）现代造船业对中厚板生产和质量的要求

世界造船的发展趋势是大型化、多样化、高技术、低成本，对造船需求的中厚板也提出了新的要求：

（1）造船用中厚板规格多、批量大、张数多，用量占中厚板比重大。日本的船板占中厚板比重在16%~32.2%。日本近年来船板生产比重测算见表18。

表18　日本近年来船板生产比重测算

年份	中厚板生产量/万吨	船板产量/万吨	船板占中厚板产量的比重/%
1998	748.6	106.8	14.2
1999	725.5	114.8	15.7
2000	844.3	125	14.8
2001	881.9	126	14.3

据有关资料介绍，日本建造一艘55万吨级的VLCC超级油轮需用船板8万吨以上；建造一艘30万吨的宽58m、长330m、吃水深在22m的油轮，需要钢材6.6万吨，其中船板4.1万吨。所需船板的尺寸是：板宽3500mm，板长12m，共137个规格，7001张板。其中厚度在10mm以下的占2%，10~20mm的占18%，20~30mm的占18%，30~60mm的占62%；宽度在2m以下的占38%，2~3m的占38%，大于3m的占24%；长度小于6m的占2%，6~10m的占18%，大于10m的占80%。

在我国建造一艘11.8万吨的油轮，采用国产中厚板用料情况为：所用中厚板最厚达75mm，最宽3000mm，最长12m，其中最多的是10~25mm厚，共138个规格，6200张，总重2万多吨船板。

同样规格的油轮，采用2.4万吨进口钢材，其中船板1.96万吨，占81.7%，共139个规格，6202张钢板，厚度为10~75mm。

我国造船用钢板厚度和宽度情况见表19。

表19　我国造船用钢板厚度和宽度情况

项　目	1万吨级船	3.5万吨级船	6.5万吨级船	10万吨级船
钢板厚度/mm	10、14、16、20、22	12、14、16、18、20、22、24~28	12、14、16、18~30	14、16、18、20~34
钢板宽度/m	1.8~2.0	2.0	2.0~2.2	3.0

我国目前船体结构用钢板最宽3.4m，最厚34mm，最长12m。

海洋平台用钢板规格情况：采油平台较勘探平台用钢材量大，一般平台重

1000~4000t，钢板用量占20%~30%，平台用钢板宽度在2900mm以下，最大厚度在50mm。平台常用钢板规格见表20。

表20　平台常用钢板规格　（mm）

钢号	规　格	钢号	规　格
SM41B	(9~32)×(1800~2500)×6000	A131GRE	(12~25)×(1400~2900)×(5700~9000)
SM41C	(38~50)×1800×6000	A537CLI	(9.5~38)×(1500~2500)×(3000~6800)
A36	(12~38)×(1100~2700)×(5500~6700)		

（2）为提高造船工作效率和船舶安全性能，采用宽度大而厚度薄的船板是发展趋势。随着造船吨位的大型化，越来越多地采用宽度大的船板，以减少焊缝，提高工作效率和船舶的安全性。表21专门对1500~1800mm和3000~3600mm不同宽度船板的焊缝进行了比较。

表21　不同宽度船板的焊缝比较

船　型	全船焊缝长/m		焊缝减少	
	1500~1800mm宽度船板	3000~3600mm宽度船板	减少/m	比例/%
2.7万吨货轮	238513	17616	6235	26.1
3.6万吨货轮	15100	9236	5874	38.9
3.5万吨货轮	16443	10467	5976	36.3

船板宽度的增加，可使焊缝减少，节约工时和材料费用，使造船周期大大缩短，降低成本，也使船舶外形更为美观。据统计，使用1500mm宽的船板比使用3000mm宽的船板造船工期增加一倍。

目前，国际上可以供应的船板宽度最大为4500mm，长度最大为27m。

日本提供的船板平均宽度在3000~3500mm，韩国为3000~3500mm，我国一般在2000~2500mm，宝钢和沙钢的5m轧机投产后，可以生产宽度为4500mm的船板。

为减轻船舶自身重量和焊接工作量，不仅要求船板的宽度增加，而且要求船板的厚度减薄，特别是船型加大后，要求使用薄而宽的钢板。日本可以提供4mm×3000mm、4.5mm×3300mm的钢板。

（3）船板要求按厚度0.5mm进级，负偏差、奇数双定尺交货。随着我国造船业的技术进步，对造船板的要求已与世界接轨，船舶设计要求每张钢板在宽度和长度两个方向都要满足定尺要求，以提高钢材利用率和船舶制造效率。在我国的相关造船板标准中也规定：厚度小于30mm的中厚板的厚度应按0.5mm进级交货，但实际上目前能做到的厂家不多。

（4）船板的表面质量要求越来越高。船板的表面质量状况对船舶制造作业是一项重要内容，由于船板表面存在铁皮、麻点、结疤、划伤等热轧缺陷，使船厂增加很大工作量，造成制造成本上升，也严重影响船体美观和使用寿命。

（5）对高强度船板需求增加。减轻船舶重量的措施之一是提高船舶用钢的强度。特别是大型船舶为了减轻自重，增加载重量，减少船板消耗，提高船舶性能，现已大量采用320MPa级以上高强度船板，其经济效益明显提高，如采用400MPa代替一般强度的A级船板，可使船板用量减少25%以上。目前，日本高强度船板占船体用板的60%以上，而我国仅占30%左右。对专用船舶使用高强度船板的比重更大，其要求船板的屈服强度达900MPa，该钢种需要经过调质处理后才供船厂使用。特别是随着液化石油气船的增加，要求钢厂提供能耐-160℃超低温钢板，日本研制出Ni9钢。要求钢厂在去磁后交货，目前仅宝钢具备这种钢的生产条件。

（6）船厂要求生产厚度为梯形的船板。大型船舶为使船舶结构等强度，减轻重量，节约钢材，减少焊缝，要求钢厂生产梯形断面的梯形船板，目前也仅少数钢厂可以生产。

五、世界中厚板发展简史

1918年美国鲻肯斯公司科茨维尔厂投产了世界第一台5230mm的宽厚板轧机，为美国建造航母提供了舰艇用板。1940年苏联莫斯科厂投产了一台5300mm宽厚板轧机。同年，德国多特蒙德厂投产了一台5000mm的宽厚板轧机。1941年日本制钢公司投产了一台用蒸汽机驱动的5280mm宽厚板轧机。

在19世纪五六十年代，由于冷战和经济发展的需要，美国又开始建造新一代的宽厚板轧机，该轧机主要是二辊加四辊双机架形式，共建造以4064mm为主的宽厚板轧机16台，其中4064mm轧机7台，3000mm以上的4台，5000mm轧机1台，3000mm以下轧机4台；还改造了8台，其中5000mm以上轧机2台，4064mm轧机2台，3000mm以上轧机3台，2000mm轧机1台。通过这次技术进步和设备改造，使美国中厚板产量跃居1000万吨以上，品种迅速扩大，可以生产高强度船板、高韧性潜艇板、高耐候桥梁板、X80管线用钢板。由于有了宽厚板，美国油气输送管生产大大加快。1961~1969年，美国新建成投产8套直径在406~1219mm的UOE直缝焊管机组。与此同时，美国生产了7艘航空母舰，为其成为海洋大国打下了雄厚的物质基础。

在20世纪七八十年代，日本经济飞速发展促进了对中厚板的需求。短短的几年，建成投产了四辊加四辊双机架的4700mm和5500mm单机架为主的中厚板轧机17台。其中5000mm以上的轧机4台，4700mm轧机5台，4200mm轧机1台，2000~3000mm轧机7台。这次中厚板轧机的大发展，使日本中厚板产量突破2000万吨，成为世界第一钢铁生产大国。同时，由于有了中厚板的支持，促进了日本的汽车、机械、船舶、家电、交通等行业的现代化。特别是推动了日本造船业迅速发展，其造船能力超过1000万吨，成为世界第一造船大国。还建造了5套直径400~1625mm的UOE直缝焊管机组，为其大量出口焊管创造了条件。

1984年俄罗斯伊尔诺斯克厂建成投产一台5000mm轧机，用于生产航母和舰艇用板。同年，法国敦克尔克厂新上一台5000mm轧机。

目前，在我国中厚板建设发展迅速，新建的中厚板轧机多以3500mm、3800mm、4300mm、5000mm四辊式单机架或双机架为主约22台。其中3500mm轧机8台，3800mm轧机4台，4300mm轧机3台，5000mm轧机3台，2800mm轧机4台。这些轧机采用大轧制力（20kN/mm）、大功率（2kW/mm）、高刚度（2kN/mm），为实现TMCP工艺，生产高质量、高性能中厚板创造了条件。

韩国浦项制铁2006年加快对现有3套厚板轧机进行技术改造，使该公司的厚板生产能力达到360万吨，其中230万吨是船板。其1号厚板轧机的产能是40万吨，2号厚板轧机的产能是210万吨，3号厚板轧机的产能是106万吨，预计进一步改造后2008年浦项的厚板产能将达到430万吨，但还是不能满足韩国造船业的需要，于是决定在光阳制铁所新建一套年产150万吨的厚板轧机。韩国的东国制钢也将在唐津新建一套年产150万吨的厚板轧机，计划在2009年投产。现代制铁也计划在唐津新建一套年产200万吨的厚板轧机，计划在2009年年底投产。

六、世界中厚板生产技术发展特点

（一）TMCP技术

随着世界经济的快速发展和造船、桥梁、容器、锅炉、石化、重型设备等行业的技术进步，对钢材的性能要求进一步高强化，使TMCP（控轧控冷）技术在中厚板生产中获得广泛应用。

TMCP技术是一项近年来发展起来的用于钢材性能控制的新技术。其主要原理是通过控制轧制温度和轧后冷却速度、冷却开始温度和终止温度，来控制钢材的高温奥氏体组织形态以及相变过程，最终控制钢材的组织类型、形态和分布，提高钢材的组织和力学性能。TMCP技术可以代替传统的正火处理，可以利用钢材余热进行在线淬火-回火处理，取代离线的淬火-回火处理，改善钢材的力学性能，可以使企业大幅度减少热处理能耗。这项技术在工业发达国家的钢铁企业获得广泛采用。

TMCP技术的核心包括钢材的成分设计和调整，轧制温度、轧制程序、轧制变型量的控制，冷却速度和冷却温度的控制等。

在装备上采用高刚度大功率轧机、高效的快速冷却系统和高精度的数学控制模型。

在精整生产线是采用高密度管层流水幕和气水冷却系统。高密度管层流冷却系统包括高位水箱、水量分配器、流量调控装置、冷却器、冷却区的前后吹扫装置、控制阀门、检测仪表、控制系统和钢种的数学模型等。

我国中厚板生产采用了TMCP技术效果显著。采用这项技术开发出的新品种钢包括X70、HJ58、B620、DB685等低合金高强度钢。采用这项技术使企业降低钢中锰、铌、钒、钛等合金元素的含量，大大降低生产成本；同时还可以取代生产Q345C、Q345D、DH36、16MnR等钢种时的正火处理工艺；还实现了HC70、HC785等钢种的在线淬火，减少工艺环节，降低能耗。TMCP技术在线棒材生产中也获得成功，新抚钢的80万吨棒材生产线，采用该技术后用20MnSi钢生产出400MPa、500MPa级高强度钢筋，采用Q235钢生产出355MPa、400MPa级的高强度钢筋。

TMCP技术在我国中厚板生产企业也获得广泛应用，如舞阳钢铁公司的4200mm厚板生产线，新余钢铁公司中板厂和3800mm厚板厂，武钢2800mm中板生产线，首钢、南钢等企业的中板生产线等均采用了TMPC技术和装置。

（二）中厚板生产相关技术

（1）对板坯原料的要求：随着连铸技术的进步，中厚板的原料一般是采用连铸板坯，趋向于全连铸化，连铸比在95%左右，仅保留少数特钢钢种采用钢锭。

连铸板坯的尺寸大型化，板坯的厚度达340mm，宽度达2400mm，最长已达工作辊身长度减150~200mm，过去要减500mm。板坯的单重最大33t，而以纵轧方式的板坯可达93t。

对板坯的尺寸精度要求提高了：厚度为小于±4~5mm，宽度为小于±10~20mm，长度为小于±50~0mm。

钢质洁净度：根据钢质纯净化的要求，有害元素含量要控制在如下水平：$w(S)<25\times10^{-4}\%$，$w(P)<4\times10^{-4}\%$，$w(O)<20\times10^{-4}\%$，$w(H)<1.5\times10^{-4}\%$，$w(N)<10\times10^{-4}\%$，总量小于$100\times10^{-4}\%$。

坯材的压缩比要满足对性能的要求，一般要控制在2.5~3。对强度在400MPa的钢种，采用厚度250mm的板坯可以生产100mm厚度的厚板。

对钢中夹杂物的要求，不得有夹杂、分层、内裂、白点等缺陷，且不能存在直径大于2~5mm的缩空的缺陷。钢坯表面无结疤、裂纹、重皮等缺陷，板坯的端头平直光滑不得有毛刺。

（2）采取热装热送工艺：为节能和提高炉子的加热能力，炼钢的连铸与轧机之间的板坯运输、保温和调度等协调，采取生产一贯制，使板坯的热装热送率达40%~70%以上，热装温度达450~680℃以上，吨钢的燃耗降低到0.8GJ以下。为此，有的采取在板坯仓库内设置保温坑或保温罩，尽可能提高板坯的入炉温度。还有采取连铸坯直接轧制，使燃料达到零耗。

（3）采用控轧控冷技术：为提高厚板的性能和节约合金元素，多采用TMCP工艺技术生产高性能、高附加值中厚板，也有的采用CR工艺技术。在日本各厂近年来开发了很多专用控轧控冷技术，如新日铁的NIC技术、日本钢管的NCT技术、川崎的SCR技术和KTR技术、神户制钢的KONTROLL技术等。

将控轧与快冷有机地结合是中厚板生产技术的进步，不仅可以改善钢板性能、降低成本、节约贵重合金元素，也可采用轧后直接淬火工艺，取代部分热处理炉生产调质钢板的传统工艺，其效果显著。

（4）板形控制技术：中厚板的板形控制技术是一项控制钢板的三维立体形状的轧制技术。其目标是提高轧制的精度，减少板材的切头切尾和切边量，提高成材率。

控制板形是要保证中厚板在长度、宽度和厚度三个方向的尺寸精度上均能达到标准要求，使生产的板材具有最佳的尺寸精度、最佳的性能和最经济的成本。目前主要是采用多功能、反应快、大行程、大压下量的高精度的HAGC系统，将响应快的直接型伺服阀直接安装在液压缸上，以提高其响应度；同时压下系统采用数字控制，缸位控制由数字信息处理机来完成，其控制精度大大提高。

采用这项技术要加大轧机牌坊立柱截面和支撑辊直径来提高轧机自身的刚度，还要为减少生产中轧辊挠度和钢板凸度采取一些措施，如采用预弯工作辊或预弯支撑辊（塔兰托厂）、阶梯辊、可变凸度辊（和歌山厂）、高精度辊型轧机（福山厂的HC轧机）、交叉轧辊轧机（君津厂和浦项厂的PC轧机）及连续可变凸度轧机（奥克塞落森厂的CVC轧机）等。同时普遍采用立辊轧机，可使成材率提高1%~3%，但生产率下降15%左右。

日本水岛厂发明的以主辊轧机生产无切边厚板技术，由于设备和操作因素，目前尚未推广应用。

（5）自动化控制：由于检测元件、传感器、通信和计算机技术的进步，在高速、连续及自动化生产中已实现及时准确检测板形尺寸与外形的各种参数。随着检测技术的专业化、智能化，对钢板的厚度、宽度、长度、凸度、镰刀弯、不平直度、头尾形状、波浪及表面缺陷等均能精确检测出，为分析生产过程改进产品质量提供了基础材料。

自动化的优势是高效、可靠，因中厚板的生产特点决定了其自动化发展相对滞后于热轧带钢，比热轧带钢大约晚了10年，其中不少技术是从带钢移植过来的。

目前国内外的中厚板厂基本都实现了自动化控制。日本的水岛厂早就实现了计算机4级控制，生产人员因此减少了三分之一。我国的中厚板厂也大多数实现了基础和过程自动化控制，管理水平较先进的是宝钢和武钢。

（6）中厚板的产品质量提高、品种扩大：目前世界上中厚板最薄可轧到4mm，最厚可轧到350mm，最宽可以生产到5250mm，最长可以生产到60m。

钢板的尺寸偏差可达：厚度≤±0.05mm，宽度≤±4~8mm，长度≤±10mm，不平度<1~5mm，镰刀弯<5mm/全长。成材率>94%，成品率>99%，修磨率<1%，再矫直率<3%。碳当量<0.38~0.4时，焊接裂纹敏感指数<0.2。

中厚板的钢种研究也取得进步，强度在400MPa的普通板大量生产，同时开发出强度为600MPa、800MPa、1000MPa的钢种。水利发电用的中厚板开始大量采用强度800MPa的中厚板，造船业也在使用490~620MPa的船板。随着高强钢种的开发，中厚板的厚度可以减薄，节省大量钢材。石油天然气用管线钢已开发出并大量生产X65、X70、X80，已经开始研制X100、X120钢种。

为提高钢板的耐候性能，我国研制的14MnNBQ在钢板的力学性能上超过了国外同类钢种，已广泛用于铁路桥梁。我国研制的09CuPTiRE耐候钢，也广泛用于铁路车辆制造。我国研制的耐火耐候钢也已通过技术审查。

日本水岛厂开发的570MPa非调质超低碳贝氏体耐大气腐蚀桥梁钢，是采用添加Cu、Ni、Cr等元素，降低碳含量，使钢板无需经淬火回火处理，缩短了生产周期，降低成本，改善钢材的焊接性能，无需进行表面涂层防锈处理。

中厚板生产厂开发出更适用于钢结构要求的各种异形中厚板，包括圆板、锥形板（TAPER）、梯形板（LADDER）、防挠板和带肋板。

（三）中厚板在技术装备方面的进步

（1）加热炉：普遍采用步进梁式加热炉，这种加热炉比传统推钢式加热炉加热质量好，氧化少，烧损率低，仅为0.8%，耐火材料损伤少，加热灵活，适合于不同钢种的加热，且炉长不受限制，可加热薄板坯，也可加热中厚板坯，单炉生产效率高，炉子座数少，一般为两座。缺点是投资大，消耗高。

（2）高压水除鳞装置：为保证轧制的成品具有良好的表面质量，在开轧前要用高压水除去钢坯在加热炉内形成的氧化铁皮，高压水的压力越高除鳞的效果越好，一般采用的高压水压力在18MPa以上。高压水除鳞装置靠近加热炉出口，线路越短压力损失越小。除鳞装置的喷嘴设计多为上下两排，其间距可调。为保证成品表面质量，在轧机上还设有高压水喷嘴。

（3）轧机：中厚板轧机目前多采用四辊式单机架或双机架，老式的二辊式或三辊式轧机因精度和生产效率低已逐步被淘汰。为提高生产效率，多采用大的轧制压力、高刚度牌坊和大功率电机驱动。一般轧制压力设计在20kN/mm以上，单位功率在2kW/mm以上，刚度在2kN/mm以上。轧机尺寸在3500mm以上，轧制速度在 5~8m/s。轧机牌坊的主截面在 $9000cm^2$ 以上，每片牌坊单重在 300t 以上。为提高轧机作业率采用快速换辊，更换一次工作辊只需 8~15min，更换支撑辊也仅为 1h。主传动采用交流电动机，并带有 HAGC、预弯辊、PC 或 CVC 板形控制系统和 γ 射线测厚仪。为控制钢板侧边，有的企业还安装了主辊轧机。为能实现控制轧制，在轧机前后设置了待轧位置。

（4）快速冷却装置：为了提高钢材的性能，通过快速冷却使钢材的晶粒细化而强度提高。快速冷却是近年来发展很快的技术。要使钢板强度提高而韧性改善，又不会因冷却不均而出现瓢曲、波浪等缺陷，需要在计算机的控制下合理设计钢板不同部位的冷却速度和喷水量，才能保证整个钢板均匀冷却，冷后的残余应力小。

（5）热矫直：辊式矫直机受辊径和辊距的限制，所矫直的钢板最薄与最厚之比为 4。而设有倾斜辊组、油压弯辊、交叉辊和张力功能的新式矫直机，使被矫直的钢板最薄与最厚之比达到 25，可矫直厚度在 4.5~100mm 钢板。

（6）冷床：冷床是将热矫直的钢板从 650~750℃冷却到 100~150℃以下。过去是采用拉钢式冷床，这种冷床容易造成划伤。新式冷床采用步进格板式或盘辊式，冷床的长度能满足最长钢板的需求。

（7）剪切线：剪切机由切头剪、双边剪和定尺剪组成，有板形仪、自动画线机、对正装置、对线机、剖分剪、定尺辊、碎边收集装置、标记装置等，并通过计算机处理有关信息，使剪切机具有很高的生产效率，剪切能力在 150 万~200 万吨/年以上，如日本的福山厂、鹿岛厂、名古屋厂，韩国的浦项和意大利的塔兰托厂等。

（8）热处理设备：多数的中厚板厂具有热处理生产线，一般是采用辊底式炉。为防止钢板在热处理过程中被氧化，先进的热处理炉是采用无氧化用氮气保护的辐射管加热的辊底式炉。对仅仅用于低温回火的仍采用直接加热。需要淬火的采用辊式淬火机，防止钢板发生瓢曲。

需要高温回火、退火的特殊钢板还是采用车底式、罩式炉进行热处理。

（9）探伤装置：现代化的中厚板厂都设有超声波探伤装置，用以检查钢板的内部质量。

日本君津厂的超声波探伤装置，可以检查钢板厚度在 6~60mm，宽度在 1000~4500mm，长度在 2.5~25m。探板中间有 54 组 4 个通道，探板的边部有 2 组 7 个通道，探头尾的有 1 组 8 个通道，总共有 238 个通道。探头尾的速度为 4m/min，探边部和中间为 60m/min。形式为分割反射式，可探钢板温度在 150℃左右，可检测出的最小缺陷尺寸为 2mm。大分厂的有 280 个通道，名古屋厂的有 216 个通道。

我国宝钢采用的是组合式双晶探头式，共有 100 个通道，其中探板宽的有 3

组 32 个通道，板边的有 4 组通道，探速为 60m/min，探测的钢板厚度为 5~60mm，宽度为 5000mm，探出的最小缺陷直径为 3mm。

七、世界主要中厚板生产厂

（一）日本的三套 5500mm 厚板轧机

日本在 20 世纪 70 年代投产了三套 5500mm 厚板轧机（见表 22），分别是新日铁的大分厂、川崎钢铁公司的水岛厂和日本钢管公司的扇岛厂。这三个厂的轧机结构是相同的，其设计特点是：

（1）采用大的轧制压力——100MN，为采用大压下量、缩短轧制周期、提高生产率创造条件。双机架四辊厚板轧机产量在 170 万~220 万吨/年，日本这三套轧机的最大年产量可达 360 万吨/年。

（2）采用厚板坯，使轧件的长度可达 60m。

（3）采用高刚度机架和板厚板宽自动控制系统，保证中厚板的尺寸精度。

（4）采用高压水除鳞装置，保证中厚板具有良好的表面质量。

（5）采用无氧化加热技术，使中厚板在热处理过程中不被空气氧化。

（6）采用超声波探伤技术，保证中厚板内部质量。

（7）采用电子计算机对设备和生产过程进行监控，保证整个生产过程和设备始终处于最佳状态。

（8）采用控制轧制和控制冷却技术，实现厚板性能的最佳化。

表 22　日本三套 5500mm 厚板轧机概况

项　目		水岛厂	大分厂	扇岛厂
设备制造商		石川岛播磨	三菱	石川岛播磨
投产年月		1976 年 3 月	1976 年 8 月	1976 年 12 月
所用板坯最大尺寸/mm×mm×mm		300×2400×4700	300×2200×2000	500×2300×5300
成品板尺寸/mm	厚度	5~200	6~50	6~200
	宽度	1000~5300	1400~5300	1500~5300
	长度	57000	60000	
年产量/万吨		180（360）	192（350）	180
四辊精轧机架	轧辊尺寸（工作辊直径/支撑辊直径×辊身长度）/mm×mm	1200/2400×5500	1200/2400×5500	1230/2400×5500
	机座重量/t	380	365	
	刚性模数/MN · mm^{-1}	12		12
轧制力/MN		100	100	100

续表 22

项目		水岛厂	大分厂	扇岛厂
主电机	功率/kW	2×8000	2×8000	2×6400
	额定扭矩/N·m	2×15600	2×15600	2×15600
电子计算机控制系统		有	有	有
板厚自动控制		电力-机械	液压式	液压式
轧辊预弯		无	无	无

（1）5500mm 厚板轧机的设备构成，以水岛厂为例，一期工程包括：横跨三跨的板坯库、板坯磅秤、火焰清理机、两座六段步进式加热炉、高压水除鳞装置、四辊式精轧机、热矫直机、两台冷床、剪断机、纵向剪和横向剪边机、冷矫直机等；二期工程包括：四辊式粗轧机、二号厚板切割机组、热处理设备、厚板喷丸机。

由于日本这三套轧机设计的轧制压力大，可以实现在线控制轧制。再加上装备电子计算机装置，可以精确压下，实现高精度轧制。

（2）这三套轧机 100%采用连铸坯为原料，板坯在加热炉中加热，加热炉的生产效率为 280t/h 以上。水岛厂的加热炉为 2 座，每座生产效率是 220t/h。加热炉有效炉长 38m，预热段长 10m，有效炉底的负荷是 650kg/(m^2·h)，板坯尺寸为 300mm×2400mm×4700mm，重 26t，采取两排装炉。加热炉以煤气和重油为燃料，烧嘴安装在上段和下段。加热炉的密封性好，完全排除了空气渗入，与普通加热炉比较，其热辐射损失大约减少 30%，余热利用率提高 10%。加热炉的单位热耗比普通加热炉低 30%。用出料机将板坯从加热炉中推出到辊道上，出料杆的移动和提升由电机通过齿条传动装置和曲柄机构来完成。推杆的最大行程 550mm，提升高度 280mm，移动速度 36~72m/min。

新日铁大分厂的加热炉有一个余热预热室。其主要加热参数为：加热能力 280t/h，加热温度 1250℃，燃料单耗 1.1MJ/kg，燃料为焦炉煤气，预热室长度 6200mm，预热室温度 550℃，预热时间 24min，预热流喷出速度 75m/s。

一般是先将废气导入加热炉上方的金属换热器，使空气预热，然后用高温鼓风机在高压下将其送入预热室。板坯在预热室预热到 200℃，可节约 10%的燃料。

日本钢管公司的扇岛厂 5500mm 厚板轧机采用的板坯尺寸为 320mm×2300mm×4650mm，重 26.8t，在两座加热炉中加热。其加热炉长 42m。炉内安装一种特殊烧嘴，可保证燃料充分燃烧，同时使废气中的氮氧化物含量低。加热所用燃料为高炉煤气和转炉煤气，经过脱硫的焦炉煤气和液化石油气的混合物。该厂加热特种钢板的最大尺寸为 500mm×2300mm×5300mm。加热坯重达 37.5t 的板坯时，采用加热能力为 20t/h 的坑式炉。

一个关键的问题是粗轧机还是精轧机哪个先安装。当用钢锭或较厚的板坯作为厚板轧机原料时，应先安装粗轧机；当用连铸坯或较薄的板坯为原料时，则应先安装精轧机。

板坯从加热炉出来后，首先经过高压水除鳞装置除去氧化铁皮。高压水除鳞装置的喷嘴距板坯距离是固定的，其上部的喷嘴位置可以根据板坯厚度调节，喷嘴的行程为420mm。35个喷嘴分别安设在板坯的上部和下部。水压在15~17MPa。

（3）5500mm厚板轧机主机的特点是刚度大、轧制精度高。轧机的牌坊由日本清江公司铸造。每个牌坊用钢水550t。浇铸后，待铸件冷却到400℃后清除冒口，脱模后牌坊的第一期热处理按以下制度进行：以30℃/h的速度加热，在400℃±20℃状态下均热，以20℃/h的速度冷却到室温。经过对铸件的表面清理后进行二次热处理：以30℃/h的速度加热到640℃，在400℃±20℃的状态下均热，以20℃/h的速度冷却到室温。

轧机牌坊的尺寸：高度15.51m，宽度4.5m，地脚板宽5.3m，立柱横截面尺寸1000mm×1000mm，上横梁高2.4m，下横梁高2.4m，上横梁凸耳直径2.7m，下横梁凸耳直径2.4m。

机架柱向上突起，立柱的挠度为30mm，目的是补偿由于立柱中部比横梁的挠度大而引起的下沉。

机架系整体铸造，每个机架重365~380t。机架各个截面的应力均匀，刚腹自用性模数为12MN/mm，再加上大直径的支撑辊（2400mm），就可保证工作辊只有极小的挠度。

大分厂的5500mm厚板轧机机架的特点是：依靠专门研制的数学模型使各结构元件的强度相同，立柱的截面面积为11000cm^2。

在水岛的5500mm厚板轧机上安装有螺旋式压下装置，该装置受板厚自动调节系统控制。今后将更换成液压式。

大分厂的5500mm厚板轧机的辊缝采用蜗杆式的电动-机械压下装置调节。压下螺丝的移动速度为15~30mm/s；其电机的功率为2×280/560kW，转速390~780r/min。在轧机机架的下横梁上装有液压压下装置，用它在轧制时调节板厚。液压缸的最大行程为70mm，油压29.8MPa，柱塞直径520~1600mm。液压缸柱塞的上下位置由传感器来测定。金属对轧辊的压力达100MN时，液压压下装置工作，其动作的速度为2mm/s。

当金属对轧辊的压力最大时，液压压下装置比电动-机械压下工作更可靠，动作速度快，机架刚度调节范围宽，而且轧辊调节精度高。

扇岛厂的5500mm厚板轧机安装了受板厚自动调节系统控制的液压压下装置。其液压缸中的油压为21MPa。辊缝的调节由电动-机械压下装置完成。两台传动电机功率为280/700kW。还有一台电机功率为195kW的下部压下装置。

5500mm 厚板轧机的传动电机扭矩为 15600N · m。工作辊带有强化梅花头，这样可以实现控制轧制。5500mm 厚板轧机的全部机架都是以轧制力 100MN 来设计的。

5500mm 厚板轧机工作辊的直径为 1230mm。工作辊采用滚动轴承支承。水岛厂的厚板轧机工作辊轴承为四列圆锥滚柱轴承。重 240t 的支撑辊采用液体摩擦轴承。水岛厚板轧机使用的是摩根公司的摩戈伊尔轴承；大分厂厚板轧机用的是滑动面尺寸为 1752. 6mm×1219mm 的麦思塔－三菱公司的轴承。

工作辊通过万向接轴带动旋转。水岛厂接轴的特点是上、下接轴分别进行液压平衡。接轴在机架侧采用油雾润滑；在主传动侧采用稀油循环润滑。采用传感器控制接轴轴衬温度。

5500mm 厚板轧机采用专用的换辊装置换辊，使换辊时间缩短到 10min。大分厂轧机的支撑辊和工作辊分别进行更换。更换工作辊采用两台换辊小车。

水岛厂的工作辊更换与大分厂一样，在轧辊修理工段安装有清洗机和轧辊拆卸、装备工作台。扇岛厂 5500mm 轧机的支撑辊采用齿条机构来更换。

随着支撑辊直径的增大，挠度相应变小，这对减少厚板的横向偏差有作用。厚板的纵向厚度偏差主要靠液压式厚度自动调节系统来解决。

石川岛播磨公司制造的这种厚度自动调节系统已经应用在扇岛与大分厂的 5500mm 厚板轧机上。液压式厚度自动调节系统的动作速度比电动式的要快 10 倍，可以实现在高速轧制时对厚板尺寸精度的控制。动作迅速的液压式厚度自动调节系统还可以调节因轧辊偏心引起的厚度偏差。

5500mm 厚板轧机原设计没有轧辊预弯装置，但投产后准备安装，以进一步提高厚板轧制精度。

5500mm 厚板轧机上工作辊和支撑辊各部件的所有管路，包括高压水除鳞高压水的供应、平衡装置液压缸的供油、轧辊冷却水的供给、工艺润滑液的供给、液体摩擦轴承和滚动轴承润滑油的供应，都是与主管路在一起相通或断流。全部管路的通、断都是由操作台进行遥控。压下螺丝螺纹中及万向接轴轴衬中的润滑油温度也是由操纵台进行遥控。

（4）厚板的精整设备：对精整设备的要求是厚板的运输路线合理，不互相交叉；要满足厚板用户对厚板规格尺寸和钢种的多样化、专业化需求，提高生产加工效率和高的产品质量。

（5）剪切机组：5500mm 厚板轧机生产的钢板宽度可达 5300mm，但实际订货中需要这样宽度的并不多，这就需要将宽板纵切成窄板。

厚板的纵切机组包括圆盘剪或杠杆式摆动剪。纵剪机组的生产能力要与厚板轧机的生产能力相匹配。纵剪机组的生产能力主要取决于切边机的切边速度，圆盘切边机的最高剪切速度为 120m/min，但实际切割速度平均不超过 30~40m/

min，这与厚板定心不准有关。双铡刀剪的剪切速度为18~42m/min，其生产率在很大程度上取决于轧件种类，一般在100~1000t/h之间。

大分厂采用新结构的高速圆盘剪进行纵切，用飞剪进行横切。

扇岛厂的5500mm厚板轧机纵剪主要用于将厚板切成几条窄板。该厂还有剪切厚度在40mm的钢板剪切机。

水岛厂的厚板轧机安装有切头剪、切边剪、圆盘纵剪和切厚度40mm强度为600MPa的钢板横切剪。

水岛厂和扇岛厂的切边机是复式的，两台切边机具有相同的剪刃，一台为固定式，一台为移动式。

(6) 对冷床的要求是让厚板轧机与剪切机组能力保持同步。这样就要求冷床的面积要大些为好。过去的厚板轧机多采用箅式冷床，厚板在箅式冷床上移动时会造成擦伤。新结构冷床多采用步进梁式冷床或链式冷床。扇岛厂的三台冷床，两台为步进梁式（尺寸49m×40m），一台为链式（尺寸29m×30m）。

水岛厂有两台总面积为6840m^2的步进式冷床，大分厂的与其结构相同。

(7) 矫直机：现代化的辊式矫直机采用电子计算机技术，可以精确调节上排矫直辊的压力。矫直辊的压力根据测厚仪的指数自动调节。这种对矫直辊压力的自动调节，可以是厚板的平直度。新式的矫直机可以矫直强度在700MPa以上的各种钢板，其矫直后的平直度在1mm/m以下。

扇岛的可逆式热矫直机有11个直径为275mm的工作辊（上排6个，下排5个）和54个直径为230mm的四排支撑辊。其最大矫直压力为16MN。特厚板的矫直压力在40MN。

(8) 标记装置：厚板的标记通常采用喷涂、压印或标签等方法。标记已实现自动化，各种打印装置多采用落锤或液压原理，喷涂装置有两种类型：一种是用漏字板，另一种是采用橡皮模。

水岛厂的工艺中共有7种不同的标志工序。其中包括喷涂、压印和贴标签。最好的是采用电子计算机的旋转打印。标签贴在成品厚板的侧面。水岛厂的厚板标记和漏字板的制作是根据电子计算机的信息自动完成的，然后被打在或喷涂在厚板的侧面固定位置上。

(9) 检查装置：厚板在出厂前要进行内部和表面质量检查。在水岛厂采用超声波对厚板进行内部和表面质量检测，检测的速度为1m/s。可以检测的厚板尺寸为厚度6~40mm、宽度900~5300mm、长度2.3~25m，表面温度在150℃以下。检测的数据采用电子计算机进行处理和存储。水岛厂的超声波探伤系统包括52个平面探头和两组侧面探头。平面探头以100mm的间隔沿宽度方向配置在厚板的上方。两组的侧面探头包括4个探头，分别放在厚板的上、下表面，以检查离边缘60mm的区域内侧边的缺陷。其中一组探头从厚板的前端沿侧面向后移。

厚板的检查作业在电子计算机控制下自动进行，检验结果和数据传出都由电子计算机完成。

（10）5500mm 厚板轧机的自动控制：采用电子计算机控制厚板生产全过程，使厚板的成材率大大提高，水岛厂的成材率达 93.8%。在水岛厂建设初期，就提出该厚板轧机要实现全部工序电子计算机控制的目标。该系统主要设备包括：FACOM230-45S型控制计算机，用于分组处理有关生产计划和检查等方面的信息、传输全部工艺过程所有工序的操作信息、检查轧制程序实行情况和编制新的工作程序；MELCOM350-30F计算机，带有轧制和精整设备的程序控制装置；MELMIC、MELSEC 微型机，主要是管理控制装置和元件、各种检测仪表、自动化元件、打印装置和工业电视。

自动化程度对中厚生产线的生产效率影响很大，由于广泛采用电子计算机技术，在整个生产过程中大量替代了人工劳动，在生产数据处理方面更是显示出计算机技术的无比优势。生产线在轧钢和精整区域设置了四个控制台，两个用于控制加热炉，一个用于控制精轧机，另一个用于控制辊式矫直机和冷床。在轧机前后各安装了两台测厚仪和两台横向板厚测量仪。在机架前的进料端安置了一台宽度测量仪。

MELMIC 和 MELSEC 微机用于控制加热炉推料机、板坯出料机、加热炉装料和出料辊道、液压除鳞装置、精轧机（包括板厚控制系统）、辊道水冷、辊式矫直机和冷床。

控制工艺过程的计算机位于工厂的信息处理中心，用电缆与轧机的程序控制计算机连接，用来传输信息和进行控制。轧机和精整工段的信息数据供全部工序使用。

厚板轧机的自动控制系统在生产条件下经过长期的现场检验，包括轧制各种规格的厚板时设备利用率和生产效率的对比。水岛厂的厚板轧机在投产后仅 3 个月使设备利用率达到 99%。大分厂的自动控制系统是采用两台 IBM370/158 型电子计算机为主机，由这两台机与 17 台工艺控制机相连。

4700mm 和 5500mm 两套厚板轧机的控制系统与工厂的主计算机相连。该主机用于从炼铁到轧钢的整个冶金过程的全部信息服务。

厚板的生产控制系统分为几个等级：计划编制、工艺过程的控制、设备的自动控制、数据处理和管理。

（二）德国迪林根厚板厂

该厂的厚板轧机在世界上也是较先进的。其设计生产能力是 200 万吨/年。该厂厚板轧机的最大轧制力可达 89MN，主机（2 台）每台电机容量 8600kW。高压水除鳞装置压力为 16.7MPa。还采用了自动厚度控制系统，并设置了弯辊装置。其工作辊尺寸：直径 1120mm，辊身长度 4300mm；支撑辊尺寸：直径 2150mm，辊身长度 4300mm。

（三）舞阳新厚板轧机

我国邯钢集团舞阳公司投资 25 亿元的 100 万吨宽厚板生产线在 2007 年 5 月投产。该生产线是按照国际一流水平设计的宽厚板生产线。为确保生产线的装备水平世界一流，在设计和设备制造上采取了“点菜方式”引进世界先进技术和装备，如轧钢系统从西马克、奥钢联、达涅利几家公司通过竞标方式，选择了奥钢联，采用了奥钢联的专利技术——轧机窜辊技术。主轧线的电控技术采用了瑞典 ABB 公司的技术。在线探伤是采用了德国 NDT 公司的技术。自动打印技术是采用奥地利能泰克公司的技术。其主要特点是：按照造船板、桥梁板、管线钢等高性能、高附加值产品的要求，设计中厚板系统，规划整个生产工艺流程。炼钢设备系统采用了国内厂家提供的设备，如 100t 电炉是西电集团西安鹏远电炉公司设计制造的；电炉变压器是由西电集团西安变压器公司设计制造的。连铸机是采用中国重型机械研究院设计制造的。

1. 100t 电炉

采用我国自主设计制造的最大 9 万千伏安的变压器。为节能和缩短冶炼时间，该炉设计了吹氧装置（使用炉壁超音速氧枪、炉门水冷超音速氧枪）和废钢预热装置，提高了热能利用效率。

2. 我国自己设计制造的大型板坯连铸机

可以生产厚度最大 300mm、宽度最大 2500mm 的板坯。连铸机设有结晶器液压振动、结晶器在线调宽。为控制连铸时出现的偏析问题，专门设计了轻压下装置和动态二冷段冷却水控制、在线去毛刺、在线喷号装置等当今国际流行的先进技术。在轧钢生产线上采用了系统的自动化控制技术，以及轧机的弯辊、窜辊技术，液压 AGC 技术和接近式立辊；采用了先进的冷床、切头剪、双边剪、定尺剪、取样剪和热矫直机等；包括在线测宽、测厚，在线探伤和成品测量、成品标记。

3. 产品大纲

（1）管线钢板：X70、X80、X100、X120。

（2）造船板：40kg 级的 DH40、EH40，55kg 级的 DH55、EH55 和所有 F 级高强船板。

（3）低合金高强度板，如 WDB620、WDB690、WH70、WH80、WH100 等。

（4）模具板，特别是可以生产 20t 以上的大单重模具板。

（四）南京钢铁集团的中厚板轧机

南钢的中厚板轧机于 2002 年 5 月开工建设，历经 25 个月，工程包括炼钢连铸车间、轧钢车间和公辅设施。占地面积 189400m²。工程总投资约 30 亿元人民币。

1. 产品大纲

造船用钢、管线钢、锅炉钢、容器钢、高强度低合金钢、工程机械用钢、汽车大梁板、低合金结构钢、桥梁板等 10 大类。

钢板的主要规格：(4.5~50) mm×（1600~3200) mm×（6000~24000) mm 钢板；(2.5~20) mm×（1600~2500) mm×最大卷重 45t 钢卷。

设计年生产能力 100 万吨，其中：中厚板 75 万吨，钢卷 25 万吨。

2. 主要工艺流程

A 炼钢

铁水预处理系统采用对铁水包内喷吹石灰粉和镁粉的复合喷吹脱硫工艺，可使钢中硫含量小于 0.002%。这种工艺具有运行成本低、处理时间短、处理能力大、脱硫效率高的优点，所用的喷吹粉是在线混合，操作简单灵活。

150t 转炉两座，采用顶底复吹技术和副枪技术。吹炼平稳，发生喷溅的频率低，仅占 5%；而温度和碳的终点同时命中率提高到 97%~98%。可以生产超低碳钢（0.1%~0.003%）。精炼采用双钢包车式 150t LF/双工位 VD 精炼技术，可实现钢水提温、均匀钢水成分、合金微调和钢水脱硫、脱气的要求，其硫含量可小于 $10\times10^{-4}\%$，氮含量可小于 $30\times10^{-4}\%$，可以生产高质量钢水。

采用直弧形连铸机，可浇铸厚度为 150mm、180mm、220mm、260mm，宽度为 1600~3250mm 板坯。连铸机采用全程无氧保护浇铸技术和连续弯曲、连续矫直、全程多支点密排辊技术。炼钢工序采用基础自动、过程和生产控制三级计算机管理系统。

B 轧钢

采用直接热装和冷装两种方式的步进梁式加热炉技术，板坯的热装率大于 75%。还采用了一系列的先进技术：采用高压水除鳞装置，压力为 18MPa。采用紧凑式单机架炉卷轧制工艺技术。卷取炉采用圆形结构有利于钢卷温度均匀，节约能源。在紧凑式炉卷轧机前后布置了卷取炉、立辊轧机、四辊轧机和转鼓式飞剪，可以灵活生产规格较薄的中厚板。这种轧机生产有三种模式：

(1) 在轧制厚度大于 20mm 中板时，在轧出的钢板长度大于 50m 时，由飞剪剪切成倍尺，经加速冷却或直接进入热矫直机。

(2) 在轧制厚度小于 20mm 钢板时，长轧件可在轧机入口或出口直接进入卷取炉保温，往复轧制到成品尺寸后从出口卷取炉下送往飞剪剪成小于 50m 的长度，再经冷却或直接进入热矫直机或冷床。

(3) 用于轧制商品钢卷。采用卷取炉用轧机往复轧制到厚度 2.5~20mm 的钢带，经层流冷却进入地下卷取机成卷。

这三种方式都可以采用控制轧制和热机轧制工艺技术，生产管线钢、高强度造船板和高强度结构板。轧机采用电动压下及液压调节系统来实现轧制过程中厚度自动控制技术HAGC。采用对工作辊温度和热凸度板形控制技术，可以提高工作辊寿命、改善工作辊型。轧机设有工作辊正弯辊装置（WRB），弯辊力为2500kN。轧机的最大轧制力为80000kN，轧机刚度为8500kN/mm。立辊采用液压宽度控制技术。钢板采用控制冷却和快速冷却技术，主要靠设在输出辊道上的柱状层流冷却装置实现，采用U形上集管和直管下集管，分为快冷区和精调冷却区及微调冷却区。钢板采用全液压地下卷取机及自动踏步控制技术。采用高效四重式11辊热矫直机技术。该矫直机采用全液压调节辊缝的开口度和形状，其特点是：可根据钢板的钢种、厚度、温度和速度，调节矫直辊的辊缝，矫直辊缝可实现前后方向和左右方向倾斜调整，下矫直辊的入口/出口辊垂直调整，矫直辊的正弯曲和负弯曲。可对厚度为5~50mm的钢板进行矫直。采用盘辊式冷床，冷床尺寸为52m长、35m宽。采用滚切式双边剪和定尺剪技术，该剪可以剪切最大厚度为50mm，剪切强度高，无滑痕和变形，剪口干净。采用钢板自动标记和打印技术。采用超声波探伤技术等。整个设计采用的是三级计算机系统，其中基础自动化是从炼钢到轧钢生产线的自动化仪表，按工艺流程，从炉外精炼开始，宽板坯连铸、步进炉、炉卷轧机、精整线等均配备了全套的生产过程检测和控制仪表，完成对生产过程的数据采集、显示和控制功能，实现对生产过程的集中管理和控制。过程自动化按照工艺划分，炼钢车间分为铁水预处理区、转炉炼钢区、炉外精炼区、连铸区，轧钢车间分为加热炉区、炉卷轧机区、精整区等设置计算机，主要完成各控制区的模型计算、优化处理、向下级传送设定值指令等，以及对控制过程的跟踪、显示、过程数据的处理和判断、报表的编制打印等功能。生产控制自动化主要是对全生产线的生产计划管理、生产协调及调度、生产指令产生及下达、全线物料跟踪、质量信息的系统、仓库管理、设备管理、生产报表和通信等功能。

（五）天津钢铁公司3500mm中厚板轧机

1. 产品大纲

设计产量120万吨/年。钢板厚度6~60mm，钢板宽度2000~3300mm。常规热轧状态交货占70%（84万吨），控制轧制状态交货占30%（36万吨）。生产的主要钢种有：碳素结构钢、优质碳素结构钢、低合金钢、造船板、管线钢、机械工程用钢、汽车大梁板、桥梁板、压力容器板、锅炉板等。

2. 设备选型

轧机采用双机架3500mm四辊轧机。最大轧制压力70000kN。支撑辊直径2100mm，机架刚度8MN/mm。轧机采用两套独立的轧辊调整系统：电动-机械压下系统，专门用于道次间无负荷调整辊缝；液压压下系统，主要用于厚度自动控制（AGC）。采用液压 AGC 系统可以满足高刚度大轧制压力下的板厚精度要求，使钢板全长的厚度公差控制在±50μm。加热炉采用三座步进式炉，每座炉均采用双排装料。采用压力为 18MPa 的高压水除鳞装置，用以清除钢坯表面的氧化铁皮。

3. 连铸坯尺寸

厚度：150mm、200mm、250mm；宽度：1320 ~ 2100mm；长度：2300 ~ 3300mm。连铸坯重：13. 5t。

4. 车间平面布置

车间由 1 号及 2 号板坯库、上料跨、加热跨、主轧跨、剪切跨、冷床跨、成品跨、主电机跨、轧辊跨和高压水泵站等组成。车间总长 1017m，主厂房面积 114192m^2。

5. 工艺特点

（1）采用热装工艺，设计热装率为 60%~80%。

（2）采用控制轧制工艺，主要是控制开轧温度和终轧温度，以此来控制钢材的组织性能，节约能源、节约合金。

（3）采用控制冷却工艺，可以获得铁素体加贝氏体组织，更好地改善钢材的韧性和焊接性能。

（六）新余钢铁公司 3800mm 厚板轧机

2005 年 5 月投产的厚板轧机，设计能力为 120 万吨/年。采用的板坯断面为厚度 210（230、250）mm×宽度（1400 ~ 2300）mm。产品规格为（6 ~ 100）mm×（1500~3660）mm×（2000~18000）mm，最大单重 15. 8t。

主要设备参数：

（1）连铸机：为直弧型板坯连铸机，年产量 120 万吨。

（2）加热炉：为滚轮台面的蓄热式步进梁式加热炉。上下部全部采用侧向蓄热式烧嘴，分 6 段炉温自动控制。炉底水梁立柱用气化冷却。加热炉的有效长度 45050mm，炉内宽度 8100mm，固定梁间距 2100mm，活动梁间距 900mm。加热炉额定产量 175t/h。

（3）轧机：3800mm 四辊可逆式精轧机，最大轧制力 75000kN，轧机刚度 7900kN/mm，工作辊最大弯辊力 3000kN/侧；立辊轧机最大轧制力 4500kN，最大侧压量 50mm/道次。

（4）快速冷却（ACC）装置：该装置由上下集管和控制阀组、侧喷、边布遮挡、空气吹扫等组成。冷却区长度 26000mm，宽度 3800mm，总用水量最大 8500m^3/h。

（5）热矫直机：该机是 9 辊液压辊缝调节可逆式矫直机。最大矫直压力

24000kN，矫直温度 450~1000℃。

（6）滚切式双边剪：采用激光划线和磁力对中装置。剪切的钢板厚度 5~50mm，宽度 1500~3660mm，长度 6000~42000mm。

（7）定尺剪：最大剪切力 13500kN，剪切的钢板厚度 6~50mm，宽度 1500~3660mm，长度 2000~18000mm。

（8）热处理炉：双步进梁式，可用于对钢板进行正火、高温回火处理。最大产量 49.3t/h，热处理温度 840~980℃。可处理的钢板厚度为 16~120mm，宽度 1000~3660mm，长度 3000~18000mm。

（七）宝钢 5000mm 宽厚板轧机

宝钢 5m 宽厚板工程是宝钢"十五"规划的最大项目，为世界上最先进宽厚板轧机之一，国内第一套特宽幅厚板轧机。工程分两期建设：一期生产规模为 140 万吨/年，二期生产规模扩展到 180 万吨/年。一期工程计划 2005 年 3 月投产，与其配套的厚板连铸于 2004 年 12 月投产。

1. 产品大纲

产品大纲见表 23。

表 23　产品大纲

产品品种	产量	
	数量/万吨·年$^{-1}$	比例/%
管线钢板	28	20
造船板	42	30
结构钢板（桥梁板等）	42	30
锅炉板	5.6	4
容器板	8.4	6
耐大气腐蚀板、模具板、工程机械板、耐磨板	14	10
合计	140	100

产品交货状态：轧态产品，包括普通轧制、控制轧制、TMCP 三种；热处理产品，包括正火、回火、退火、调质等；抛丸、涂漆产品。

2. 工艺装备

冶炼：宝钢拥有 RH、LF、CAS、KIP 等炉外精炼，可以做到 [P] ≤ 50×10^{-4}%、[S] ≤ 10×10^{-4}%、[H] ≤ 1.5×10^{-4}%、夹杂物含量低。

连铸：关键技术与设备由日本 JSP 公司提供；采用液压振动、轻压下、动态二冷等新技术，保证宽厚板用优质板坯：夹杂物小、分布均匀；可对内部裂纹及中心偏析、中心疏松进行有效控制；具有良好的表面质量及极低的气体含量。

轧机：主作业线设备由德国SMS-Demag提供，其中电气设备由Siemens公司提供；热处理线由德国LOI公司提供；工艺由JFE提供技术支持。

3. 宝钢宽厚板的特点

设备及工艺特点：大轧制力轧机，最大轧制力达100MN，可生产1200MPa强度级别的高强度钢板；ACC快速冷却，可使钢板表面温度从700~800℃迅速冷却至400~600℃，保证钢板晶粒细化，性能优异；液压AGC、CVC、钢板形状检测仪；大压力矫直，矫直力高达40MN，可对厚度5~120mm的钢板进行热矫直，确保钢板具有良好的平直度；无氧化热处理，可满足钢板退火、正火、回火、调质等多种热处理工艺要求，并保证钢板表面平整光洁；超声波无损探伤，50mm以下钢板在线自动探伤，满足高质量要求；TMCP工艺，降低Ceq，使钢板具有良好的焊接性能。研发特点：强化先期介入；科研设备：宝钢技术中心拥有国内一流的、先进的成套厚板试验设备，为新产品开发提供强大支撑；科研队伍：有强大的科研队伍，拥有丰富的市场、研发及生产经验；与用户及设计部门合作：结合用户需求，先期介入、快速导入。

运输特点：强化精品物流；GPS：产品终身跟踪，卫星定位；降低成本：规模优势，合理选择运输方式；运输便捷：临江靠海，水运发达，运费低；专用码头：宝钢厂内设有宽厚板专用码头，可直接装船；铁路专用线：厂内装车直接发往全国各地。

八、未来我国对主要中厚板品种需求预测

（一）造船板

根据我国《船舶工业中长期发展规划》（2006~2015），我国造船业的造船能力和产量发展目标是：到2010年，年造船能力达到2300万载重吨，造船产量达到1700万载重吨；到2015年我国的造船能力达到2800万载重吨，造船产量达到2200万载重吨。船用钢材需求量预测见表24。

表24　船用钢材需求量预测

项　目	2006~2010年需求量/万吨		占总量/%	2011~2015年需求量/万吨		占总量/%
	总计	平均		总计	平均	
造船	2760	552	66	3000	600	58.3
修船	500	100	12	700	140	13
海洋工程	77	15	2	176	35	3.4
船体分段制造	815	163	20	1265	253	24.6
合　计	4152	830	100	5141	1028	100

从上表可以看出：到2010年我国造船的钢材消耗将达到830万吨，到2015年将突破1000万吨。

（二）发电设备用钢材

我国火电发电机组使用钢材主要是三大主机：锅炉、汽轮机、发电机，平均消耗为355吨/万千瓦，其中锅炉消耗310吨/万千瓦，占发电消耗钢材总量的87.8%；汽轮机消耗钢材24吨/万千瓦，占发电消耗钢材总量的6.5%；发电机消耗钢材21吨/万千瓦，占发电设备钢材消耗总量的5.7%。发电设备消耗的主要钢材品种单耗见表25。

表25　发电设备消耗的主要钢材品种单耗　（吨/万千瓦）

大型	中型	小型	中厚板	薄板	硅钢片	优钢	无缝管	焊管
45	21	6	125	24	9	15	90	17

用于锅炉结构、汽轮机低压缸、法兰、结构件制造的钢板，厚度在20~200mm；主要钢种为16Mn、19Mn6、A36、SM490B等。其平均单耗约70吨/万千瓦。

用于汽包制造的钢板，厚度在90~180mm，对钢板的性能要求高，包括常温力学性能、中温强度（350~370℃）、疲劳强度（室温~370℃）、加工性能、焊接性能等；主要钢种有SA299、19Mn6、SB490和合金钢BHW35、WB86等。

用于制造受热支架等需要采用不锈钢板，厚度为3~6mm；钢种为Cr6SiMo、309、0Cr18Ni9等。

火电用锅炉板需要415万吨，核电用锅炉板将达7万吨。国外锅炉钢板最大厚度在250~350mm，最宽在5000mm。目前我国生产的锅炉板厚度一般为6~120mm，最大宽度3600mm，以热轧或正火处理交货。我国火电站建设用钢材情况见表26。

表26　我国火电站建设用钢材情况　（t）

项　目	60万千瓦	30万千瓦	20万千瓦	10万千瓦
合　计	22397	12932	6288	2908
型钢	5066	1695	946	629
中厚板	7395	5881	2501	906
薄板	1982	623	269	143
钢管	6510	3762	2196	1033
其他	1444	971	376	197

（三）不锈钢中厚板

我国国民经济各部门对不锈钢中厚板的需求旺盛，供不应求。2005年我国消费了不锈钢中厚板43万吨，其中50%以上靠进口。预测到2010年，我国各行各业对不锈钢中厚板的需求将达到130万吨以上（见表27）。

表27　我国各行各业对不锈钢中厚板的需求

项　目	锅炉	机械	食品	车辆	医疗	船舶	工程	其他	合计
需求量/万吨	6.6	41.8	8.8	9	5.5	11	13.2	34.2	130.1
占比/%	6	38	8	8	5	10	12	13	100

（四）压力容器钢板

压力容器钢板用于制造反应器、球罐、液化气罐的设备。其厚度在6~120mm，宽度最大3200mm，交货状态正火处理。目前我国生产的压力容器钢板主要问题是：高级别的钢板探伤合格率低，低温和高温用板开发滞后；表面质量不够好，有麻点、划伤等缺陷。压力容器增长在今后几年也将是较快的，特别是大型球罐的容器需求量明显增加，预计将需要中厚板在150万吨左右。

（五）桥梁钢板

桥梁板主要用于铁路桥和公路桥。桥梁钢可分为热轧碳素钢、低合金钢和耐大气腐蚀钢。武钢开发的14MnNbQ桥梁板已大量应用在我国铁路、公路的大型桥梁建设上，其力学性能已超过国外同类钢标准。目前，我国桥梁板生产规格受轧机和热处理条件的限制，只能生产厚度10~56mm，宽度1100~2400mm，长度7000~15000mm。而国外生产的厚度已达8~100mm，宽度1500~4500mm，长度8000~27000mm。同时对生产强度级别在340MPa以上级别的桥梁板还有一定困难。我国的铁路在“十一五”期间将实现跨越式发展，仅铁路桥梁将需要中厚板130万吨，再加上公路桥梁，预计将达150万吨。

（六）建筑结构用钢板

主要是用于高层钢结构建筑所需的高强度、高韧性、低屈强比、（抗震性）和耐火性的中厚板。我国在建筑结构用钢板方面存在的问题是：抗Z向撕裂性能和耐火耐候性能与日本还有一定差距。随着我国城市高层建筑的发展，对建筑结构用钢板的需求将会进一步增加。预计2010年我国的高层建筑和钢结构建筑将得到较快发展，对中厚板的需求进一步增加，预计将达1700万吨左右。

（七）工程机械用钢板

工程机械要求钢板的耐磨性、强韧性和可焊性。根据这样的使用要求，钢板的强度高，已开发出强度在1000MPa以上的钢种。我国目前生产的工程机械用钢在质量方面存在的问题有：产品尺寸精度较差，板形平直度控制不好，热处理板的表面存在麻点、划痕。今后几年我国的工程机械开始成熟，不仅可以满足国内需要，而且要出口到世界，预计工程机械对中厚板的需求量要达到25万吨左右。

（八）管线钢板

管线钢板主要用于石油、天然气、煤浆的输送管线，所需厚度在10~60mm，宽度在3500~5000mm。为提高输油输气的效率，近年来石油部门在发展高压输气技术后，对管线钢提出了更高强度要求，目前国外使用的管线钢的最高强度已达X120。我国与国外企业在管线钢生产上的差距在：化学成分控制水平低（见表28）；不少企业的热处理工序落后，缺少控制轧制、控制冷却的装置和技术。2005年我国管线用钢消耗在160万吨左右，预计2010年我国管线钢的消费将达到200万吨以上。

表28　中国与日本管线钢化学成分比较　（%）

国　家	S含量	P含量	N含量	O含量	H含量
日本	≤5	≤50	≤20	≤10	≤1
中国	≤60	≤150	≤40	≤30	≤2.5

（九）舰船钢板

国防工业中无论是坦克、装甲车，还是潜艇、军舰都离不开具有特殊用处的中厚板。由于国防装备的特殊性，对舰船板的性能要求就更加严格。现代舰艇如各种水面舰、潜艇和海上高速补给船，其船体及船身的关键部件用钢，要求在战争状态下能经受住各种特殊环境下的考验，保证舰船正常运行。这就对舰船板的性能提出了更高的要求，不仅要具备高的强度、高的韧性、高的耐腐蚀性，而且要具备抗爆炸、抗冲击等高加载率的作用，这种作用会因温度的变化而加剧。因此，对舰船钢板的要求是：在各种温度和各种加载率下仍具有高的强度、高的韧性、高的抗腐蚀性和很好的焊接性。HSLA-65、DH-36、AL-6XN和NITRONIC-50几个钢种是美国新开发的新型舰艇用结构钢，其参数见表29。比HSLA-80更新的HSLA-65钢是高强度低合金钢，它和DH-36高强钢均是铁素体晶粒细化和沉淀强化的组合结果。而AL-6XN和NITRONIC-50是氮强化的奥氏体不锈钢，它们的强度和抗腐蚀性能优于304、306和316L不锈钢。

表29　美国开发的几种舰艇用结构钢参数

钢　种	强度/MPa	K/G	R_0/s^{-1}	组织
AL-6XN	630	6.6×10^{-5}	200×10^{8}	奥氏体

续表 29

钢　种	强度/MPa	K/G	R_0/s^{-1}	组织
NITRONIC-50	800	6.6×10^{-5}	200×10^{8}	奥氏体
HSLA-65	1450	10.6×10^{-5}	4×10^{8}	铁素体
DH-36	1500	6.6×10^{-5}	200×10^{8}	铁素体

可以看出：舰艇用钢的发展趋势是进一步提高钢的强度，据了解舰艇钢的强度会提高到 2000MPa，同时提高其在高温下的抗应变能力。舰艇用中厚板的厚度 10~400mm。我国作为海洋大国，必须拥有强大的海军。要建设强大的海军，航空母舰是必不可少的装备。建造一艘 7.5 万吨级航母，需要约 4 万吨宽厚板。随着我国国防的不断壮大，对舰船板的年需求量也会不断增加，预计将达到 10 万~15 万吨。

九、对今后新上中厚板生产线项目的建议

新的中厚板生产线，可以有两种不同方案选择：一种方案是专门从事特殊用途中厚板生产（以其他中厚板厂不能生产的特厚板、特殊钢为主），该生产线以生产舰艇板、不锈板和容器板为主，产量规模在 100 万吨左右，轧机生产线投资较大，特别是精整的热处理、检测手段要齐备；另一方案是以海洋工程用钢为主，生产中厚板、造船用型钢、建筑用 H 型钢和水利工程用钢板桩等，产量规模在 80 万~100 万吨，由于品种较多，适应市场能力大，但轧机轧辊占用流动资金较多。

（一）方案 1

（1）产品大纲见表 30。

表 30　产品大纲

项　目	新线目标	宝钢	日本水岛厂
产量/万吨·年$^{-1}$	100	140	180
产品厚度/mm	50~400	5~120	5~200
宽度/mm	1500~5300	1000~4800	1000~5300
钢材强度/MPa	2000	1200	570

（2）品种构成见表 31。

表 31　品种构成　（万吨）

品种	宝钢	品种	新线目标	品种	宝钢	品种	新线目标
管线钢	28	舰船板	20	锅炉板	5.6	锅炉板	10
造船板	42	不锈板	20	容器板	8.4	异型板	10

续表 31

品种	宝钢	品种	新线目标	品种	宝钢	品种	新线目标
桥梁板	42	容器板	20	工程板	14	高强板	20

（3）产品交货状态见表 32。

表 32　产品交货状态

项目	宝钢	新线目标	项目	宝钢	新线目标
轧态	V	V	正火	V	V
控轧	V	V	回火	V	V
控冷	V	V	退火	V	V
TMCP	V	V	探伤	V	V
热处理	V	V	抛丸涂油	V	V

（4）主要技术参数见表 33。

表 33　主要技术参数

技术参数	新线目标	日本大分厂	宝钢
轧机尺寸/mm	5500	5500	5000
轧制力/MN	100	100	100
主电机容量/kW	8600×2	8000×2	
钢坯（锭）尺寸/mm×mm×mm	（200～500）×（1500～3000）×（2000～5000）或 80t 钢锭	（80～350）×（1400～3000）×（2600～5000）	
除鳞机压力/MPa	20	15	
轧辊尺寸/mm×mm	四辊可逆，工作辊 1200×5500，支撑辊 2400×5500	四辊可逆，工作辊 1200×5500，支撑辊 2400×5500	四辊可逆，工作辊 1210×5300，支撑辊 2300×4950
热矫直机矫直压力/MN	四辊可逆，45	四辊可逆，16.5	四辊可逆，40
冷床尺寸/m	步进式，宽度 65，长度 70	步进式，宽度 65，长度 67	步进式
热处理炉	无氧化辊底式	直火步进式	无氧化辊底式
探伤装置		反射式，280 个通道，速度 60m/min	双晶探头，100 个通道，速度 60m/min

续表 33

技术参数	新线目标	日本大分厂	宝钢
切割机组	滚筒式下切式，最大剪切力 20MN	滚筒式下切式，最大剪切力 17.8MN	
冷矫直机矫直压力/MN	四辊可逆式，28	四辊可逆式，25	
自动控制装置	板形 HAGC、CVC，生产过程 4 级	板形 HAGC、PC，生产过程 4 级	板形 AGC、CVC，生产过程 4 级

（5）产品开发空间：由于规划设计上采用比日本大分厂和宝钢更大的轧机和电机，使新线在产品的规格和钢种的开发上更具优势。主要反映在如下方面：

1）可以开发强度在 1200MPa 的高强度钢和强度在 2000MPa 的舰艇结构用钢。

2）可以开发异型断面的中厚板，如楔型板、梯型板等。

3）可以开发我国短缺的厚度在 50~100mm 的不锈钢中厚板。

4）可以开发我国短缺的电站锅炉用厚度在 90~200mm 的锅炉板。

5）可以开发核电站和磁悬浮铁路用无磁钢中厚板。

（6）投资风险分析：方案 1 的投资大，需要资金多，对整个系统要求高，设备和技术难度大，缺少第一手技术资料，前期的准备工作很艰苦。方案 1 的投资风险表现在不仅轧机生产线建设占用资金大、设备制造难度多，不少关键设备还需要从国外引进，轧钢工程能否如期投产，品种研制能否顺利进行，对整个投资关系重大外，而且还要看炼钢系统进行配套问题，包括一些高难度钢种的研制是否能成功，这对整个方案 1 发挥作用也是至关重要的，另外还有市场问题，目前看我国的中厚板轧机生产能力加上宽带钢轧机生产中厚板的总产量已出现供大于求的形势，随着新建中厚板轧机的陆续投产，这种形势将会越演越烈，如能尽快淘汰 2800mm 以下轧机（1460 万吨产能），会减轻新建轧机投产后市场的压力，否则会出现中厚板轧机开工率不足的问题。

（二）方案 2

以生产海洋工程专业用钢为主，兼顾型钢和中厚板两大品种。解决我国在海洋工程（造船、采油平台、防波堤、灯塔等海上钢结构建筑）用钢方面无专业生产企业还需进口的问题，促进海洋工程用钢的专业化生产，保证我国造船、海上采油平台建设的需要。方案 2 占地约 200 万平方米，需要投资额 20 亿元左右。

（1）产品大纲：年产能力 60 万吨（一期）；主要产品（成品）：H 型钢材 20 万吨（100mm×50mm~600mm×300mm），中厚板材 35 万吨（(250~1200) mm×

(10~50)mm)，方、圆钢5万吨（60~150mm），轧材长度100m，成品材长度6~24m；所需钢坯：板坯220mm×(300~1200)mm，异型坯480mm×420mm×120mm；二期（仅增加一架万能轧机）产量100万吨/年，其中钢板桩（最大600mm）10万吨，H型钢（200~1200mm）10万吨，平行腿槽钢（250~400mm）5万吨，船用角钢（160~200mm）5万吨，T型钢（100~600mm）加工量5万~8万吨，L型钢（120~200mm）加工量2万~4万吨，球扁钢（200~270mm）10万吨。

（2）主要生产工艺介绍：

1）H型钢生产工艺：一期BD+U1+E1（可逆轧制）+UF，二期BD+UI+EI+U2（连续轧制）+UF；

2）中板生产工艺：BD+V+D1+DF；

3）方元钢生产工艺：BD+D1；

4）钢板桩生产工艺：BD+D1+D2+DF；

5）球扁钢、船用角钢生产工艺：BD+D1+D2+DF。

（3）主要设备参数：步进式加热炉180t/h；高压水除鳞水压16MPa；开坯机辊径1150mm，辊身长2800mm，电机AC6000kW，转速0-70-170r/min；万能轧机水平辊径1320mm，立辊辊径880mm，电机AC6000kW，转速0-70-170r/min；轧边机辊径900mm，电机AC1600kW，转速0-140-360r/min；调宽轧机辊径650mm，辊身长300mm，电机AC500kW，转速0-280-700r/min；二辊轧机辊径900mm，辊身长1350mm；万能精轧机辊径1320mm，立辊辊径880mm，电机AC2200kW，转速0-70-170r/min。

（4）品种开发空间：方案2的品种开发空间在海洋用钢的型钢品种的市场潜力大。可以开发海上采油平台用的中厚板、H型钢和钢板桩等耐海水腐蚀抗Z向撕裂的高附加值品种。其中高度大于600~1200mm的H型钢，如批量小，采用焊接方法生产更经济，尤其是非对称断面的H型钢，更适宜采用焊接方法生产。可以开发造船所需的各种型钢，如L型钢、T型钢等，以及平行腿槽钢、各种焊接型钢和方矩型管。

（5）我国H型钢生产现状与未来趋势：目前国内已有和在建可以生产H型钢的万能轧机14套，总生产能力990万吨，扣除重轨和中型材能力，剩余大型材能力700万吨，其中H型钢能力仅有573万吨。2006年我国的H型钢产量403.7万吨，占钢材总量的0.86%。根据发达国家H型钢占钢材总量的5%~8%比例，我国H型钢总体能力还有发展空间。再加上2010年前我国铁路要加快发展，对钢轨的需求大量增加，现有的几个轨梁厂必须全力以赴生产钢轨，无时间再生产H型钢，这样一来造成的H型钢市场将是紧缺的。另外，还有十几套可以生产大型材的中型轧机，由于装备落后，其虽然能生产船用型钢，但由于其装备落后，产品的尺寸精度和表面质量等均无法达到船舶用型钢要求，要逐步淘汰或改造，使造船用型钢供应也将紧张。在 14 套万能轧机中，华东地区有 6 套（其中包括马钢和莱钢国内唯一可以生产大规格 H 型钢的 2 套轧机），华北地区有 4 套中小规格轧机，东北地区有 2 套中小规格轧机，中南和西南地区各有 1 套中小规格轧机。我国现有和在建的万能轧机情况见表 34。

表 34　我国现有和在建的万能轧机情况

序号	生产厂家	H 型钢产品规格/mm	生产能力/万吨			
			总能力	重轨	H 型钢	其他型材
1	马钢 H 型钢厂	250~800	90		76	14
2	马钢中小规格 H 型钢厂	140~400	60		48	12
3	莱钢中型厂	200~400	80		64	16
4	莱钢万能型钢厂	100~200	20		12	8
5	莱钢大规格 H 型钢厂	250~900(100)	110		93	17
6	山东日照 H 型钢厂	100~350	60		39	21
7	鞍钢万能轨梁轧机	100~400	75	55	10	10
8	长治钢铁 H 型钢项目	100~400	60		48	12
9	包钢万能轨梁轧机	100~400	90	50	25	15
10	攀钢万能轨梁轧机	100~400	100	55	18	27
11	鞍山三和	中小规格	30		18	12
12	天津江天	中小规格	30		18	12
13	津西钢铁公司	中小规格	80		64	16
14	武钢万能轨梁轧机	150~450	105	55	40	10
合　计			990	215	573	202

（6）投资风险分析：目前 H 型钢产能已达近 800 万吨，尚有发展空间。钢板桩在世界是有市场的，但早已被日本的新日铁和法国的阿塞罗两个老牌企业各自占据半壁江山，是不肯拱手相让的，我们欲开拓世界市场有一定难度。钢板桩是有国内市场的，我国国内的钢板桩市场目前主要被水泥桩占据，在重大江河湖海等水利工程上是可以大有作为的，也是可以占据一席之地的。船用型钢如球扁钢、船用角钢、T 型钢等国内是有市场、有需求的，但船用型钢需求特点是批量小、规格多，生产的经济性差，又缺少为船用型钢配套的钢材加工中心，使船用型钢生产发展缓慢。至于方矩型管主要受到热轧和冷弯产品在价格上的竞争。

（三）技术工艺流程选择

（1）采用世界上最先进的、最环保的工艺流程，生产最高档次的钢铁产品。取消传统的高炉及焦化、烧结工序，采用熔融还原（COREX、FENIX）或直接还原（DRI）生产铁水，采用超高功率电炉（UHP）+精炼炉（LF）+VD 或 VOD+直立式大板坯或异型坯连铸机生产特厚板坯或异型坯：供给方案 1 的 5500mm 宽厚板轧机生产宽厚板+宽厚板加工中心（船板、容器板、锅炉板等）；供给方案 2 的万能轧机生产中厚板、H 型钢和钢板桩+加工中心。

（2）采用目前最成熟的传统工艺流程。高炉 BF（需要配套焦炉、烧结等）+顶底复吹转炉 BOF+精炼炉 LF+真空脱气 VD+板坯连铸生产宽厚板坯 CC 或异型坯 BC：供方案 1 5500mm 宽厚板轧机生产宽厚板；供方案 2 万能轧机生产中厚板、H 型钢和钢板桩。

参考文献

[1] 中国钢铁工业协会．中国钢铁统计 [R]. 2000~2010.

[2] 日本铁钢协会．铁钢统计要览 [R]. 2000~2006.

[3] 中国特殊钢协会．特殊钢年鉴 [R]. 2000~2005.

[4] 大中型钢铁企业基本情况汇编（内部资料）[R]. 2000~2004.

[5] 中国金属学会．全国钢铁企业焦化、炼铁、炼钢技术经济指标要览 [R]. 2001.

[6] World Steel Association. Steel Statistical Yearbook [R]. 2000~2008.

[7] 中国特殊钢协会不锈钢分会．蓬勃发展的中国不锈钢 [R].

[8] 国家信息中心．中国汽车市场展望 [R].

[9] 中国汽车工程学会．世界汽车技术发展研究报告 [R].

[10]《钢铁材料咨询报告》编委会．钢铁材料咨询报告 [M]. 北京：冶金工业出版社，2000.

[11] 中国冶金矿山企业协会．世界铁矿矿情 [R]. 2005.

[12] 铁道部经济规划研究院．2010 年铁路网发展研究 [R]. 1998.

[13] 铁道部第三勘测设计院．京沪高速铁路初步设计 [R]. 1998.

[14] 董志洪．21 世纪钢轨钢的展望 [J]. 钢铁，1999（8）.

[15] 周清跃．国内外最新钢轨标准汇编 [R]. 2004.

[16] 铁道科学研究院．大秦重载铁路钢轨伤损及高强度钢轨研制 [R]. 2007.

[17] 董志洪．高技术铁路与世界钢轨生产技术 [J]. 世界轨道运输，2007.

[18] 董志洪．世界 H 型钢与钢轨生产技术 [M]. 北京：冶金工业出版社，1999.

[19] 董志洪．板带生产工艺现状及其发展趋势 [J]. 钢铁，1999（11）.

[20] 董志洪．降低成本是企业参与国际竞争的必然选择 [N]. 冶金报，2001-01.

[21] 董志洪．短流程冶炼与万能法轧制相结合是当代钢轨生产的最新发展 [C]. 北京金属学会论文集，1998.

[22] 董志洪．论提高珠光体钢轨性能的途径 [J]. 包钢科技，1983.

[23] Taiwan high speed rail design, supply, installation & maintenance of trackwork [J]. I. T. P Riefing Presentation, 2000, 12（7）.

[24] Sydeny Steel Corpooration. Full head hardened rail for those extra critical applications [R]. 1995.

[25] American Iron & Steel Institute. Modern sewer design [R].

[26] 住田俊介．世界の高速铁道とスピードアップ [M]. 日本铁道图书株式会社.

[27] 都市交通研究会．新しい都市交通システム [R].

[28] 董志洪．薄板坯连铸连轧工艺生产成本分析 [J]. 冶金管理，1999.

[29] 董志洪．提高我国钢铁产品的市场竞争力是保持钢铁工业发展的关键 [R]. 2002.

[30] 董志洪．我国钢轨生产白皮书（内部报告）[R]. 1997.

[31] 董志洪．关于我国铁路 1998~2010 年发展规划及我国现有钢轨生产厂简介 [R]. 1998.

[32] 董志洪．二十一世纪陆路运输与冶金工业［N］. 冶金报，2000.
[33] 董志洪．我国重轨生产企业现状和今后发展预测［R］.
[34] 董志洪．H 型钢的过去、现在与未来（内部报告）［R］. 2000.
[35] 董志洪．日本合金钢棒线材生产技术（内部报告）［R］. 1997.
[36] 董志洪．关于对我国轧机改造问题的思考（内部报告）［R］. 1998.
[37] 董志洪．板带生产工艺现状及其发展趋势（内部报告）［R］. 2000.
[38] 董志洪．高技术铁路与钢轨［M］. 北京：冶金工业出版社，2000.
[39] 中国船舶协会．2003 年全国船舶工业经济运行报告［R］. 2004.
[40] 陈瑛．中厚板发展与技术装备进步分析［J］. 世界金属导报，2001.
[41] 马培唐，译．日本现代化 5500mm 厚板轧机［N］. 世界金属导报，1980-01.
[42] 谢维尔．开发 5000mm 轧机轧制工艺［N］. 世界金属导报，2008-08.
[43] 董志洪．关于组建中国钢铁工业航母的思考［J］. 冶金管理，2002（4）.
[44] 董志洪．为了实现钢铁强国的梦想［N］. 冶金报，2000-09-22.
[45] 董志洪．试论钢铁行业的竞争力［C］. 中国钢铁工业竞争战略论坛，2007.
[46] 董志洪．中厚板生产与造船用钢［C］. 第二届中国船舶工业产业链发展论坛，2007.
[47] 董志洪．汽车轻量化与高强度钢开发应用［C］. 第二届中国汽车零部件产业链发展论坛，2007.
[48] 董志洪．中国钢材加工配送现状与未来发展建议［C］. 2008 年中国钢铁物流发展高峰论坛，2008.
[49] 王维兴．中国炼铁技术发展评述［C］. 中国生铁行业形势研讨会，2008.
[50] 王维兴．降低高炉炼铁燃料比的技术措施［J］. 中国钢铁业，2008（6）.